PIONIERE DER LUFTFAHRT

PIONIERE DER LUFTFAHRT

von Curtis Prendergast

UND DER REDAKTION DER TIME-LIFE BÜCHER

BECHTERMÜNZ

DIE GESCHICHTE DER LUFTFAHRT

Redaktionsstab des Bandes
Pioniere der Luftfahrt:
Redakteur: Thomas H. Flaherty jr.
Designer: Donald S. Komai
Leiterin der Dokumentation: Pat S. Good
Bildredakteurin: Jane N. Coughran
Textredakteur: Henry Woodhead
Vertragsautoren: Malachy Duffy, Thomas A. Lewis,
Sterling Seagrave
Dokumentation: Jane Edwin und Nancy Toff (leitend),
Feroline Burrage, Marguerite Johnson, Clarissa Myrick,
Dominick A. Pisano
Assistent des Designers: Van W. Camey
Redaktionsassistentin: Kathy Wicks
Design-Assistentin: Anne DuVivier

Leitung der deutschen Redaktion:
Hans-Heinrich Wellmann
Textredaktion: Sibylle Dralle, Elke Martin,
Elvira Schneider

Fachberater für die deutsche Ausgabe: Dr. Albrecht Lampe

Aus dem Englischen übertragen von Alžbeta Lettowsky

Korrespondenten: Elisabeth Kraemer (Bonn); Margot Hapgood, Dorothy Bacon, Lesley Coleman (London); Susan Jonas, Lucy T. Voulgaris (New York); Maria Vincenza Aloisi, Josephine du Brusle (Paris); Ann Natanson (Rom). Wertvolle Hilfe leisteten außerdem: Nakanori Tashiro, Asia Editor, Tokio. Die Herausgeber danken ferner: Janny Hovinga (Amsterdam), Martha Mader (Bonn); Enid Farmer (Boston); Judy Aspinall, Karin B. Pearce (London); Felix Rosenthal (Moskau); Carolyn T. Chubet, Miriam Hsia, Christina Lieberman (New York); M. T. Hirschkoff (Paris); Sara Day (Philadelphia); Mimi Murphy (Rom); Janet Zich (San Francisco); Jo David (São Paulo); Carol Barnard (Seattle)

DER AUTOR

Curtis Prendergast hat Bücher verschiedener Time-Life-Serien verfaßt. Nach 25jähriger Tätigkeit für Time-Life als leitender Korrespondent in Paris, London, Tokio und Johannisburg lebt und arbeitet er jetzt an der amerikanischen Ostküste in Neuengland. Für die Recherchen zu diesem Band reiste er durch England und Frankreich und besuchte all die Plätze, die für die Entwicklung der Luftfahrt von Bedeutung sind.

DER BERATER für Pioniere der Luftfahrt

Dr. phil. Tom D. Crouch ist Direktor für Aeronautik am National Air and Space Museum in Washington, D.C. Er hat an der Ohio State University studiert und promoviert und mittlerweile mehrere Bücher sowie zahlreiche Artikel über die Geschichte der Luftfahrt geschrieben.

DIE BERATER für Die Geschichte der Luftfahrt

Melvin B. Zisfein, der Hauptberater der Serie, ist stellvertretender Direktor des National Air and Space Museum in Washington. Er studierte Flugzeugbau am Massachusetts Institute of Technology und lieferte Beiträge für zahlreiche naturwissenschaftliche, technologische und geschichtliche Veröffentlichungen. Er ist assoziiertes Mitglied des American Institute of Aeronautics and Astronautics.

Charles Harvard Gibbs-Smith, Mitglied des Wissenschaftsbeirats im Science Museum in London und emeritierter Kustos des Victoria and Albert Museum in London, hat rund 20 Bücher und zahllose Artikel geschrieben und herausgegeben, die sich mit der Geschichte der Luftfahrt befassen. 1978 wurde er zum ersten Lindbergh-Professor für Luft- und Raumfahrtgeschichte am National Air and Space Museum, Smithsonian Institution, in Washington ernannt.

Dr. Hidemasa Kimura, Honorarprofessor der Nippon-Universität in Tokio, ist Verfasser zahlreicher Bücher über die Geschichte der Luftfahrt und ein bekannter Fachmann für Luftfahrttechnik und Flugzeugkonstruktion. Ein von ihm entworfenes Flugzeug stellte 1938 einen Weltrekord im Streckenflug auf.

VORSATZBLATT

Auf dem Aquarell von Paul Lengellé, das speziell für das vorliegende Buch *Pioniere der Luftfahrt* in Auftrag gegeben wurde, nähern sich während der ersten großen Flugveranstaltung der Welt 1909 in Reims, Frankreich, die besten Flugmaschinen der damaligen Zeit einer Wendemarke. Frankreich, das im ersten Jahrzehnt des Motorflugs die in Europa führenden Piloten stellte, war auch Ursprungsland aller abgebildeten Maschinen. In der Luft befinden sich, von links, eine Blériot XI, eine Antoinette, eine (in Lizenz gebaute) Wright, eine Voisin und eine Farman. Am Boden neben dem Mast steht eine weitere Blériot. Der Flaggenmast, an dem die Zuschauer ablesen konnten, um welchen Wettbewerb es ging und welcher Teilnehmer an der Reihe war, stand in Wirklichkeit nicht neben der Richtertribüne, sondern vor der Haupttribüne.

D.L.TO:336-1993

INHALT

Packende Dokumente
eines rasanten Fortschritts

Man schreibt das Jahr 1904. Der Mann, der in der Dünenlandschaft an der französischen Kanalküste beim Versuch mit einem
Gleitflugzeug sein Leben riskiert, ist Gabriel Voisin, ein Forscher,
der es im kommenden Jahrzehnt als Flugzeugkonstrukteur und
-bauer zu großem Ruhm bringen sollte. Den Augenblick seines
Starts hielt ein frühreifer neunjähriger Junge, Jacques-Henri
Lartigue, mit der Kamera fest. Er machte sich später in seinem
eigenen Metier, der Photographie, einen Namen.

Wenige Monate zuvor war auf einem sehr ähnlichen Strand
an der amerikanischen Atlantikküste Orville und Wilbur Wright
der erste Motorflug gelungen. Das Zeitalter der Luftfahrt hatte
begonnen, und die Franzosen, denen die Erstleistung versagt
blieb, bemühten sich, die Amerikaner einzuholen und zu
übertreffen. Voisin und eine ganze Reihe anderer setzten alles
daran, immer neuere und bessere Flugzeuge zu bauen.

Im Gegensatz zu den beiden Brüdern, die jahrelang in aller
Zurückgezogenheit an abgelegenen Orten arbeiteten, führten
die französischen Pioniere der Luftfahrt ihren Kampf um Erfolg
in aller Öffentlichkeit. Sie sonnten sich allerdings auch in der
Aufmerksamkeit ihrer Landsleute, wenn sie versagten. Und die
Erfolge, die sie schließlich errangen, schmeichelten dem Natio-
nalstolz und regten die Phantasie an, so daß die Menschen
begannen, ihren Blick zum Himmel zu richten (wenn auch nicht
allzu hoch, da die Luftfahrzeuge in der Anfangszeit im
allgemeinen nur etwa hundert Meter hoch stiegen, und
manchmal nicht einmal so hoch).

Kaum jemand verfolgte die Vorgänge mit solcher Faszination
wie der junge Lartigue, der sich stets bemühte, seine Kamera
schußbereit zu halten, wenn das knatternde Geräusch eines
nahenden Flugzeugs ertönte, und einen eigenen Bericht jener
denkwürdigen Anfangstage der Fliegerei zusammenstellte. Es
war eine Zeit, die allzu schnell zu Ende ging, und zwar, wie das
letzte Photo dieser Auswahl aus Lartigues Arbeiten eindrucks-
voll zeigt, mit der Einbeziehung des Flugzeugs – und jener, die es
beherrschten – in einen alle Kräfte verzehrenden Weltkrieg.

*Am 3. April 1904 hebt Gabriel Voisin mit seinem
Gleitflugzeug in den Dünen bei Merlimont,
einem französischen Badeort, vom Boden ab.
Der junge Photograph dieses Bildes, Jacques
Lartigue, machte hier mit seiner Familie Ferien.
Voisins Gleiter war einem Gerät nachgebaut,
das Wilbur und Orville Wright in den Vereinigten
Staaten von Amerika entwickelt hatten.*

7

In Issy-les-Moulineaux, einem Übungsplatz der
französischen Armee bei Paris, startet 1909 ein
leichter Caudron-Doppeldecker, angetrieben
von einem winzigen Motor. Lartigue war 15
Jahre alt, als er diese Aufnahme machte, und
wie viele Jungen seiner Generation war auch er
besessen von dem Wunsch zu fliegen. „Ich
träume nur noch vom Fliegen", schrieb er in sein
Tagebuch, „und kriege nie genug davon!"

Unweit von Paris haben viele Menschen haltgemacht, um dem Doppeldecker nachzusehen, mit dem Maurice Farman 1911 unterwegs ist.

Nach dem Absturz seines Flugzeugs bringt sich 1911 ein Pilot in Issy-les-Moulineaux in Sicherheit; in der oberen Bildmitte erkennt man ein durch die Luft fliegendes Stück der Luftschraube, das bei dem jähen Aufprall abbrach.

1

Die Wiederentdeckung
der Geheimnisse von Kitty Hawk

Das Zeitalter der Luftfahrt begann nicht mit einem Paukenschlag, sondern mit einer quälend langen Ouvertüre. Lange Zeit erfuhren nur wenige von dem Flug, der den Gebrüdern Wright 1903 in Kitty Hawk gelungen war, oder gar von der Tatsache, daß die beiden die erste wirklich flugtüchtige Maschine gebaut hatten; und noch weniger Leute verstanden ihre Leistung oder glaubten, daß die Nachricht der Wahrheit entsprach. Die Gebrüder Wright arbeiteten in relativer Zurückgezogenheit und setzten schließlich alles daran, die Einzelheiten ihrer Erfindung geheimzuhalten. Das führte dazu, daß sich ehrgeizige Flieger anderswo – insbesondere in Frankreich, wo die Sache der Luftfahrt von einem kräftigen fliegerischen Erbe profitierte – mit einem sehr unterschiedlichen Sortiment selbstentworfener Apparate plagten, um die Schwerkraft zu besiegen. Mühevoll schleppten sie sich auf dem Weg zur erneuten Erfindung des Flugzeugs voran und folgten, einer nach dem anderen, den Gebrüdern Wright in die Luft.

Die Pioniere der Luftfahrt hatten nichts als ihren gesunden Menschenverstand und ihr Reaktionsvermögen, um sicher wieder auf dem Boden zu landen. Ihre Flugzeuge, primitive Konstruktionen aus Holz, Tuch und Draht, ließen sich nur schwer steuern und waren so anfällig, daß schon ein mäßiger Windstoß zum Absturz führte. Die vorn oder hinten montierten Motoren, schwach und unzuverlässig, neigten dazu, immer im entscheidenden Moment stehenzubleiben. Gegen solche Widrigkeiten setzten die Piloten ihr Vermögen, ihren Stolz, ihr Leben. Einige kamen dabei um. Für andere zahlte sich das Risiko durch Reichtum und unsterblichen Ruhm aus.

Nachdem die Fliegerei einmal in Gang gekommen war, ergriff das Fieber die ganze Welt. Gegen Ende des ersten Jahrzehnts des 20. Jahrhunderts erlebte man den Luftfahrer als internationalen Helden, glorifiziert und von den übrigen Sterblichen abgehoben. In aller Welt verkündeten die Schlagzeilen der Zeitungen die Heldentaten dieser neuen charismatischen Generation von Fliegern, die bei den ersten Wettflügen um stattliche Prämien kämpften und mit ihren Darbietungen enorme Honorare verdienten. Auf diese Weise motiviert, trieben sie ihre Flugzeuge zu immer neuen Höhen-, Strecken- und Geschwindigkeitsrekorden.

Nirgendwo griff das Flugfieber heftiger um sich als in Frankreich. Als erste in einem „Automobil der Lüfte", als welches das neue Gerät oft mißverstanden wurde, zu fahren, betrachtete man als das angestammte Recht der Franzosen. Immerhin war Frankreich das Land der Gebrüder Montgolfier, die 1783 den ersten Aufstieg von Menschen in einem farbenprächtigen, mit Heißluft gefüllten Ballon aus papiergefütterter Leinwand ermöglicht hatten. Und im Jahre 1884 hatte der französische Erfindergeist das erste erfolgreiche Luftschiff der Welt hervorgebracht.

Ein Franzose beanspruchte auch die Weltführung im bemannten (wenn auch nicht gesteuerten) Motorflug von ebener Erde in einem Luftfahrzeug schwerer als Luft. Es handelte sich um den Elektroingenieur Clément Ader,

Anfang des 20. Jahrhunderts erschienen in Frankreich Postkarten mit den Bildern der gefeierten Piloten vor dem Hintergrund der Stätten ihres Erfolgs. Von oben: Ferdinand Ferber über den Champs-Élysées, Santos-Dumont über dem Arc de Triomphe, Delagrange vor dem Petersdom in Rom, Graf de Lambert am Eiffelturm, Blériot über dem Ärmelkanal und Farman vor der Kathedrale von Reims.

dessen dampfgetriebene *Éole* mit ihren fledermausartigen Flügeln 1890 einmal kurz in die Luft gehüpft war. Ader erprobte eine weitere Maschine, die er Avion III nannte; sie konnte zwar nicht fliegen, führte aber das Wort „avion" für „Flugzeug" in die französische Sprache ein.

Angesichts eines derart reichen Erbes schien in Frankreich der bemannte Flug die logische Schlußfolgerung zu sein; doch die französischen Erfinder schenkten den Zeichen der Zeit, die zum Erfolg hätten führen können, eigenartigerweise jahrelang keinerlei Aufmerksamkeit und konzentrierten sich statt dessen auf den Ballonflug und den gesteuerten Gleitflug als aussichtsreichste Wege zum fliegerischen Fortschritt.

Es gab eine bemerkenswerte Ausnahme. Hauptmann Ferdinand Ferber, Führer einer Artillerie-Einheit und von der Fliegerei überzeugt, hielt fast als einziger am Traum vom Fliegen mit Luftfahrzeugen schwerer als Luft fest. Ferbers Interesse ging auf die Gleitversuche des Deutschen Otto Lilienthal zurück. Im Jahre 1901 las er einen Zeitschriftenartikel, in dem die Experimente eines weiteren Pioniers, des in Frankreich geborenen Ingenieurs und frühen Beraters der Gebrüder Wright, Octave Chanute, in Amerika beschrieben wurden. Aus dem sich daraufhin entwickelnden Briefwechsel mit Chanute erfuhr Ferber von den Versuchen der Gebrüder Wright mit Gleitern, und er begann, die Berichte über ihre Arbeit in den wissenschaftlichen Zeitschriften, die Chanute an ihn weiterleitete, zu verschlingen. Schließlich nahm der französische Heeresoffizier einen persönlichen Briefwechsel mit den beiden amerikanischen Erfindern auf, für die er großen Respekt entwickelte. „Ohne ihn", sagte er später über Wilbur Wright, „wäre ich nichts, denn ich hätte es nie gewagt, mich jenem zerbrechlichen Gebilde anzuvertrauen, wenn ich nicht – aus seinen Berichten und Photographien – gewußt hätte, daß es mich trägt."

Hauptmann Ferber gehörte zu jenen unbequemen Menschen, denen die Entwicklung der Luftfahrt viel verdankt. Seine eigenen, verhältnismäßig grob konstruierten Nachahmungen der Wrightschen Gleiter ließen sich im Flug kaum steuern und waren unberechenbar. Ferber war darüber hinaus so etwas wie eine militärische Fehlbesetzung; seine Haltung ließ zu wünschen übrig, auf dem Pferd machte er eine unglückliche Figur, und er weigerte sich, eine Brille zu tragen, die er auf Grund seiner Kurzsichtigkeit brauchte – weswegen er es einmal versäumte, den französischen Kriegsminister zu grüßen, und bei der Beförderung zum Major übergangen wurde. Aber durch seine zahlreichen Vorträge und Abhandlungen über die Luftfahrt – die er manchmal unter dem Pseudonym Monsieur de Rue herausgab, um sich freier äußern zu können – übte Ferber starken Einfluß auf seine europäischen Zeitgenossen aus.

Zu den begeistertsten Lesern des Monsieur de Rue zählte der reiche Pariser Anwalt irischer Abstammung Ernest Archdeacon, ein glühender Nationalist, der zum wichtigsten Förderer der französischen Luftfahrt werden sollte. Wie Ferber träumte Archdeacon davon, einen Franzosen fliegen zu sehen, und er setzte seine beträchtlichen Mittel ein, um sich diesen Traum zu erfüllen. Als scharfsinniger Mann mit gewinnendem Auftreten hatte er zu allen wichtigen Kreisen Zugang. Die Luftfahrt war allerdings nicht seine einzige Leidenschaft. Er interessierte sich für Lokomotiven aller Art, hatte an Auto- und Motorbootrennen sowie Ballonflügen (einmal bei einer Windgeschwindigkeit von 120 Kilometern pro Stunde) teilgenommen und sogar Geld in ein eigentümliches Fahrrad mit Hand-und-Fuß-Antrieb investiert. Der Anblick von Aders Avion III überzeugte Archdeacon im Jahre 1898, daß die Verwirklichung des Motorflugs kurz bevorstand; von da an beschwor er die Franzosen, das 20. Jahrhundert nicht heraufziehen zu lassen, ohne, wie er sagte, „der wissenschaftlichen Krone Frankreichs dieses

Rechtsanwalt Ernest Archdeacon war ein en-thusiastischer Förderer der französischen Luft-fahrtpioniere. Obwohl selbst nicht Pilot, hatte er entscheidenden Einfluß im französischen Aéro-Club und beteiligte sich an der Ausschreibung des ersten Preises der Welt für eine heraus-ragende fliegerische Höchstleistung.

schöne Juwel hinzugefügt zu haben". Im selben Jahr wirkte er an der Gründung des Aéro-Clubs von Frankreich mit, der sich schon bald zum geistigen Zentrum der europäischen Fliegerei entwickelte.

Der Aéro-Club tagte in den eleganten Räumen des französischen Automobil-Clubs mit Blick auf den Place de la Concorde, wo ein Jahrhundert zuvor während der Revolution die Guillotine ihr blutiges Werk verrichtet hatte. Der Aéro-Club selbst wurde zum Schauplatz erregter Debatten, nachdem von 1903 an alarmierende Nachrichten über die Führung der Amerikaner in der Entwicklung von Luftfahrzeugen schwerer als Luft immer wieder Paris erreichten und beunruhigten.

Im April 1903 stattete Octave Chanute (der seit seiner Kindheit in den Vereinigten Staaten lebte) seinem Heimatland einen kurzen Besuch ab, bei dem er vor dem Aéro-Club einen Vortrag in französischer Sprache über die fortgeschrittenen Gleitflugversuche der Gebrüder Wright hielt. Sein Vortrag und dann die Artikel, die er in französischen Zeitschriften veröffentlichte, machten das entscheidende Geheimnis der beiden Wrights praktisch jedermann zugänglich – das geniale System, mittels dessen sie in der Lage waren, die Tragflächenenden ihrer Maschine im Flug zu verändern. Diese Tragflächenverwindung, die die Wrights zum Patent angemeldet hatten, orientierte sich an der Art und Weise, in der Vögel ihre Flügel anstellen; sie ermöglichte es ihnen, den Auftrieb an der einen oder anderen Tragfläche zu erhöhen oder zu verringern und dadurch mit ihren Gleitern und später ihren Motorflugzeugen unter Bewahrung der Stabilität Kurven fliegen zu können.

Chanutes Zuhörern entging der eigentliche Kern dessen, was die Gebrüder Wright erreicht hatten. Aber nunmehr wußte jeder, daß sie allen anderen Erfindern im Rennen um das Fliegen weit voraus waren. Ferber schrieb einen warnenden Brief an Archdeacon, in dem er ihn inständig bat, sich sofort um finanzielle Unterstützung für weitere Gleitflugversuche in Frankreich zu bemühen. „Man darf nicht zulassen", so argumentierte er, „daß die erfolgreiche Entwicklung des Flugzeugs in Amerika geschieht."

Die Nachricht vom ersten Motorflug der Gebrüder Wright, die im Dezember 1903 eintraf, löste im Aéro-Club hektische Aktivität aus. Archdeacon gab einen Gleiter vom Wright-Typ in Auftrag, der in Frankreich nach den von Chanute in seinen Artikeln gemachten Angaben gebaut werden sollte und den er selbst fliegen wollte. Im März 1904 setzte Archdeacon eine Summe von 25 000 Franc aus, nachdem der französische Ölmagnat Henry Deutsch de la Meurthe bereits den gleichen Betrag für einen Grand Prix d'Aviation gespendet hatte, der dann den Namen seiner beiden Stifter tragen sollte. Der Preis sollte für den ersten offiziell bestätigten Motorflug über einen abgesteckten Kurs von einem Kilometer Länge vergeben werden. Die Wettbewerbsbestimmungen enthielten eine weise Bedingung: Das Flugzeug mußte unbeschädigt landen.

Um den Deutsch-Archdeacon-Preis hatte sich noch niemand beworben, als die Mitglieder des Aéro-Clubs gegen Ende des Jahres 1905 die Mitteilung aus Ohio erreichte, daß die Wrights mit ihrem Flyer III über der Huffman Prairie, einer Viehweide in der Nähe von Dayton, 39 Kilometer zurückgelegt hatten und nur durch Kraftstoffmangel zur Landung gezwungen worden waren. Da die Gebrüder Wright keinerlei Angaben über technische Einzelheiten ihrer Maschine machten, reagierten die Franzosen skeptisch, als der Brief an Besançon, den Sekretär des Aéro-Clubs, in der Zeitschrift *L'Auto* veröffentlicht wurde; manche hielten die beiden amerikanischen Brüder schlicht für Lügner. *L'Auto* entsandte sofort einen Mitarbeiter in die Vereinigten Staaten, der der Sache nachgehen sollte. Er telegraphierte aus Dayton: „Die Gebrüder Wright weigern sich, ihre

Maschine vorzuführen, aber ich habe mit Zeugen gesprochen, und es ist unmöglich, am Erfolg ihrer Versuche zu zweifeln." Der Korrespondent brachte außerdem eine Ausgabe von *The Dayton Daily News* mit nach Hause, die eine grobe Skizze der Funktionselemente ihrer Maschine und einen Artikel über die beiden Wrights enthielt.

„Die Affäre Wright", wie die Vorgänge genannt wurden, erschütterte die Versammlung des Aéro-Clubs vom Januar 1906. Nach dem Essen, ausgerechnet als „die erquickliche Zeit für die Zigarre" gekommen war und jeder normalerweise eine Ruhepause einzulegen pflegte, entwickelte sich, wie es hieß, eine laute Debatte, die bis Mitternacht andauerte. Hauptmann Ferber und seine Anhänger erkannten den Anspruch der Gebrüder Wright an, während sich Archdeacon weigerte, ihnen zu glauben. Sollen die Wrights doch nach Frankreich kommen und öffentlich den Beweis antreten, meinte er, und richtete bald darauf durch die französische Presse einen hohntriefenden Brief an die beiden Brüder:

„Ich erlaube mir, Sie daran zu erinnern, daß es hier in Frankreich einen bescheidenen Preis in Höhe von 50 000 Franc gibt, den ‚Prix Deutsch-Archdeacon', der nach dem Willen der Stifter demjenigen gebührt, der als erster in einem Flugzeug einen geschlossenen Kreis von nicht 39 Kilometer, sondern nur einem Kilometer Länge fliegt. Es dürfte Sie sicherlich nicht allzuviel Mühe kosten, einen kurzen Besuch in Frankreich zu machen und diesen kleinen Preis ‚abzuholen'."

Auf seinem Landsitz in der Nähe von Paris posiert 1906 Artillerie-Hauptmann Ferdinand Ferber in seinem bizarr anmutenden „Kampf-wagen-Automobil", das er entwickelt hatte, um die Arbeitsweise von Luftschrauben zu untersuchen. Ferber erkannte zwar als erster in Frankreich, wie bahnbrechend die Leistung der Wrights war, hatte aber mit seinen eigenen Motorflugversuchen keinen Erfolg.

Robert Esnault-Pelterie, ein begabter französischer Ingenieur, stellt sich um 1906 in seiner Werkstatt dem Photographen. Er entwickelte einen funktionierenden luftgekühlten Motor mit sieben fächerförmig angeordneten Zylindern. Außerdem baute und flog er das erste Flugzeug mit verkleidetem Rumpf, der aus einer mit rotem Stoff bespannten, verschweißten Stahlrohrkonstruktion bestand, die neuartig war.

Aber die Wrights, inzwischen von dem Marktwert ihrer Erfindung überzeugt und nicht willens, potentiellen Konkurrenten weitere Geheimnisse preiszugeben, machten sich nicht einmal die Mühe, auf die französische Herausforderung zu antworten. Außerdem hatten sie bereits Ende 1905 ihre Flugversuche aufgegeben, um sich mit aller Kraft dem Verkauf ihrer Maschine an eine nationale Regierung zu widmen.

Zwei weitere Jahre sollten vergehen, bis ein Europäer schließlich den vorgeschriebenen Kreis flog und Anspruch auf das Geld Archdeacons erhob. Warum die europäischen Flieger das, was von der Erfindung der Gebrüder Wright bekannt war, nicht für sich verwerten konnten, bleibt eines der großen Rätsel der Luftfahrt.

Der Mißerfolg der Europäer ist vielleicht darauf zurückzuführen, daß sie es so eilig hatten, ihre „Automobile der Lüfte" fliegen zu sehen, statt langsam und methodisch vorzugehen – „Schritt für Schritt, Luftsprung für Luftsprung, Flug für Flug", wie es Ferber einst propagiert hatte. So aber gab Archdeacon sein Gleitfluggerät Wrightscher Bauart auf, als es nicht wie erwartet funktionierte – seine Konstruktion beruhte auf unvollkommenen Zeichnungen –, statt die Verbesserungen vornehmen zu lassen, die zum Erfolg hätten führen können. Ein weiterer Franzose, der junge Ingenieur Robert Esnault-Pelterie, baute einen Gleiter vom Wright-Typ ebenfalls nach skizzenhaften Vorlagen; als er schlechte Flugeigenschaften zeigte, machte er die Tragflächenverwindung dafür verantwortlich und ersetzte sie durch

Seitenruder oder bewegliche Flächen zur Steuerung um die Längsachse. Da ihm aber die Erfahrungen fehlten, die die Gebrüder Wright bei ihren Gleitflügen gesammelt hatten, erkannte er nicht, wie wichtig es war, in Kurven Schräglage einnehmen und das Flugzeug um die Längsachse steuern zu können, und er verfolgte die Idee nicht weiter. Allerdings veröffentlichte er seine Ergebnisse in einem Artikel vom Juni 1905, was dazu führte, daß Konstrukteure verschiedener Nationen ihrerseits mit Seitenrudern zu experimentieren begannen. Im Laufe der Zeit sollten Seitenruder, wie bekannt, mit der von den Wrights entwickelten Tragflächenverwindung – der konstruktionsbedingte Grenzen gesetzt waren – nicht nur konkurrieren, sondern sie als das bessere Steuersystem ersetzen.

Es gibt kein besseres Beispiel für die Ungeduld, mit der die Europäer in der Luftfahrt operierten, als Louis Blériot, einen wohlhabenden Hersteller von Automobilzubehör, der kurz nach der Jahrhundertwende mit der Fliegerei begann. Keiner der Pioniere der Luftfahrt kann auf eine derart wechselvolle Karriere zurückblicken; keiner der ersten Flugzeugkonstrukteure ging derart unmethodisch vor – nicht selten gab er seinen Mitarbeitern nichts als ein paar überschlägige Berechnungen und überließ es ihnen, daraus etwas zu machen.

Blériot war ein impulsiver, verwegener Mann von kräftiger Statur, an seinem walroßartigen Bart und seiner großen Nase weithin erkennbar. Er konnte kühl und skrupellos, aber ebensooft charmant und anziehend sein. Er hatte kaum die Ingenieurausbildung beendet, als er, die Möglichkeiten der aufstrebenden Automobilindustrie erkennend, Azetylenscheinwerfer und Zubehörteile, wie Fußwärmer und Leuchtnummernschilder, auf den Markt zu bringen begann. Mit seinem ganzen Vermögen, das ihm bald daraus erwuchs, konzentrierte er sich dann auf die Fliegerei.

Blériot steckte voller Ideen; ein Wunder, daß er sie alle überlebte. Von den 13 verschiedenen Flugzeugtypen, die er baute oder erprobte, hob mehr als die Hälfte entweder gar nicht vom Boden ab oder zerschellte mit ihm an Bord. Darüber hinaus war Blériot ein miserabler Pilot. Nach zeitgenössischen Berichten mangelte es ihm an Koordinationsfähigkeit, schnellem Auffassungsvermögen für die grundlegenden Dinge und Geduld, wenn es um Einzelheiten ging. „Wir hatten kaum ein Flugzeug fertig", so erinnerte sich Ferdinand Collin, Blériots Mechaniker, „dann kam schon der Chef, um es, von einem unbezähmbaren Erfolgswillen getrieben, zu erproben, ohne im geringsten auf die Windverhältnisse zu achten."

Beim Test einer mörderisch übermotorisierten Maschine mit Tragflächen in Tandemanordnung rettete ihm nur noch die Schnelligkeit, mit der er sich bewegen konnte, das Leben. „Der Eindecker hob ab wie ein Pfeil", berichtete er später. „In kürzester Zeit befand ich mich in 25 Meter Höhe. Ich war von der Höhe noch ganz beeindruckt, als der Motor plötzlich stehenblieb. Die Maschine fiel steil nach unten. Ich hatte mich schon aufgegeben, als mir der Einfall kam, aus dem Sitz zu klettern und mich nach hinten auf das Leitwerk zu werfen. Das Manöver glückte so ziemlich; die Maschine ging in den Horizontalflug über, verlor an Geschwindigkeit und schob sich langsam in den Boden. Ich blieb unverletzt." Das Flugzeug jedoch war, wie üblich, nur noch ein Wrack.

Im Jahre 1905 machte der allgegenwärtige Hauptmann Ferber Blériot mit Gabriel Voisin bekannt, einem Konstrukteur, der sich in der französischen Luftfahrt einen großen Namen machen sollte. Zu jener Zeit baute Voisin Gleitfluggeräte für Ernest Archdeacon, der ein „Luftfahrtkonsortium" gegründet hatte, um mit den Gebrüdern Wright gleichzuziehen. Voisin war zugleich der für Erprobungsflüge zuständige Pilot des Konsortiums und tauchte in dieser Eigenschaft eines Tages mit dessen

Blicke in eine phantastische Zukunft

Die hübschen Bildchen – Beilagen aus Schokoladenpackungen – zeigen, daß es zu Beginn unseres Jahrhunderts kaum etwas gab, das man in der Luftfahrt des Jahres 2000 für unmöglich hielt.

So phantastisch die Szenen auch anmuten, erstaunlich ist, wie viele der angekündigten Entwicklungen schon in relativ kurzer Zeit der Wirklichkeit entsprachen. Lange vor dem Jahr 2000 war die Luftpost eine Selbstverständlichkeit, obwohl die Sendungen natürlich nicht auf die Weise verteilt wurden, wie es das Bild unten links darstellt. Fliegende Polizeitrupps verfolgten Verbrecher; die Reise mit Charter- und Liniendiensten gehörte für Tausende zur Routine; Brände wurden vom Flugzeug aus bekämpft, und bei Seenotfällen kam die Rettung nicht selten ebenfalls aus der Luft.

Anderen Propheten, die „Vogelmenschen" bei der Regelung des Luftverkehrs und Fußgänger auf der Flucht vor leeren Benzinkanistern sahen, die, von Flugzeugen abgeworfen, vom Himmel fielen, mangelte es offensichtlich an realistischer Weitsicht. Einige jedoch, wie auch der Luftfahrtpionier Ferdinand Ferber, prophezeiten den regelmäßigen Linienverkehr über den Ärmelkanal und sorgten sich, daß „Luxus und Snobismus in die Fliegerei eingezogen sein werden". Und schon 1909 beschrieb der Schriftsteller Rudyard Kipling in einer Geschichte den Transatlantischen Luftverkehr zwischen der Alten und der Neuen Welt, was damals unmöglich erschien.

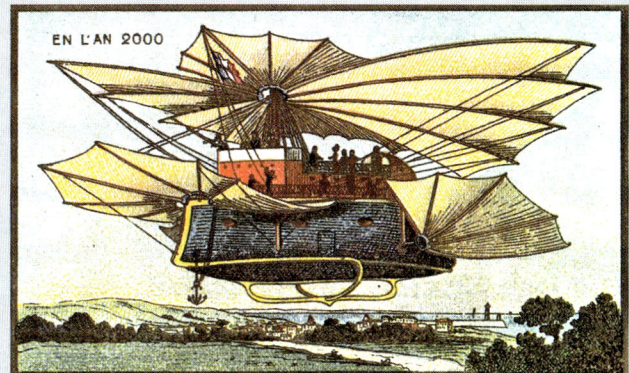

IM JAHR 2000 SENDET EINE NACHRICHTENSTATION AUS DER LUFT.

FLUGAPPARATE GEBEN DEN TENNISSPIELERN MEHR SCHWUNG.

ZWEI POLIZISTEN MIT FLÜGELN VERFOLGEN EINEN VERBRECHER.

FEUERWEHRMÄNNER KOMMEN MUTTER UND KIND ZU HILFE.

LUFTTAXEN BEUGEN VERKEHRSSTAUS IN DEN GROSS-STÄDTEN VOR.

ZWISCHEN PARIS UND BORDEAUX VERKEHRT EIN FLIEGENDER BUS.

DER POSTBEAMTE STELLT DIE SENDUNGEN AUS DER LUFT ZU.

RETTER AUS DER LUFT ENTREISSEN SCHIFFBRÜCHIGE DER SEE.

neuestem Gleiter am Ufer der Seine auf, was unter den Anwohnern ein beträchtliches Aufsehen hervorrief.

Die Maschine war bereits nach dem Muster gebaut, das Voisins Konstruktionen später auszeichnete. Tragflächen und Leitwerk, nach dem Prinzip des bemannten Kastendrachens des australischen Konstrukteurs Lawrence Hargrave aus dem 19. Jahrhundert kastenartig geformt, hatte Voisin mit einem vorn liegenden Höhenruder kombiniert, das ganz offensichtlich der Wrightschen Konstruktionsart entsprach. Der Erprobungsflug dieser technischen Kreuzung verlief ohne Zwischenfälle. Auf Schwimmer montiert und von einem Motorboot geschleppt, erhob sich die Maschine über die Pappeln, die das Ufer säumten, um mit einer eleganten Landung wieder niederzugehen. Blériot, der das Ganze beobachtet hatte, bestellte auf der Stelle eine leicht abgewandelte Version für sich selbst.

Voisin erklärte sich bereit, sie zu bauen, zeigte sich aber über Blériots Sonderwünsche beunruhigt; er fürchtete, daß die starke Wölbung der Tragfläche, die Blériot verlangte, dem Flugzeug jegliche Querstabilität nehmen mußte. Voisin machte Gegenvorschläge, auf die Blériot jedoch nicht einging. Als Blériots Spezialanfertigung schließlich zum Test bereitstand und hinter einem Motorboot festgemacht war, erbot sich Voisin, den Erstflug selbst durchzuführen. Seine Bedenken hinsichtlich der Querstabilität wurden schnell bestätigt.

„Es war viel leichter als mein erstes Gleitfluggerät und hob fast unmittelbar vom Wasser ab", berichtete Voisin später. „Ich fing an, von einer Seite auf die andere zu schaukeln. Schließlich kippte mein Fluggerät über die linke Seite ab, tauchte ins Wasser und riß mich mit. Ich kämpfte in dem Durcheinander, das mich umgab, konnte aber nicht sehen, wo ich war. Einer der Spanndrähte hatte sich in mein rechtes Handgelenk gebohrt, ein anderer in den linken Oberschenkel, so daß ich mich nicht befreien konnte." Voisin wurde im letzten Moment vor dem Ertrinken gerettet.

Weder Voisin noch Blériot ließen sich durch diesen Unfall, der ebensogut tödlich hätte ausgehen können, entmutigen. Drei Tage später schlossen sich die beiden sogar zusammen, um Motorflugzeuge zu bauen. Die Verbindung war allerdings von Anfang an durch Blériots Sturheit getrübt. „Mein lieber Voisin", erklärte er eines Morgens, „seit einer Woche erprobe ich Modelle, um die für die Stabilität optimale Form zu finden. Ich bin zu der Überzeugung gekommen, daß ein Flugapparat nur aus zwei gleich großen Zylindern in Tandemanordnung bestehen kann."

Voisin grauste bei der Vorstellung dieses aerodynamischen Monsters. Es gelang ihm zwar, Blériot mit vielen Worten zur Abwandlung der Zylinder in Ellipsen zu bringen. Dennoch versagte der Apparat bei allen Flugversuchen. Man einigte sich auf eine Kompromißformel: Voisins Kastenkonstruktion vorn, Blériots Leitwerkanordnung hinten. Am 12. November 1906 transportierten Blériot und Voisin ihre neue Entwicklung nach Bagatelle im Bois des Boulogne, dem größten Park von Paris. Doch die Kompromißmaschine erwies sich als ein weiteres Glied in der Kette ihrer Mißerfolge: Noch am Boden fiel sie während des Rollens auseinander.

Dennoch verließ keiner der beiden enttäuschten Flieger Bagatelle frühzeitig an jenem Nachmittag. Sie schlossen sich statt dessen einer Gruppe von Zuschauern und Reportern an, die gekommen waren, um den Erprobungsflug eines ihrer Zeitgenossen zu beobachten, des in Brasilien geborenen Alberto Santos-Dumont. Tatsächlich wurden sie Zeugen einer Leistung, die in die Geschichte der Luftfahrt eingehen sollte.

Mit seinem Talent für wirkungsvolle Auftritte erfreute Santos die Pariser schon seit der Jahrhundertwende mit einem Dauerspektakel von Flügen der verschiedensten Art. Santos war 1891 im Alter von 18 Jahren als reicher

Zu den Fehlkonstruktionen auf dem Weg zum Erfolg gehörten diese unvorteilhaft aussehenden Gebilde. Es sind die ersten Flugzeuge, die Louis Blériot entwickelte, bevor er später den berühmtesten Eindecker der damaligen Zeit baute. Die oben abgebildete Blériot IV mit ihrem ellipsenförmigen Heckleitwerk erweist sich 1906 bei den Versuchen auf dem See von Enghien-les-Bains bei Paris als flugunfähig. Die Blériot V (links), wegen ihres vorn angebrachten Leitwerks Canard (Ente) genannt, konnte 1907 zwar einen Luftsprung tun, aber nicht fliegen.

Teilhaber der Kaffeeplantage seiner Familie nach Frankreich gekommen. Der lebhafte, zartgliedrige Mann, rund 1,50 Meter klein und 40 Kilogramm schwer, trug sieben Zentimeter hohe Hemdkragen, Nadelstreifenanzüge und amerikanische Schuhe mit dicken Sohlen, um größer zu wirken. Er bevorzugte weiche weiße Panamahüte und wurde selten ohne Autofahrerhandschuhe gesehen. „Ich bin Santos, und ich wiege ohne Schuhe, aber mit Handschuhen 41 Kilo", pflegte er sich vorzustellen. In seiner Wohnung an den Champs-Élysées speiste er an einem Tisch, der drei Meter über den Boden aufragte, um sich an das Essen in der Höhenluft zu gewöhnen. Die Diener servierten ihm die Gerichte über Treppenleitern.

Der junge Brasilianer, ein genialer Tüftler (er soll als erster den Einfall gehabt haben, eine Armbanduhr zu konstruieren) und begabter Mechaniker, begann als Rennfahrer auf motorisierten Dreirädern, widmete sich dann dem Ballonflug und wandte sein Interesse schließlich der Luftschiffahrt zu. Santos und seine primitiven Luftschiffe wurden schnell zum Stadtgespräch. Zum Entzücken der Presse landete er mit seinem Luftschiff eines Morgens in einer Seitenstraße der Champs-Élysées und ging hinauf in seine Wohnung, um Kaffee zu trinken. Ein andermal landete er auf einem Kinderspielplatz im Park und „entführte" einen glückstrahlenden Siebenjährigen zu einer Spazierfahrt. Und an einem 14. Juli, dem Tag des Sturmes auf die Bastille, schwebte er über der Militärparade und grüßte den französischen Präsidenten mit 21 Salutschüssen aus seiner Pistole.

Im Jahre 1904 begann Santos mit Gleitern zu experimentieren. Im Jahr darauf präsentierte er einen Hubschrauber mit zwei großen Tragschrauben aus seidebezogenen Bambusstangen und einer dritten Antriebsschraube, der allerdings nicht vom Boden abhob. Daraufhin verschwand Santos wieder hinter den Mauern seiner Werkstatt, um ein neues Produkt seiner Phantasie Gestalt annehmen zu lassen.

Was 1906 wieder herauskam, war eine der seltsamsten Flugmaschinen, die je gebaut wurden. Von den Franzosen wegen ihrer Ähnlichkeit mit einer Ente schnell mit dem Spitznamen *canard* belegt, ragte bei Santos' monströsem Gebilde eine primitive kastenförmige Kombination aus Leitwerk und Höhenruder an einem Ausleger weit nach vorn, wie Kopf und Hals bei einem fliegenden Wasservogel. Beiderseits des Pilotenstandes hoben sich kastenförmige Tragflächen in gefährlicher V-Stellung empor, wie die Flügel eines Vogels in der Aufwärtsbewegung. Ein Motor mit 24 PS und Druckschraube hob den schwanzlosen Rumpf. Wenn die Maschine sich bewegte, hatte man den Eindruck, daß sie rückwärts flog; und sehr befremdlich war auch, daß der Pilot aufrecht stehend fliegen mußte.

Santos taufte seine Maschine *14-bis* („Zweimal-14"), da sie ihr fliegerisches Dasein als Anhängsel seines Luftschiffs Nr. 14 begann. Er beabsichtigte, das Flugzeug von dem Luftschiff anheben zu lassen, um dann die Steuerung erproben zu können.

Santos zog immer große Menschenmengen an, und so waren auch am Morgen des 23. Juli 1906 zahlreiche Reporter und Zuschauer unterwegs, als die *14-bis* nach Bagatelle gebracht wurde, wo die Versuche stattfinden sollten. Nach dem Bericht eines Augenzeugen führte Santos in seinem Mercedes eine eigenartige Prozession an. Luftschiff und Flugzeug folgten, von einem Esel gezogen. Ein Handkarren mit zehn Benzinkanistern bildete das Schlußlicht. An den Parktoren stießen sie auf einen Wächter, der sich weigerte, den Benzinkarren durchzulassen, und seine Autorität mit der Drohung untermauerte, seine Lanze in das Luftschiff zu bohren. Glücklicherweise kam Ernest Archdeacon dazu und ließ, nachdem sein Wagen das Tor passiert hatte, dessen Benzin in die *14-bis* umfüllen. Zur großen Enttäuschung aller Anwesenden stellte sich dann heraus, daß das Flugzeug

Der in Brasilien geborene Alberto Santos-Dumont, hier mit seinem Markenzeichen, einem weichen, breitkrempigen Hut, war ein Pariser Lebemann und widmete sich der Fliegerei aus Leidenschaft. „Er handelte", meinte ein Historiker dazu, „während andere überlegten."

ohnehin nicht flugtüchtig war – es war gegen das Luftschiff geprallt und beschädigt worden. Santos bat um Ruhe und erklärte vom Pilotenstand aus, die Erprobung sei abgebrochen.

Santos gab den Versuch nicht auf. Am 13. September 1906 hob sich die *14-bis,* vom Luftschiff abgekoppelt und mit einem stärkeren Motor ausgerüstet, endlich mit eigener Kraft vom Boden. Bei ihrem Luftsprung überwand sie 7 bis 13 Meter (die Schätzungen schwanken von Beobachter zu Beobachter) und machte eine Bruchlandung auf dem Leitwerk. Am 23. Oktober gelang Santos mit einem Flug von sieben Sekunden und über 60 Meter ein besserer Versuch. Jede neue Leistung steigerte die Erregung. So feierte Hauptmann Ferber Santos als „den siegreichen Helden" und sagte „eine neue Welt, die sich der Menschheit eröffnet" voraus. Dann, an jenem 12. November, legte Santos unter den Augen von Blériot und Voisin, die am Rande des Versuchsfeldes standen, mit 220 Metern in $21^1/_5$ Sekunden den längsten bis dahin in Europa verzeichneten Motorflug zurück.

Die Alte Welt stand kopf. Endlich war es einem Europäer gelungen, abzuheben und richtig zu fliegen. In London herrschte Lord Northcliffe die Redakteure seiner *Daily Mail* an, die das Ereignis herunterspielten. „Santos-Dumont fliegt 220 Meter!" rief er ins Telephon. „Laßt euch von mir sagen, daß von einem ruhigen Schlaf hinter den hölzernen Mauern des alten England mit dem Kanal als unserem Wehrgraben keine Rede mehr sein wird. Wenn es zum Krieg kommt", warnte er, „werden die fliegenden Streitwagen des Feindes auf britischem Boden niedergehen."

Inmitten dieser Hysterie schrieb Octave Chanute einen Brief an die Gebrüder Wright, der zeigt, daß er die Leistung von Santos-Dumont realistischer einschätzte. „Er dürfte jetzt etwa Ihren Stand von 1904 erreicht haben, nehme ich an", meinte er trocken. Hier allerdings irrte Chanute. Frankreich – wie das ganze übrige Europa – lag mit seinen Entwicklungen sogar noch weiter hinter den beiden Brüdern zurück. In England arbeitete ein Amerikaner namens Samuel Franklin Cody, der mit einem bemannten Drachen erfolgreiche Flüge absolviert hatte, am Entwurf einer Flugmaschine. Ihre Fertigstellung zog sich jedoch so lange hin, daß er damit erst 1908 den ersten offiziellen Motorflug in England machte. In Dänemark hatte der Ingenieur J. C. H. Ellehammer einen Eindecker mit Segel konstruiert und sich mit ihm – durch ein Seil gesichert – 1906 in die Luft begeben. Im selben Jahr glückten dem Rumänen Traian Vuia zwar runde fünf Starts mit einem Eindecker, aber kein Flug von mehr als drei Sekunden.

So wenig bei ihren Flugversuchen auch herauskam, die Europäer unternahmen sie immerhin in aller Öffentlichkeit und nicht selten vor den Augen einer großen, begeisterten Menschenmenge. Sie machten Schlagzeilen und erhielten die Anerkennung, die den Gebrüdern Wright versagt blieb, nachdem sie sich ganz von der Fliegerei ab- und dem Verkauf ihrer Erfindung zugewandt hatten. Nichtsdestoweniger waren die beiden Brüder überzeugt, daß sie interessierte Käufer finden würden. „Wenn wir sehen, wie andere sich Jahr um Jahr mit Einzelheiten abmühen, die wir in wenigen Wochen bewältigten", schrieb Wilbur Wright im Oktober 1906 an Chanute, „glauben wir nicht einmal an eine Möglichkeit von eins zu hundert, daß innerhalb der nächsten fünf Jahre irgendwo eine Maschine von dem geringsten praktischen Wert existieren wird."

Doch das Angebot der Wrights, ein funktionstüchtiges Flugzeug zu liefern, war bei den Regierungen der Welt auf geringes Interesse gestoßen. 1905 hatten amerikanische Regierungsbeamte den beiden Brüdern mitgeteilt, die Nation habe „keinen Bedarf" an einer Flugmaschine. Die militärischen Führungskräfte Englands und Frankreichs zeigten zwar etwas

Im Sommer 1906 erprobt Santos-Dumont sein erstes Flugzeug, die 14-bis, die er zu diesem Zweck unter seinem Luftschiff Nr. 14 befestigte.

Am 23. Oktober 1906 hebt die 14-bis aus eigener Kraft im Bois de Boulogne ab und vollendet den ersten geglückten Motorflug in Europa.

mehr Interesse, aber der geforderte Preis von 200 000 Dollar erschien ihnen zu hoch. Außerdem waren die beiden Brüder auf Grund der nahezu krankhaften Heimlichtuerei, mit der sie ihre Erfindung umgaben, sehr anstrengende Verhandlungspartner. So weigerten sie sich auch noch nach Erteilung der beantragten Patente Anfang Juli 1904, vor einem festen Vertragsabschluß potentiellen Käufern Einzelheiten der Maschine darzulegen oder gar die Maschine selbst vorzuführen. Und während sich die Gebrüder Wright um geschäftliche Angelegenheiten kümmerten, gerieten ihre fliegerischen Leistungen bei Kitty Hawk und über der Huffman Prairie immer mehr in Vergessenheit.

Zwei Jahre waren seit dem letzten Flug der Wrights in Ohio – und 14 Monate seit den kurzen Luftsprüngen von Santos-Dumont in Paris – vergangen, als Henry Farman, ein junger Mann anglofranzösischer Abstammung, eine Leistung vollbrachte, die die Vorherrschaft der Europäer in der Luftfahrt festzuschreiben schien.

Farman, Sohn eines wohlhabenden englischen Zeitungskorrespondenten in Paris, betrieb die Fliegerei in der guten alten Tradition des Gentleman-Sports. Henry oder Henri (er benutzte sowohl die französische als auch die englische Schreibweise) hatte an der berühmten Pariser École des Beaux Arts Malerei studiert und sich währenddessen zu einem begeisterten Anhänger des Rennsports entwickelt, zunächst mit dem Fahrrad, dann dem Motorrad und schließlich dem Automobil.

Der kleine, gutaussehende Mann sprach zwar Englisch mit französischem Akzent, sein Stil aber war unverkennbar britisch. Als er einmal bei einem Autorennen auf einer Bergstraße ins Schleudern geraten und zusammen mit seinem Mechaniker in die Bäume gerast war, zog Farman, von einem Ast herabhängend, unbeeindruckt eine Zigarette hervor und rief seinem Mechaniker, der ebenfalls in den Ästen hing, zu: „Gib mir mal ein Streichholz, Jules." Im Jahre 1907 entschied sich Farman für die Fliegerei als dem in seinen Augen „sichereren" Sport und erschien eines Tages unangemeldet in der kleinen Werkstatt von Voisin in Paris. Dort bestellte er eines der neuesten Modelle, die Gabriel Voisin nach dem Bruch mit Blériot nunmehr mit seinem Bruder Charles baute.

Farman hatte sich ein Ziel gesetzt – er wollte den Deutsch-Archdeacon-Preis gewinnen. Auf diese Idee waren auch schon andere hoffnungsvolle Flieger gekommen, darunter ernsthafte Bewerber ebenso wie absonderliche Typen, und das Geschäft der Gebrüder Voisin blühte. Nach Aussage von Gabriel Voisin schien jeder Kunde seine eigene Vorstellung davon zu haben, was ein richtiges Flugzeug sei, denn sie bestellten „bemerkenswerte und erstaunliche Gebilde, alle mehr oder weniger verrückt".

Ein russischer Fürst wollte ein Flugzeug mit einer Luftschraube in Form einer Wendeltreppe. Ein Niederländer ließ Tragflächen „an eine Art Automobil" anbringen, an dessen hinterem Ende ein Leitwerk hervorragte. Bei der Erprobung dieser Kuriosität hob sich zwar, als der Propeller zu rotieren begann, das Leitwerk, doch alles andere blieb stehen. Selbst die Kunden, die sich für ein Standardmodell der Gebrüder Voisin entschieden, hatten es sich in den Kopf gesetzt, daß sich ihr Flugzeug durch irgendein persönliches Merkmal von den anderen unterscheiden mußte. Charles Voisin löste das Problem ohne großen Aufwand, indem er den Namen des Kunden in großen, den Namenszug des Herstellers weit überragenden Buchstaben auf das Heck der Maschine pinselte.

Die frühe Voisin unterschied sich von einem Kastendrachen durch kaum mehr als ein Höhenruder vorn, einen Motor mit grob gearbeiteter Luftschraube aus Metall und ein Ruder am ausladenden Doppelkastenleitwerk. Die Gebrüder Voisin rühmten zwar die Leichtigkeit, mit der sich ihre Maschine fliegen ließ, aber mindestens ein Pilot jener Pionierzeit erinnerte sich anders: „Man konnte sie nur mit Gewalt durch die Luft steuern", sagte er. Die Maschine hatte keine Stabilität um die Längsachse, fuhr derselbe Kritiker fort, „und wenn sie nach einer Seite abkippte, mußte man das Ruder umlegen, um sie wieder in die Normalfluglage zu zwingen. Es war ein ziemlich riskantes Manöver."

Welche Fehler die zerbrechliche Voisin auch aufwies, es kostete Farman nicht viel Zeit, sie zu beseitigen. Er war, wie Gabriel Voisin sagte, die „Tüftlerbegabung in Person". Ein paar Wochen nach Übernahme seines Flugzeugs flog Henry Farman und begann mit der Verbesserung der Konstruktion. (Es sollte nicht lange dauern, bis er selbst die Herstellung von Flugzeugen betrieb.) Er verlagerte den Schwerpunkt, montierte vorn ein Ruder Wrightscher Bauweise und verkleinerte die Leitwerkfläche, um 30 Kilogramm Gewicht zu sparen und den Widerstand zu verringern. Mit dieser veränderten Voisin trat Farman am 13. Januar 1908 zum Kampf um den Preis in Höhe von 50 000 Franc an.

„Emporgleitend auf eine Höhe von vier Metern, überquert die Maschine im fliegenden Start die Linie zwischen den Pfosten", so der dramatisierende Bericht von Farmans Flug im *American Aeronaut*. „Zielstrebig und sicher wie ein Pfeil strebt sie der 500 Meter entfernten Wendemarke entgegen, steigt dabei mittels eines geschickten Manövers der Höhentrimmung auf rund zwölf Meter und bleibt auf dieser Höhe. Sie umrundet in einer eleganten Kurve den festen Pfosten im Abstand von 100 Metern."

„Der große Vogel kehrt zurück", hieß es weiter in dem Zeitungsbericht, „sinkt allmählich auf vier Meter und überquert die Linie, hinter der der Apparat sanft zu Boden gebracht wird."

Farman hatte den Preis gewonnen. Er brauchte eine Minute und 28 Sekunden, um den ersten offiziell bestätigten Rundflug Europas und der Welt von einem Kilometer Länge zu bewältigen. Es handelt sich um eine Leistung, die die Gebrüder Wright mehr als zwei Jahre zuvor inoffiziell schon weit übertroffen hatten. Darüber hinaus war Farman bei seiner Kursumrundung eine weite, fast ebene, schwerfällige Kurve geflogen. Seine Maschine eignete sich nicht für die engen Wendekurven in starker Schräglage, die die Wright-Flyers mühelos bewältigten. Aber derartige aerodynamische Feinheiten ließen sowohl die Öffentlichkeit als auch die anwesenden Flieger kalt. Die Gebrüder Wright waren so gut wie vergessen; in Henry Farman hatten sie ihren Helden.

Er wurde bedrängt, gefeiert, in überschwenglichen Zeitungsartikeln gerühmt. Selbst die sonst so zugeknöpfte Londoner *Times* machte sich Luft: „Dieser Tag geht in die Geschichte ein als der Tag, an dem, vor offiziellen Zeugen, die menschliche Intelligenz den Sieg davontrug über das Problem, das Ikarus ins Verderben stürzte, über das Leonardo da Vinci sich den Kopf zerbrach. Nie zuvor ist eine solche Leistung erbracht worden."

Farman ließ sich von der allgemeinen Euphorie mitreißen. Vier Monate später und um einige Flugstunden erfahrener, forderte er die Gebrüder Wright zum fliegerischen Duell heraus, bei dem es auch um Geld gehen sollte: 5000 Dollar für einen Geschwindigkeits- und Streckenwettflug in Frankreich als Austragungsland. Die Kampfansage erreichte die beiden Brüder in Kitty Hawk, wo sie sich nach einer zweijährigen Pause, in der sie versucht hatten, ihre Erfindung zu verkaufen, wieder der Fliegerei widmeten. Im Februar 1908 hatten sie sich mit dem amerikanischen Kriegsministerium auf einen Preis von 25 000 Dollar für ein Flugzeug geeinigt, das ihrer Überzeugung nach allen anderen existierenden Maschinen weit voraus war. Das neue Wright-Flugzeug, heute oft Modell A

Förderer der Luftfahrt aus den ersten Kreisen Frankreichs, darunter die Baronin de Laroche und der Industrielle Henry Deutsch de la Meurthe (im Gespräch ganz rechts), besuchen das Voisin-Werk in Billancourt, einem Vorort von Paris. Das Gemälde aus dem Jahre 1908 zeigt in der Mitte Gabriel Voisin, in lässiger Haltung an ein Flugzeug gelehnt.

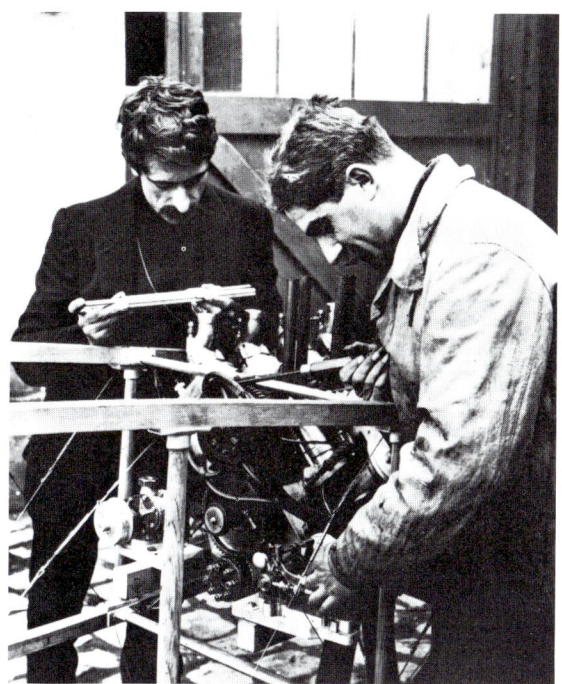

*Die ersten erfolgreichen Flugzeugkonstruk-
teure Frankreichs, Gabriel und Charles
Voisin, 1907 bei der Arbeit an einem Motor.*

genannt, stellte mit seinem verbesserten 30 PS starken Motor, der es auf 64
Kilometer pro Stunde beschleunigte, einen deutlichen Fortschritt gegen-
über seinen Vorgängern dar. Es war zweisitzig und hatte eine für den
Schulungsbetrieb geeignete Doppelsteuerung.

Die Gebrüder Wright waren übereingekommen, eine Zeitlang getrennt
zu marschieren. Orville sollte die Demonstrationsflüge der neuen Maschine
vor dem amerikanischen Heer in Fort Myer, Virginia, übernehmen. Wilbur
wollte nach Frankreich übersetzen. Ein Modell A, das die beiden Brüder
1907 nach Frankreich verschifft hatten, lagerte verpackt unter Zollver-
schluß in Le Havre, seit die Verhandlungen damals mit der französischen
Regierung gescheitert waren. Allerdings hatte sich ein Konsortium
französischer Unternehmer unter der Bedingung, daß einer der beiden
Brüder die Maschine erfolgreich in Frankreich vorführte, bereit erklärt, die
Wright-Flugzeuge in Lizenz zu bauen.

Wilbur bereitete sich schon auf die Abfahrt aus Amerika vor, als ihm
Reporter die Herausforderung Farmans präsentierten. Würde er gegen den
europäischen Rekordhalter antreten oder nicht? „Mr. Wright lächelte und
sagte, auf diese Frage gäbe es keine Antwort", berichtete *The New York
Times*. „Er wollte sich zu der Herausforderung in keiner Weise äußern."
Wilbur hatte wenig Sinn für viele Worte und verdammte alle Zirkusfliegerei,
wie er diese Kategorie nannte, in die für ihn auch Farmans Kampfansage
gehörte. Der Tag war nicht mehr fern, an dem ihn seine französischen
Verleumder fliegen sehen würden, und er war sich absolut sicher, daß es
dann keiner Worte mehr bedurfte.

Jubel begleitet den Flieger Henry Farman, der 1908 den mit 50 000 Franc dotierten Grand Prix d'Aviation und den begehrten Archdeacon Cup für den ersten einen

Bei seiner Ankunft in Frankreich im Juni 1908 erwartete Wilbur Wright zunächst eine schlechte Nachricht. Sein Flugzeug war bei der Untersuchung der Verpackungskisten durch Zollbeamte beschädigt worden – Wilbur machte irrtümlich Orville dafür verantwortlich, dem er Fehler bei der Art und Weise der Verpackung vorwarf. Reparatur und Montage würden Wochen in Anspruch nehmen. Dann aber erreichte ihn die gute Nachricht, daß seine potentiellen französischen Kunden ein brauchbares, billiges Terrain für seine Demonstrationsflüge gefunden hatten, nämlich an der Rennstrecke Hunaudières in der Nähe von Le Mans, rund 180 Kilometer südwestlich von Paris gelegen.

Der Präsident des örtlichen Flugklubs, dem bei Le Mans eine Automobilfabrik gehörte, stellte Wilbur dort einen Platz zur Verfügung, wo er sein beschädigtes Flugzeug zu montieren begann. Die Arbeiter aus der Umgebung, die er anstellte, sprachen kein Wort Englisch, und Wilburs Kenntnisse beschränkten sich auf eine Ohio-Variante des Französischen. Aber er hielt sich an dieselbe Arbeitszeit wie seine Leute und machte pünktlich Mittagspause, so daß sie gut miteinander auskamen. Während der sechs Wochen, die die Arbeit am Flyer dauerte, steigerte sich die Skepsis in der französischen Presse. Von anderswo gab es jedenfalls über aufregen-

Kilometer langen Rundflug in Europa gewinnt. Zwei Jahre zuvor waren die Gebrüder Wright in Dayton, Ohio, bereits das 39fache dieser Strecke geflogen.

dere fliegerische Ereignisse zu berichten. Der Pariser Bildhauer Léon Delagrange, der zu jener Zeit gerade „in" war, hatte seine Vorliebe für die Fliegerei entdeckt und in Turin seine Schülerin, Thérèse Peltier, auf einen Flug in seiner Voisin mitgenommen. Mademoiselle Peltier wurde damit der erste weibliche Flugpassagier.

In Le Mans besserten sich Wilburs Beziehungen zur französischen Presse auch nicht gerade durch die häßlichen Zusammenstöße, zu denen es kam, wenn er Photographen bei dem Versuch ertappte, „ungenehmigte" Photos zu schießen – naiverweise war er einen Exklusiv-Vertrag mit einer New Yorker Zeitschrift eingegangen. Wilbur kam schließlich doch zu dem Schluß, „es sei gut, eine kleine Kostprobe zu geben", obwohl sein Flyer noch nicht vollkommen fertig war.

Die Nachricht von Wilburs Entschluß verbreitete sich wie ein Lauffeuer, und am Samstagmorgen, dem 8. August, versammelten sich zahlreiche Menschen an der Rennstrecke. Unter ihnen befanden sich Blériot, Archdeacon, der führende Verfasser von Luftfahrtberichten in Frankreich François Peyrey, zwei Beamte der russischen Botschaft in Paris und viele andere – bei weitem das größte und sachverständigste Publikum, das je bei einem Flug der Wrights zugegen gewesen war.

Der Aufbau von Startschiene und Katapultvorrichtung, die die Wrights nach wie vor benutzten, dauerte bis zum späten Nachmittag. Dann kletterte Wilbur im grauen Straßenanzug, mit grauer Kappe und seinem üblichen gestärkten Kragen in die Maschine, die, wie alle Wright-Modelle zuvor, nicht mit Rädern, sondern mit Kufen ausgerüstet war. Der Motor stotterte kurz und verstummte; Wilburs hinterer Kragenknopf hatte sich in den Steuerdrähten verfangen. Endlich fiel das Gewicht in der Katapultvorrichtung, und der Flyer erhob sich rauschend in die Luft.

„Wir beobachteten, wie der große weiße Vogel über der Rennstrecke aufstieg, die Bäume erreichte und überflog", schrieb Peyrey, der das Ganze auf der Tribüne miterlebte. „Wir waren imstande, jede Bewegung des Piloten genau zu sehen, konnten seine außerordentliche fliegerische Fertigkeit feststellen und die eigenartige Tragflächenverwindung während des Kurvens sowie die Bewegungen der Ruderflächen verfolgen." Nach einem Flug von einer Minute und 45 Sekunden kehrte Wright „wunderbar ausgetrimmt und präzise" unter den Jubelrufen der Menge auf der Tribüne zum Boden zurück. „Ich sah, wie der Mann, dem man eine solche Beherrschung seiner Gefühle nachsagt, blaß wurde", fuhr Peyrey fort. „Er hatte lange gelitten, ohne zu klagen; er wußte, daß die Welt seine Leistungen nun nicht mehr anzweifelte."

Es entstand ein ungeheures Durcheinander. Zwei kleine Jungen, die, um besser sehen zu können, auf den Zaun geklettert waren, rannten zu ihren Fahrrädern und strampelten nach Le Mans, wo sie aus vollem Halse verkündeten: „Il vole, il vole!" – er fliegt, er fliegt!

Niemand geizte mit Lob für Wilburs Darbietung und seine weiteren Demonstrationsflüge, die kurz darauf folgten. „Ich hätte die zehnfache Wartezeit in Kauf genommen, um zu sehen, was ich heute gesehen habe", erklärte Blériot. „Monsieur Wright steckt uns alle in die Tasche." „Ja, wir sind geschlagen", gab auch Léon Delagrange zu. Lediglich Archdeacon schlug bittere Töne an. Wilbur Wright habe seine Behauptungen bewiesen, räumte er ein, aber das Wright-Flugzeug sei offenbar schwer zu handhaben und durch sein Startsystem behindert: „Ich halte unsere Maschinen für besser. Sie haben nämlich Räder und können überall, wo sie niedergehen, auch wieder starten, ohne Schienen." Aber seine Bemerkungen gingen in dem allgemeinen Jubel für Wilbur Wright unter.

Hunderte von Menschen, die am nächsten Tag zur Rennstrecke strömten und hofften, eine Wiederholung zu erleben, mußten erfahren, daß Wilbur, Sohn eines protestantischen Geistlichen, sonntags grundsätzlich nicht flog. Doch die Tausende, die am Montag sowie an den Tagen und in den Wochen darauf nach Hunaudières und später zu dem größeren Gelände in der Nähe von Camp d'Auvours kamen, sahen ihn immer höher und weiter fliegen, bis er schließlich am 21. September 1908 mit einer Stunde, 31 Minuten und 25 Sekunden einen neuen Weltrekord im Dauerflug aufstellte.

Wilbur Wrights aufsehenerregende Flüge erfüllten ihren eigentlichen Zweck – die Gründung von Lizenzunternehmen in Frankreich und später in Deutschland und England. Einen größeren Nutzen zogen allerdings die Flieger der Alten Welt aus seinem kurzen Europa-Aufenthalt. Endlich konnten sie mit eigenen Augen sehen, wie die Gebrüder Wright das Problem der Quersteuerung überwunden hatten: Das für den jahrelangen Rückstand der europäischen Fliegerei verantwortliche Rätsel reduzierte sich auf simple Mechanik, auf eine elementare Anordnung von Drähten und Seilzügen. Die Franzosen verloren keine Zeit und übernahmen das Wrightsche System der Tragflächenverwindung bei ihren Flugzeugen. Und zum ersten Mal konnten sie mit Recht behaupten, daß sie flogen.

Die neuerworbene Beherrschung der Materie ermutigte sie, eine Herausforderung anzunehmen, die wenige Jahre zuvor allen noch selbstmörderisch erschienen war – den Flug über den Ärmelkanal. Im Jahre 1909 erhielt das Abenteuer einen noch größeren Reiz, als Lord Northcliffes *Daily Mail* einen Preis in Höhe von 1000 Pfund für die erste Kanalüberquerung in einem Luftfahrzeug schwerer als Luft zwischen Sonnenaufgang und Sonnenuntergang aussetzte.

Wilbur Wright wurde vor die unvermeidliche Frage gestellt: Würde er als erster es mit dem Kanal aufnehmen? Schroff wies er die Idee zurück. Es wäre „ein unnützes Risiko", sagte er, „und würde im Falle des Erfolgs auch nicht mehr beweisen, als bei Flügen über trockenes Land gewonnen wird". Damit hatte er wohl recht, aber Wilbur Wright war fast der einzige in der gesamten Luftfahrt, der so dachte.

Schönes Wetter macht um den düsteren, graugrünen Ärmelkanal gewöhnlich einen weiten Bogen. Hüllt er sich heute in dichten Nebel, so peitschen ihn morgen heftige Regenschauer. Wind, der Feind der frühen Luftfahrer, ist sein ständiger Begleiter. Er braust über den Kanal, prallt gegen die hügelige Küstenlandschaft und frischt zu tückischen, kräftigen Böen auf. An seiner schmalsten Stelle ist der Kanal rund 34 Kilometer breit.

Ein paar Kilometer südwestlich von Calais ließ im Juli 1909 der bekannte junge Flieger Hubert Latham aus Pfählen und Planen eine provisorische Halle für seine Antoinette IV errichten – einen neuen Eindecker, in dem er zum angekündigten Kampf um den Preis der *Daily Mail* antreten wollte. Latham hatte privat um 17 000 Franc gewettet, daß er den Preis nicht nur gewinnen, sondern dies auch vor dem 1. August tun würde. Und dieses Datum war nur noch ein paar Wochen entfernt.

Auf beiden Seiten des Kanals setzte jedermann auf den Sieg des 26jährigen Latham. Er war Franzose, aber seine Vorfahren kamen aus England; er hatte ein Jahr am Balliol College in Oxford verbracht; die Familie seiner Mutter hatte Verbindungen zu deutschen Bankiers, und er selbst sprach fließend Deutsch. Er war reich, gutaussehend, ein salopp-eleganter Pariser Lebemann, dessen persönliche Markenzeichen, eine karierte Mütze und eine lange elfenbeinerne Zigarettenspitze, jeder Zeitungsleser kannte. Die Frauen verehrten ihn. Latham hatte in Afrika Großwild gejagt und vor Monaco an Motorbootrennen teilgenommen. Anfang 1909 hatte er sich dem neuen Sport des Fliegens zugewandt und nur drei Monate später mit 1 Stunde, 7 Minuten und 37 Sekunden einen Weltrekord im Eindecker-Dauerflug aufgestellt, den er nur abgebrochen hatte, weil heftiger Regen ihn zur Landung zwang. Vom französischen Präsidenten einmal nach seiner Beschäftigung außerhalb der Fliegerei befragt, antwortete Latham schlicht: „Ich bin ein Mann von Welt."

Zusammen mit Latham war der Konstrukteur der Antoinette und ihres Motors, Léon Levavasseur, nach Sangatte gekommen, wo die Antoinette IV lagerte. Levavasseur war ein ungeheurer Koloß mit rotem Bart und hatte früher als Artist gearbeitet. Er hatte sowohl Flugzeug als auch Motor nach der Tochter seines Geschäftspartners benannt.

Die Antoinette hatte eine Spannweite von 12,80 Metern, ihre Länge betrug 11,50 Meter. Der vordere Teil aus poliertem Holz verjüngte sich zum Heck hin und trug ein gespreiztes, vogelschwanzartiges Leitwerk. An jeder Seite des Pilotensitzes im offenen Rumpf befand sich ein Rad, mit dem das Höhenruder beziehungsweise die einfachen Seitenruder bedient wurden, die einige Konstrukteure inzwischen anstelle der Tragflächenverwindung zur Quersteuerung einbauten. Die neuartige, seitliche Anordnung der Steuerräder machte den Steuerknüppel überflüssig und beseitigte damit die

Eine Pariser Zeitschrift erscheint im August 1908 mit einer Abbildung des sensationellen ersten Flugs von W. Wright in Frankreich.

Gefahr, daß sich der Pilot im Falle eines Absturzes daran aufspießte. Im Bug, in den kanuförmigen Kiel des Rumpfes eingelassen, befand sich hinter der zweiflügeligen Luftschraube aus Aluminium ein wassergekühlter V-8-Motor mit einer Leistung von 50 PS, eine sehr fortschrittliche Konstruktion mit direkter Benzineinspritzung und einem aus Gewichtsgründen aus Aluminium angefertigten Kurbelgehäuse. (Die Kraft eines Mannes reichte aus, den Motor anzuheben, wie man entsprechenden Anzeigen in zeitgenössischen Luftfahrtzeitschriften entnehmen kann.) Der Motor war zwar empfindlich, hatte sich jedoch auf Grund des günstigen Verhältnisses der Leistung zum Gewicht von 1 zu 4 in kurzer Zeit sozusagen als Arbeitspferd in der europäischen Luftfahrt etabliert.

Regen und starke Bewölkung verurteilten Latham und Levavasseur zu tagelangem Warten. Hoffnungsvolle Schaulustige, die jeden Morgen in Massen aus Calais herbeiströmten, um den Start zu beobachten, gingen abends enttäuscht wieder nach Hause. Auf der anderen Seite des Kanals brachten Züge erwartungsvolle Londoner nach Dover, während sich der Hafen mit kleinen Booten füllte und ein Schiff der White-Star-Linie die Abfahrt verschob, damit die Passagiere das große Ereignis nicht versäumten. Als sich am Montag, dem 19. Juli, morgens der dichte Nebel über dem Kanal plötzlich auflöste, sah Latham seine Zeit gekommen. Levavasseur ging an Bord des französischen Torpedoboots, das vor der Küste wartete, und gab Latham das Flaggenzeichen zum Start. Mit einer Salve aus zwei Kanonen signalisierte das Torpedoboot seine Begleitbereitschaft. Während Lathams Leute das Flugzeug an Tragflächen und Leitwerk festhielten, brachte er selbst den Motor auf Touren, schoß über das Steilufer hinweg und nahm Kurs auf England. Er war zwölf Kilometer geflogen, als der Motor verstummte. Latham mußte hilflos mitansehen, wie der Propeller sich immer langsamer drehte und schließlich stehenblieb. Im Gleitflug aus rund 300 Meter Höhe legte sich die Maschine flach auf die unruhige See. Latham, die Füße lässig gegen den Holzrumpf gestemmt, zündete sich eine Zigarette an und wartete auf die Retter, die ihn auch bald erreicht hatten und aus seiner unrühmlichen Lage befreiten.

Als er wieder in Calais ankam, trug er den Regenmantel eines französischen Marineoffiziers über seiner nassen Kleidung, eine Seemanns-mütze mit Pompon auf dem Kopf und eine Miene, der abzulesen war, daß seine Nonchalance in keiner Weise gelitten hatte. Er küßte ein hübsches junges Mädchen, erklärte er werde gleich ein Dampfbad nehmen und sich dann auf den zweiten Versuch mit einer neuen Maschine vorbereiten. „Ich hatte diesmal kein Glück, aber der Kanal wird bezwungen werden", sagte er. „Ich beginne noch einmal von vorn, und ich werde es schaffen."

Inzwischen hatte Latham jedoch Konkurrenz bekommen. Der aus Rußland emigrierte Graf Charles de Lambert, der als erster Europäer bei den Gebrüdern Wright Flugunterricht genommen hatte, war mit zwei Wright-Flugzeugen an die Kanalküste gekommen und mit einem Boot nach England gefahren, um mögliche Landeplätze ausfindig zu machen. Und in Les Baraques, einem Dorf zwischen Sangatte und Calais, hatte der wenige Stunden nach dem fehlgeschlagenen Versuch Lathams in den Wettbewerb eingetretene Louis Blériot in einer leerstehenden Scheune, die er als Flugzeughalle benutzte, sein Hauptquartier aufgeschlagen.

Blériot verdankte seine Teilnahmemöglichkeit einzig und allein einer glücklichen finanziellen Wende in buchstäblich letzter Minute. Der impulsive Luftfahrer hatte sowohl sein eigenes Vermögen als auch die Mitgift seiner Frau – insgesamt rund 780 000 Franc – in fliegerische Experimente investiert und stand Anfang des Jahres 1909 vor dem Bankrott. Seine Karriere wurde durch einen glücklichen Umstand gerettet,

Der wohlbeleibte Ingenieur Léon Levavasseur entwickelte die Antoinette-Motoren, mit denen in Europa dann viele der ersten Flugzeuge und schnellsten Rennboote ausgerüstet wurden. Allerdings hatten die Motoren den Nachteil, nicht selten mitten im Flug auszusetzen.

der sich märchenhaft anhört. Am 1. Juli besuchte seine Frau die Verwandten eines reichen haitianischen Pflanzers, die in Paris lebten. Madame Blériot sah, wie der Sohn des Pflanzers auf die Balkonbrüstung des Appartmenthauses kletterte, und erwischte ihn gerade noch, bevor er abstürzte. Aus Dankbarkeit lieh der Haitianer Blériot 25 000 Franc für den Versuch, den Kanal zu überfliegen, aber auch diese Summe konnte den drohenden Bankrott nicht abwenden. „Ich hatte keine andere Wahl, als weiterzumachen", schrieb Blériot später, „denn wie bei einem Spieler ging es bei mir darum, meine Verluste wieder wettzumachen. Ich mußte fliegen."

Dabei war Blériot zu der Zeit kaum imstande zu gehen, geschweige denn, ein Flugzeug zu fliegen. Während eines Dauerflug-Wettbewerbs, bei dem sich die Asbest-Schutzschicht vom Auspuffrohr seines Flugzeugs losriß, hatte Blériot kurz zuvor schwere Brandwunden am Fuß davongetragen. In Les Baraques humpelte er nur unter Schmerzen an Krücken umher; mit dem verletzten Fuß ins Ruder zu treten, mußte fast unerträglich schmerzhaft sein. Aber Lathams Mannschaft arbeitete rund um die Uhr an der neuen Antoinette VII, so daß die Montage bald beendet und seinem Konkurrenten damit die Möglichkeit zu einem weiteren Versuch gegeben sein würde. Blériot wußte, daß ihm nichts anderes übrigblieb, als zu starten, bevor der Fuß geheilt war. „Bei Leistungen dieser Art, mögen sie wert sein, was sie wollen", merkte er an, „zählt immer nur der erste."

Die Blériot XI, seine neueste Entwicklung, schien der eleganten, gut ausgerüsteten Antoinette deutlich unterlegen. Es handelte sich um eine kleine, schwer zu handhabende und untermotorisierte Maschine mit einer Flügelfläche von nur 14 Quadratmetern – etwa einem Viertel der Flügelfläche der Antoinette – und einem 25 PS leistenden Dreizylindermotor – gegenüber dem 50 PS starken V-8-Motor der Konkurrenzmaschine. Der Gitterrohrrumpf war nur teilweise bespannt, und der Pilot saß auf einem Holzsitz mit nur einem Ledergurt als Rückenlehne. Die Tragflächenverwindung beruhte auf dem System, das Wilbur Wright im Jahr zuvor demonstriert hatte. An Bord des Flugzeugs gab es kein einziges Instrument.

Gerade in dem kleinen Motor lag Blériots einzige Chance. Er war das Werk des Italieners Alessandro Anzani, eines ehemaligen Radrennfahrers, der für sein ungehobeltes Benehmen und seine zotigen Redensarten bekannt war. Anzani baute Motorrad-Motoren, und seine Produkte waren nicht weniger ungeschliffen als er selbst. Am Boden der rauhen, ungeglätteten Zylinderblöcke aus Gußeisen befanden sich Löcher, durch die die heißen Abgase austreten konnten und die so für Kühlung sorgten. Das Klappern der Anzanis, das auf das „enorme Spiel in den Gelenken" zurückzuführen war, ließ sich nicht abstellen, wie sich Blériots Mechaniker Ferdinand Collin erinnerte. „Bei jedem Kolbenhub spritzte Öl aus den Löchern und verteilte sich in einer dünnen schmierigen Schicht über dem Piloten, so daß es vom Flieger einiges an Gleichmut und Ausdauer verlangte, mit diesem elenden Motor weiterzufliegen."

Aber die Anzani-Motoren hatten einen versöhnenden Vorteil: Sie liefen länger als andere. Blériot hatte die Flugzeit vorsichtig von fünf Minuten auf eine Viertelstunde und schließlich eine halbe Stunde gesteigert. Als diese Leistung erreicht war, schien ihm der Motor für den Flug über den Kanal zuverlässig genug zu sein.

Die Julitage vergingen, und das Wetter über dem Kanal blieb stürmisch. Blériot und Latham warteten, nicht ohne einander genau zu beobachten (ein Totalschaden eines seiner Flugzeuge bei einem Erprobungsflug hatte Graf de Lambert inzwischen veranlaßt, aus dem Wettbewerb auszuscheiden). Latham war ungewöhnlich gereizt; seine neue Antoinette VII hatte anstelle der Seitenruder Tragflächenverwindung, und eine derartige

Maschine hatte er noch nie geflogen. Erprobungsflüge mit der nunmehr montierten Maschine verhinderte das Wetter.

Blériot andererseits kannte zwar seine Maschine ganz genau, nicht aber die englische Seite des Kanals, und bezweifelte, ob er dort einen Platz zum Landen finden würde. Der schmale Strand von Dover reichte nicht aus, und die berühmten Shakespeare-Klippen waren mit ihren 100 Metern noch 30 Meter höher, als sein kleines Flugzeug aller Voraussicht nach steigen konnte. Charles Fontaine, ein französischer Reporter, der im Auftrag seiner Zeitung über Blériots Ankunft berichten sollte, erbot sich, das Terrain zu erkunden. Unweit Dover Castle fand er einen Einschnitt in die Steilküste von weniger als 30 Meter Höhe über dem Meeresspiegel, hinter der Northfall Meadow, eine Grasmulde, lag. Er kaufte einige Ansichtskarten, markierte den Platz mit einem X und schickte die Karten per Kanalfähre an Blériot; in einer Notiz teilte er ihm mit, er werde an der gekennzeichneten Stelle warten und eine große französische Fahne schwenken.

Am Samstag, dem 24. Juli, hatte sich das Wetter über dem Ärmelkanal immer noch nicht gebessert. Über der Küste von Calais tobte der Wind und wühlte das Wasser auf. Blériot, der inzwischen wieder im Flugzeug sitzen und den verletzten Fuß beinahe normal bewegen konnte, machte einen weiteren Erprobungsflug. Er fragte Collin: „Na, werde ich es schaffen?"

Der Mechaniker erwiderte: „Sie sollten nicht fliegen, Chef, wenn Sie nicht an den Erfolg glauben." Blériot reagierte pikiert: „Ich frage dich nicht nach meiner Person. Ich habe gefragt, was du von der Maschine hältst."

Collin machte seinen Fehler schnell wieder gut: „Von zwei Dingen bin ich überzeugt: Von der Vorzüglichkeit und Entschlossenheit des Piloten und von dem perfekten Zustand der Maschine."

Am selben Abend fuhren sowohl Blériot als auch Latham zum Hafen von Calais, um sich mit ihren Marine-Eskorten abzusprechen. Während Blériot dann in Calais blieb, kehrte Latham nach Sangatte zurück. Bevor er schlafen ging, hinterlegte er eine schriftliche Nachricht für Léon Levavasseur, den Konstrukteur der Antoinette, der das Kommando über die Mannschaft hatte: „Mitternacht. Der Wind scheint nachzulassen. Wecken Sie mich um 3.30 Uhr, wenn das so weiter geht."

Der Wind ließ tatsächlich weiter nach. Um 2 Uhr morgens war der Himmel klar, die Luft ruhig. Doch nicht das Lager von Latham, sondern das Blériots wurde wach. Ein Wagen fuhr nach Calais, um Blériot aus dem Hotel zu holen, während in Les Baraques der Motorenfabrikant Anzani im Nachthemd umherlief und die allgemeine Unruhe durch Schüsse aus seinem mit Platzpatronen geladenen Revolver steigerte.

Blériot erhob sich nur widerwillig. „Ich schwöre, mir war überhaupt nicht nach fliegen zumute", gab er später zu. „Ich wäre froh gewesen, wenn man mir gesagt hätte, der Wind sei so stark, daß sich nicht einmal der Versuch lohnte." Er hatte auch keinen Appetit auf ein Frühstück; Freunde zwangen ihn, etwas zu essen. Am Hafen hielten sie kurz an, damit er seine Frau an Bord des französischen Torpedoboots *Escopette* bringen konnte. Erst als sie Les Baraques erreichten, hatte Blériot seine gewohnte Energie zurückgewonnen. Mit weithin hörbarer Stimme ordnete er an, das Flugzeug herauszuschaffen. „Inzwischen hatte ich Mut für zwei", erklärte er.

Trotz der frühen Stunde drängten sich auf dem dunklen Bauernhof neugierige Zuschauer. Der Tumult verdroß Blériot, der lieber allein gewesen wäre. Irgend jemand ließ den Motor warmlaufen. Ein Hund bellte, rannte in den rotierenden Propeller und wurde schwer verletzt. Ein schlechtes Omen, meinten einige Dörfler. Es war noch vor Sonnenaufgang und damit entsprechend den Wettbewerbsbestimmungen zu früh zum Start. Blériot zog einen frisch gewaschenen blauen Overall an und setzte seine

Hubert Lathams Eindecker, die Antoinette IV, wird vom Torpedoboot „Harpon" aus dem Wasser geborgen. Das Torpedoboot begleitete im Juli 1909 Latham bei seinem mißglückten Versuch, den Ärmelkanal zu überfliegen. Latham überlebte die Notwasserung. Drei Jahre später kam er auf der Jagd in Afrika beim Angriff eines verwundeten Büffels ums Leben.

DER SIEGESSICHERE LATHAM VOR DEM FLUG

Ledermütze auf. Er ließ seine Krücken an einer Seite des Flugzeugs festbinden, verstaute eine Seenotflagge neben seinem Sitz (für den Fall, daß er über dem Meer abstürzte) und startete zu einem Probeflug. Der Anzani-Motor ratterte laut, aber regelmäßig, die neue Holzluftschraube arbeitete hervorragend, und Blériot setzte mit einer perfekten Landung wieder auf.

Ein letzter Blick durch das Fernglas auf Sangatte und das Lager Lathams im Südwesten zeigte, daß sich dort immer noch nichts rührte. Von der Küste bei Les Baraques kam das Zeichen, das den Sonnenaufgang signalisierte. Blériot konnte starten. Es war Sonntag, der 25. Juli 1909, 4.41 Uhr.

„Ich war kaum in die Maschine geklettert, als mich ein unangenehmes Gefühl beschlich: Was würde geschehen? Würde ich es bis Dover schaffen? Nur kurze Gedanken, die glücklicherweise schnell vorübergingen", erinnerte sich Blériot nach seinem Flug. „Dann dachte ich nur noch an das Flugzeug, den Motor, den Propeller. Alles lief, alles vibrierte. Auf mein Zeichen ließen die Leute los. Ich war oben."

Blériot gab Vollgas, um die Telegraphenmasten am Ende des Feldes zu passieren, schwebte über die Dünen hinweg und überflog die *Escopette*. Der Rauch aus dem Schornstein des Torpedoboots verdunkelte den Himmel, so daß Blériot einen Moment fürchtete, er sei zu früh gestartet. Aber die Sonne stand am Himmel, und er konzentrierte sich auf den Flug. „Ich flog weiter und weiter, friedlich, ohne etwas zu spüren, ohne irgendeinen Eindruck. Ich hatte das Gefühl, mit einem Ballon zu fliegen", meinte er später. „Die Windstille machte die Betätigung der Ruder oder der

Louis Blériot, der als erster den Ärmelkanal überflog, nimmt auf einer zeitgenössischen Zigarrenschachtel auf der Darstellung seines historischen Fluges einen Ehrenplatz ein.

Tragflächenverwindung überflüssig. Wenn es möglich gewesen wäre, das Steuer zu arretieren, hätte ich die Hände in die Taschen stecken können. Und der Motor, welch ein Wunder! Ah, mein guter Anzani, er setzte nicht einmal aus." Über der Kanalmitte erfaßten Blériot fast euphorische Gefühle: „Der erste Teil war leicht; ein Kinderspiel. Da ich die Geschwindigkeit nicht reduzieren wollte, hatte ich mich von der *Escopette* verabschiedet, was bedeutete, daß ich nun kein Begleitschiff mehr hatte. Zu dumm. Aber komme, was wolle. Zehn Minuten flog ich allein, isoliert, verloren mitten über jener endlosen See, ohne etwas zu sehen als den Horizont, ohne ein Schiff ausmachen zu können. Diese Ruhe, nur vom Röhren des Motors unterbrochen, hatte etwas Gefährliches."

„Jene zehn Minuten waren lang", fuhr Blériot fort. „Ich war froh, als ich im Westen eine graue Linie sah, die sich von der See abhob und zusehends größer wurde. Keine Frage, das war die englische Küste. Ich war so gut wie in Sicherheit. Ich nahm sofort Kurs auf jenen weißen Berg. Aber dann packte mich Wind, umhüllte mich Dunst. Ich mußte mit den Händen, mit den Augen dagegen ankämpfen… Ich konnte Dover nicht sehen. Wo, zum Teufel, war ich bloß?" Ohne es zu merken, driftete Blériot nach Nordosten an Dover vorbei auf die Nordsee zu. Er hatte wieder Glück; drei Schiffe kamen in Sicht. „Schlepper? Fähren? Unerheblich, sie schienen auf einen Hafen zuzulaufen. Dover, kein Zweifel, also folgte ich ihnen in aller Ruhe. Die Matrosen jubelten mir begeistert zu. Ich wollte sie schon nach dem Weg nach Dover fragen. Leider konnte ich kein Englisch."

Blériot flog den bedrohlichen Klippen entlang nach Westen. „Der Wind, gegen den ich jetzt ankämpfte, war schlimmer als je zuvor", erinnerte er sich. „Plötzlich entdeckte ich am Rande eines Einschnitts, der in den Klippen auftauchte, einen Mann, der verzweifelt die Trikolore schwenkte und einsam inmitten eines Feldes ‚Bravo! Bravo!' rief. Ohne den Kurs zu ändern, ließ ich mich einfach nach unten fallen."

Die Landung bei dem überaus starken Wind war das nächste Problem, das sich dem Piloten in den Weg stellte. Jedesmal wenn er sich dem Boden näherte, warf ihn eine wirbelnde Bö wieder hoch. „Auf die Gefahr hin, alles zu verderben, stellte ich 20 Meter über dem Boden die Zündung ab. Das Fahrgestell wurde übel zugerichtet, der Propeller beschädigt, aber auf mein Wort, was machte das schon aus? *Ich hatte den Kanal überflogen!*"

Am Boden rannte der Reporter Fontaine auf Blériot zu, packte ihn, küßte ihn herzhaft auf beide Wangen und legte ihm die französische Fahne über. Es war genau 5.18 Uhr. Für die 38 Kilometer lange Strecke hatte Blériot nicht mehr als 37 Minuten gebraucht.

„Das wär's also", sagte Blériot schlicht. „Und Latham?"

„Latham befindet sich noch in Sangatte", erwiderte Fontaine.

Das entsprach den Tatsachen. Zum zweitenmal hatte der favorisierte Latham versagt. Es klingt unglaublich, aber er schlief, als Blériot aufbrach. Weder Levavasseur noch irgend jemand sonst hatte ihn geweckt. Erst das Dröhnen der Maschine, in der Blériot Kurs auf die See nahm, riß das Lager Lathams aus dem Schlaf.

Jetzt entwickelte sich wilde Aktivität. Latham stürzte sich in seine Fliegerkleidung, während das Flugzeug aus der Halle gebracht und zur Steilküste über dem Wasser geschoben wurde; die Menschenmenge folgte. Latham kletterte in die Maschine – die er nie zuvor geflogen hatte –, während der Motor warmlief. Doch kurz nach Blériots Start war ablandiger Wind aufgekommen, der stark auffrischte und den Levavasseur der Antoinette nicht zumuten mochte. Eine kurze Bö erschütterte das Flugzeug, und Levavasseur trat ans Cockpit heran, um den Flug endgültig zu untersagen; das Risiko war zu groß. Der sonst so beherrschte Latham sprang aus der Maschine und rannte weinend zu seinem Wagen. Es dauerte einige Minuten, bis er sich wieder gefangen hatte. Als die Nachricht von der sicheren Landung Blériots kam, schickte er ein Telegramm: „Herzlichen Glückwunsch. Hoffe, Ihnen bald zu folgen."

Aber ein Korrespondent der Londoner *Daily Mail,* der Latham an jenem Morgen inmitten der zahlreichen Franzosen erlebte, die sich versammelt hatten, um Blériots Sieg zu feiern, schrieb den folgenden Bericht, aus dem hervorgeht, wie niederschmetternd die beiden Niederlagen für Latham tatsächlich gewesen sein mußten:

„Vor einem Hintergrund aus strahlenden und begeisterten Menschen sah ich eine hochgewachsene, schlanke Figur mit gesenktem Kopf, zitternden Lippen und ineinander verschlungenen Händen – ein Bild vergeblicher Trauer über eine verpaßte Gelegenheit. Seine Augen glichen schmalen Schlitzen. Mehr als einmal wischte er eine Träne ab. Die extreme Anspannung der letzten vierzehn Tage hatte deutliche Spuren hinterlassen, und der schwere Schlag, den er an ihrem Ende hinnehmen mußte, forderte seinen natürlichen, unerbittlichen Tribut."

Obwohl der erste Platz vergeben war, machte sich Latham zwei Tage später noch einmal auf den Weg nach England, wenn auch lustlos. Diesmal kam er bis in Sichtweite von Dover, wo der Motor ihn zum zweiten Mal im Stich ließ. Bei der harten Notwasserung erlitt er eine klaffende Wunde an der Stirn, und nur eine prompte Rettungsaktion verhinderte, daß er ertrank. Das Schicksal war ihm nicht wohlgesonnen. ❧

Die Bezwingung des Kanals

Monsieur Blériot „beeindruckte mich als eine außerordentlich interessante und kraftvolle Persönlichkeit", schrieb der Korrespondent der Londoner *Daily Mail* im Juli 1909 aus Calais. „Wie er Stunde für Stunde in seiner zugigen Zelthalle wartete, auf ein Nachlassen des Windes hoffend, mit zusammengepreßten Lippen, die Augen offenbar auf etwas gerichtet, das weit außerhalb unserer Sichtweite lag, schien er der geborene Sieger."

Und Blériot siegte. Am Morgen des 25. Juli ließ er den 25-PS-Motor seines Eindeckers an, hob von französischem Boden ab und flog auf den Ärmelkanal hinaus. Eine halbe Stunde später hörte ein britischer Polizist, der unterhalb der Northfall Cliffs in der Nähe von Dover seine Runde machte, ein surrendes Geräusch über sich. „Ich blickte auf und sah etwas wie einen riesigen Schmetterling am Himmel", berichtete er. „Ich rief das Polizeirevier an und rannte dann los, so schnell ich konnte. Ich traf den Flieger auf der Wiese, und er umfaßte meine Hand mit seinen beiden Händen. Es war einfach herrlich."

Andere reagierten mit Besorgnis. Der britische Baron De Forest meinte, Blériots Flug erwecke die „vollkommen vernünftige" Sorge, daß eine Invasion Großbritanniens nunmehr durch die Luft erfolgen könnte. Um die Länder des europäischen Kontinents daran zu erinnern, daß eine solche Invasion ein zweischneidiges Schwert sein würde, setzte er für die erste Kanalüberquerung in umgekehrter Richtung durch einen Engländer prompt einen Preis von 4000 Pfund aus.

In Dover herrschte jedoch einhellige Begeisterung. Die lärmende Menge drängte nach vorn, um einen Blick auf Blériot und seine kleine Maschine zu werfen, die bald darauf verpackt, nach London transportiert und in dem berühmten Kaufhaus Selfridge's ausgestellt werden sollte. „Die allgemeine Erregung hatte mit Logik nicht mehr viel zu tun", schrieb ein Reporter. „Die Franzosen konnten sich der Tränen kaum erwehren." Und der Pilot selbst? Monsieur Blériot, der Beschreibung nach der „ruhigste Mensch dort", begab sich in ein nahe gelegenes Hotel, um ein kräftiges englisches Frühstück zu sich zu nehmen.

Zusammen mit seinem Freund Alfred Le Blanc (links), der neben dem Rumpf steht, wartet Louis Blériot verdrossen darauf, endlich zur Kanalüberquerung starten zu können. „Er saß einfach da, mit dem Ausdruck tragischer Intensität im blassen Gesicht", schrieb ein Korrespondent, „und wartete auf die Möglichkeit, es zu tun."

Im Morgengrauen hebt Blériot ab und nimmt Kurs auf den Kanal. Bevor er startete, zeigte er mit dem Finger nach Großbritannien und sagte ernst: „Übrigens, ich nehme an, in der Richtung liegt Dover?"

Zuschauer, die sich in den Dünen in der Nähe von Calais versammelt haben, beobachten durch Ferngläser gebannt das Flugzeug. Blériot blieb 15 Minuten in Sicht, bevor er im Morgendunst verschwand.

Madame Blériot (rechts) sieht ihrem Mann nach, der sich immer weiter von dem französischen Kriegsschiff entfernt. In Dover traf sie ihn wieder.

Zusammen mit seiner Frau genießt Blériot, kurz nach seinem historischen Flug an seine Maschine gelehnt, die Bewunderung der Menge.

COUPE GORDON BENNETT

2

Das Spektakel von Reims

Blériots Flug über den Ärmelkanal führte zu einer wahren Flut von Feiern. Selbst die sonst so kühlen Engländer überschlugen sich vor Begeisterung für den frisch gebackenen gallischen Helden. Vor dem Warenhaus Selfridge in London, in dem Blériots Maschine ausgestellt wurde, standen die Menschen zu Tausenden in langen Schlangen an, um einen Blick auf das Wunderding der Technik zu werfen. Von London aus kehrten Blériot und sein Modell XI nach Paris zurück, wo sie ein Empfang erwartete, der eines Napoleon würdig gewesen wäre. Eskortiert von ehrwürdigen Herren im Zylinder, wurde die Maschine wie eine kaiserliche Kalesche durch die Boulevards der Stadt gezogen, und die *Garde républicaine* in ihren glänzenden Brustpanzern salutierte mit ihren Säbeln, als Blériot vorüberkam. Zahlreiche Bankette fanden zu seinen Ehren statt, und die Lobreden wurden von Mal zu Mal schwülstiger.

Kolumnisten sahen eine neue Welt des Luftverkehrs heraufziehen, in der es, wie sie nicht müde wurden zu betonen, „keine Inseln mehr gibt". Die militärischen Implikationen von Blériots Flug waren nicht zu übersehen. Blériot hatte eine Luftbrücke über den Ärmelkanal geschlagen, der Großbritannien vom Festland trennte. Mit einer Karikatur, in der der Geist Napoleons auf Blériots fliegende Maschine blickt und sagt: „Warum nicht hundert Jahre früher?" erinnerte eine Zeitung an dessen Traum, an der Spitze seiner Armee über den Kanal nach England einzudringen.

Die Erregung war kaum abgeklungen, als Blériot nur vier Wochen nach dem Kanal-Abenteuer erneut im Rampenlicht stand. Diesmal war er die Hauptattraktion des ersten Flugwettkampfs der Welt, der in Reims, im Nordosten Frankreichs, veranstaltet wurde. In Reims mußte Blériot allerdings nicht nur gegen Hubert Latham, sondern praktisch gegen die Gesamtheit seiner fliegenden Zeitgenossen in Europa antreten. Die enormen Geldpreise, von Förderern der Veranstaltung aufgebracht, hatten 22 Piloten auf den Plan gerufen, darunter vor allem Franzosen und viele, die in der Alten Welt den Ruf eines Helden genossen – Blériot, Latham, Henry Farman und andere.

Anmeldungen aus den Vereinigten Staaten waren dagegen mehr als dürftig. Nur ein einziger Amerikaner traf Vorbereitungen, Blériot und die übrigen Europäer auf deren eigenem Platz herauszufordern. Es handelte sich um Glenn Hammond Curtiss, einen in der Alten Welt noch unbekannten Flieger, der sich in seinem eigenen Land bereits beachtliche Lorbeeren verdient hatte. Mit zahlreichen Siegen und Geschwindigkeitsrekorden war Curtiss zunächst als Motorradfahrer hervorgetreten. Nachdem er sich der Luftfahrt zugewandt hatte, machte er sich, von der Presse aufmerksam verfolgt, durch Leistungen als Motorenbauer, Flugzeugkonstrukteur und Pilot einen neuen Namen. 1909 sah man in ihm den führenden Herausforderer der überragenden Gebrüder Wright in den Vereinigten Staaten. Schließlich sollte sein Name auf der Rangliste der amerikanischen Pioniere der Luftfahrt hinter den beiden Wrights an zweiter

Der Gordon Bennett Cup war der meistbegehrte Preis der ersten Wettflugveranstaltung der Welt, die 1909 in Reims, Frankreich, stattfand. Es war Ironie des Schicksals, daß die reich verzierte Silbertrophäe, die eine geflügelte Figur und einen Wright-Doppeldecker darstellte, ausgerechnet von Glenn Curtiss, dem größten Rivalen der Gebrüder Wright, gewonnen wurde.

Einen Tag nach dem Flug über den Kanal winkt Louis Blériot (Mitte) vom Wagen aus den begeisterten Londonern mit dem Hut zu. Sein Flugzeug, das bei Selfridge's zu sehen war, zog 120 000 neugierige Besucher an.

Stelle stehen. Bis es soweit war, hieß es jedoch eine lange Phase zunehmend heftiger werdender Kontroversen durchzustehen, die die Kinderjahre des Motorflugs im Lande seiner Erfindung kennzeichneten.

Im Sommer 1909 war Glenn Curtiss gerade 31 Jahre alt, sah aber älter aus. Hoch aufgeschossen und hager, mit dunklen, buschigen Augenbrauen und stets ernstem Gesichtsausdruck, hatte er nichts von dem einnehmenden, draufgängerischen Wesen der Gentlemen-Flieger Europas. Er redete nicht viel und wenn, dann vorwiegend über Geschäfte, sei es auf dem Flugplatz oder im privaten Kreis. Gute Freunde kannten seinen weichen Kern, Konkurrenten aber erlebten ihn nicht selten als unerbittlichen Gegner. „Ich haßte es, geschlagen zu werden", sagte er einmal.

Dem Rausch der Geschwindigkeit war Curtiss schon als Junge erlegen. Er wuchs in Hammondsport, einem Dorf im malerischen Weinanbaugebiet des Staates New York, auf, verließ bereits mit 14 Jahren die Schule und begann, auf Volksfesten Radrennen zu fahren. Wie seine späteren Rivalen, die Gebrüder Wright, eröffnete er eine Reparaturwerkstatt für Fahrräder. Sein Hang zu schnellen Maschinen führte 1901 zu der Idee, ein Fahrrad mit einem Benzinmotor zu kombinieren. Bei einem seiner ersten Versuche gab der Motor, ein 80 Kilogramm schweres, grob gearbeitetes Ungetüm aus einem Versandhaus, soviel Leistung, daß „er sich fast vom Rahmen losriß".

Curtiss ließ daraufhin den Gedanken an weitere derartig unglückliche Kombinationen fallen und beschloß, eigene Motoren zu bauen. Von diesem Entschluß war es nur noch ein kleiner Schritt zur Motorradfabrikation. Als Fahrer seiner eigenen Rennmaschinen füllte er in kurzer Zeit ein ganzes Zimmer mit Trophäen. 1907 stellte er auf dem breiten, harten Strand von

Nach einem Triumphzug, den 100 000 jubelnde
Pariser erlebten, nimmt Blériot (stehend) bei
einem Ehrenbankett die Goldmedaille des Aéro-
Clubs de France entgegen. Auf dem Tisch links
steht ein Modell seiner Blériot XI.

Ormond Beach, Florida, auf einer hochgezüchteten Achtzylindermaschine mit einer Geschwindigkeit von fast 220 Kilometern pro Stunde einen inoffiziellen Weltrekord auf. Seine atemberaubende Fahrt auf der schnurgeraden Piste kommentierte Curtiss mit den knappen Worten: „Sie befriedigte meine Sehnsucht nach Geschwindigkeit."

Inzwischen war er nicht nur als verwegener Rennfahrer, sondern auch als Hersteller eines der besten Motoren des Landes bekannt. Sein Motorradantrieb – klein, leistungsstark und doch leicht – eignete sich in idealer Weise auch als Flugzeugantrieb, eine Tatsache, die einigen Konstrukteuren in den Vereinigten Staaten nicht entging. Zu ihnen gehörte Thomas Scott Baldwin, ein ehemaliger Ballonfahrer und Fallschirmspringer, der seine Kunst auf Rummelplätzen gezeigt hatte; Baldwin bestellte 1903 einen Curtiss-Motor, befestigte ihn unter seinem Luftschiff *California Arrow* und fuhr 1904 als erster einen Rundkurs in den Vereinigten Staaten.

1906 bemühte sich Curtiss, mit den Gebrüdern Wright ins Geschäft zu kommen – zunächst brieflich, dann telegraphisch und schließlich durch einen persönlichen Besuch in Dayton. Die beiden Wrights zeigten sich an seinem Motor nicht interessiert. Stur darauf bedacht, ihre Erfindung vor neugierigen Blicken zu schützen, wimmelten sie Curtiss ab.

Andere Luftfahrtbegeisterte, wie Baldwin, rissen sich dagegen um die Curtiss-Motoren. Der bedeutendste von ihnen war Alexander Graham Bell, der 1876 das Telephon erfunden hatte und damit reich geworden war. Bells wissenschaftlicher Appetit war unersättlich; er baute riesige Drachen aus eigentümlich tetraederförmigen oder pyramidenförmigen Zellen, in der Hoffnung, durch die Eigenstabilität der Konstruktionen die Probleme zu lösen, mit denen Flugmaschinen schwerer als Luft zu kämpfen hatten. Luftfahrttechnisch gesehen, führten seine Entwürfe nicht weiter, aber Bell war von dem Curtiss-Motor stark beeindruckt und beabsichtigte, seine Konstruktionen damit auszurüsten.

Im Juli 1907 lud Bell den Techniker Curtiss zur Mitarbeit in einer Gruppe junger Luftfahrtexperten ein, die unter seiner Leitung in seinem Sommerhaus in Baddeck, Neuschottland, experimentierte.

Auf Drängen Mabel Bells, der Ehefrau des Erfinders, ließ sich die Gruppe offiziell als Aerial Experiment Association (A.E.A.) eintragen, und Mrs. Bell, die eigenes Vermögen besaß, brachte zur Finanzierung 20 000 Dollar auf. Bell ernannte sich selbst zum Vorsitzenden und Curtiss zum Forschungsleiter. Zu den übrigen Mitgliedern der A.E.A. gehörten zwei kanadische Ingenieure, die gerade ihr Studium an der Toronto University beendet hatten, John A. D. McCurdy und Frederick Walker Baldwin, genannt Casey (und kein Verwandter des Luftschiffahrers Thomas Baldwin), sowie Leutnant Thomas Selfridge, ein amerikanischer Heeresoffizier, der in der Luftfahrt ein Sprungbrett für den Aufstieg im Militärdienst sah. Selfridge war auf Wunsch Bells vom Kriegsministerium beauftragt worden, die Forschungen und Versuche zu beobachten.

Die A.E.A. begann mit dem Bau eines Gleitflugzeugs, verfolgte jedoch erklärtermaßen das Ziel, mit einem funktionstüchtigen, bemannten Flugzeug „in die Luft zu kommen". Ihr größtes Problem bei der Realisierung dieses Plans lag in der Gefahr, die Patentrechte der Gebrüder Wright für das Tragflächenverwindungssystem zu verletzen. „Wir durften es natürlich nicht verwenden", schrieb Curtiss später, „aber wir glaubten, daß es andere Wege gab, ein Flugzeug zu steuern." Als Sekretär der A.E.A. schrieb Selfridge an die beiden Wrights und bat um Information über die Konstruktion von Gleitflugzeugen. Die Brüder antworteten relativ freundlich, vergaßen aber die Anfrage nie. Als sich später ein langer Patentstreit entwickelte, führten sie an, Selfridge habe sie mit dem Hinweis hereingelegt, die A.E.A. benötige die Auskunft lediglich für ihre Experimente.

Anfang 1908 verlegte die A.E.A. ihr Hauptquartier nach Hammondsport am Lake Keuka, den Heimatort von Curtiss, wo der würdige Bell bis in die tiefe Nacht hinein Diskussionen über allerlei Themen von der Luftfahrttheorie bis zur Geschlechtsbestimmung bei Schafen leitete. Die Bell's Boys, wie sie genannt wurden, pflegten bei Sonnenaufgang aufzustehen und die morgendliche Windstille auszunutzen, die ihren Flugversuchen sehr entgegenkam, während Bell bis zum Mittag im Bett blieb.

Am 12. März 1908 fand in Anwesenheit eines dick vermummten Publikums auf dem gefrorenen See der Test des ersten Flugzeugs der A.E.A. statt, eines Doppeldeckers mit gerundeten Tragflächen und dem Namen *Red Wing*. „Wie ein aufgeschrecktes Kaninchen fegte es 60 bis 90 Meter über das Eis", schrieb Curtiss, „und hüpfte dann zu unserer großen Freude in die Luft." Nach einem 97 Meter langen und 1,80 bis 2,40 Meter hohen Luftsprung landete die Maschine abrupt auf einer Tragfläche. „Es dauerte knapp sieben Wochen, das Flugzeug zu bauen und für den Versuch vorzubereiten, und es dauerte runde 20 Sekunden, Bruch daraus zu machen", erinnerte sich Curtiss an diesen Vorfall. „Aber wir hatten etwas Großes vollbracht. Uns war der erste öffentliche Flug eines Luftfahrzeugs schwerer als Luft in Amerika gelungen."

Curtiss' Behauptung war einfach unerhört; die Gebrüder Wright hatten wesentlich früher wesentlich bessere Leistungen und zudem vor zuverlässigen Zeugen vollbracht. Die Schlagzeilen aber machte die A.E.A., und das nicht ganz zu Unrecht, wie die ständig wachsende Kompetenz des Teams bei den nachfolgenden Maschinen bewies.

Glenn H. Curtiss' Motivation war, wie er selbst einräumte, seine Sucht nach Geschwindigkeit. 1907 hatte er auf dem Motorrad einen inoffiziellen Weltrekord von 219,3 Kilometern pro Stunde aufgestellt. Für eine Fluggeschwindigkeit von 74,8 Kilometern pro Stunde feierten ihn die Zeitungen zwei Jahre später begeistert als den „besten Flieger der Welt".

Die *White Wing,* das nächste Modell der A.E.A., hatte Seitenruder an den Tragflächenspitzen und ein neues Fahrgestell mit Rädern anstelle von Kufen; sie brachte es auf fünf respektable Luftsprünge. Am 21. Mai flog Curtiss bei der Rennstrecke Stony Brook Farm vor den Toren von Hammondsport eine Strecke von 310 Metern und landete unbeschadet in einem umgepflügten Feld. Genährt durch einen Bericht in der angesehenen Zeitschrift *Scientific American,* verbreitete sich unmittelbar darauf das Gerücht, die A.E.A. beginne mit der Flugzeugherstellung und biete Maschinen zum Stückpreis von 5000 Dollar bei Lieferung innerhalb von 60 Tagen an. „Die haben vielleicht Nerven!" lautete Orville Wrights verächtlicher Kommentar, als er die Geschichte las.

Aber die A.E.A. war bereits auf dem besten Wege, die Vormachtstellung der Gebrüder Wright zu gefährden, mochte Orville darüber grollen oder nicht. Das nächste und erste von Curtiss entworfene Flugzeug, die *June Bug,* wurde in weniger als einem Monat gebaut, erprobt und zu dem Wettbewerb gemeldet, den die *Scientific American* für den ersten öffentlichen Flug über eine ein Kilometer lange gerade Strecke in den Vereinigten Staaten ausgeschrieben und mit einer Silbertrophäe im Wert von 2500 Dollar dotiert hatte.

Die unerwartete Meldung der A.E.A. brachte die *Scientific American* in eine schwierige Lage. Die populärste wissenschaftliche Zeitschrift des Landes hatte sich viel Zeit gelassen, die Leistung der Gebrüder Wright anzuerkennen. Um dieses peinliche Versäumnis wiedergutzumachen, hatte der Herausgeber der Zeitschrift, Charles A. Munn, den Preis im Jahre 1907 praktisch als Geschenk für die Wrights ausgesetzt, weil er davon ausging, daß sich die beiden melden und ihn mit Leichtigkeit gewinnen würden. Aber wie immer zeigten die beiden Brüder kein Interesse.

Nachdem die Meldung der A.E.A. eingegangen war, schrieb Munn einen Brief an Orville Wright, in dem er ihn drängte, sich ebenfalls zu bewerben. Orville lehnte ab, nicht zuletzt wegen der von Munn selbst aufgestellten Wettbewerbsbestimmung, nach der die teilnehmenden Maschinen aus eigener Kraft abheben mußten. Die Gebrüder Wright starteten noch immer mit Hilfe ihres Katapult-Systems; und obwohl sie eines ihrer Flugzeuge leicht entsprechend hätten modifizieren können, schrieb Orville an Munn, für derartige Umbauten sei keine Zeit. Das Heer hatte Interesse am Kauf ihrer Erfindung bekundet, und Orville bereitete eine Maschine für die Demonstrationsflüge vor – ein Vorhaben, das eindeutig Vorrang vor der Jagd nach Trophäen hatte. Wilbur befand sich in Frankreich und montierte eine andere Maschine für die Flüge, die noch im selben Sommer die Europäer so tief beeindrucken sollten.

Somit war der Weg für Curtiss und die A.E.A. frei; Herausgeber Munn mußte die einzige Meldung, die eingegangen war, akzeptieren, ob er wollte oder nicht. Mit dem Gespür eines Unternehmers für Werbewirksamkeit bestimmte Curtiss den amerikanischen Nationalfeiertag, den 4. Juli 1908, als Versuchstag und lud die Mitglieder des drei Jahre alten Aero Club of America als Zuschauer nach Hammondsport ein.

Zusammen mit Reportern und Photographen kamen sie aus New York und Washington und gesellten sich zu der Zuschauermenge aus der Umgebung, die sich an der Rennstrecke Stony Brook Farm und auf den umliegenden Höhen drängte. Die Flüge der beiden Wrights hingegen hatten immer nur zufällige Zeugen beobachtet.

Ohne Mantel und mit aufgekrempelten Ärmeln kletterte Curtiss in die *June Bug* und legte sich das Schultergeschirr um, mit dem die Seitenruder bedient wurden. Er rief den Männern, die die Maschine festhielten, zu, sie sollten loslassen, rollte über die Startbahn und hob ab. Die Flagge, die das

Ende der einen Kilometer langen Strecke kennzeichnete, „war bald erreicht und passiert", schrieb er später, „und ich hielt das Flugzeug weiter in der Luft, flog, soweit es die freien Felder erlaubten, und ging schließlich sicher auf einer Wiese nieder, eine volle Meile vom Start entfernt". Curtiss fügte hinzu, er hätte „noch wesentlich weiter fliegen können, weil ich die Maschine absolut unter Kontrolle hatte, aber den Flug fortzusetzen hätte eine Kehre oder das Überfliegen einer Reihe hoher Bäume bedeutet".

Wie so vielen seiner zeitgenössischen Kollegen in Europa war es Curtiss offenbar auch nur gelungen, die Probleme des Geradeausflugs zufriedenstellend zu lösen. Aber der Preis der *Scientific American* gehörte ihm, und Bell, der sich in seinem Sommerhaus in Kanada aufhielt, bekam die triumphierende Siegesbotschaft per Telegramm. Trotz des Feiertags kabelte Bell sofort an seine Anwälte und beorderte sie nach Hammondsport, um zu prüfen, ob die *June Bug* patentfähige technische Einzelheiten aufwies. Bis zu ihrer Ankunft aus Washington untersagte Bell jeglichen weiteren Flugversuch. WICHTIG, DASS DIE MASCHINE BIS DAHIN UNBESCHÄDIGT BLEIBT, telegraphierte er.

Der Erfolg der *June Bug* veranlaßte auch die Gebrüder Wright zum sofortigen Handeln. Noch in derselben Woche wies Wilbur aus Frankreich seinen Bruder Orville an, Curtiss auf die Folgen einer Patentverletzung aufmerksam zu machen; am 20. Juli schrieb Orville an Curtiss und erinnerte an den Brief von Selfridge, in dem jener um Informationen gebeten hatte: „Wir beabsichtigen natürlich nicht, die Nutzung der patentierten Systeme unserer Maschine zum Zwecke öffentlicher Flugvorführungen oder in irgendeiner kommerziellen Weise zu gestatten... Wenn Sie den Wunsch haben sollten, gewerblich mit Flugvorführungen zu beginnen, wären wir gern bereit, über eine Lizenz zu verhandeln, die Ihnen die Nutzung unserer Patente für diesen Zweck ermöglicht."

Curtiss antwortete ausweichend, indem er die bedingte Zusicherung machte, er habe nicht die Absicht, Flugvorführungen zu seinem Geschäft zu machen. Die Spannung zwischen den Brüdern Wright und der A.E.A. blieb

Die leitenden Mitarbeiter der Aerial Experiment Association (A.E.A.) gruppieren sich 1907 um ihren weißbärtigen Vorsitzenden Alexander Graham Bell vor dessen Haus in Neuschottland. Zu sehen sind von links Versuchsleiter Glenn Curtiss, Schatzmeister John A. D. McCurdy, Bell, Chefingenieur Frederick W. „Casey" Baldwin und Sekretär Thomas Selfridge.

jedoch bestehen und steigerte sich, als sowohl Curtiss als auch Selfridge im Fort Myer, Virginia, auftauchten, wo die Armee Abnahmeprüfungen eines mehrsitzigen Militärflugzeugs der Gebrüder Wright vorgesehen hatte.

Dabei war Leutnant Selfridge als Mitglied des Ausschusses gekommen, der die Wright-Maschine zu beurteilen hatte. Orville zeigte sich über seine Anwesenheit alles andere als glücklich. Er betrachtete Selfridge, einen umgänglichen und kontaktfreudigen Mann, nach wie vor als Feind. „Ich bin froh, wenn ich Selfridge nicht immer sehen muß. Ich traue ihm nicht im geringsten", schrieb Orville an seinen Bruder in Frankreich. „Er richtet es so ein, daß er mich beim Abendessen usw. trifft, wo er versuchen kann, mich auszuhorchen. Er weiß und versteht viel. Ich höre, daß er hinter meinem Rücken mit heftiger Kritik nicht zurückhält."

Ebensowenig gefiel Orville die Anwesenheit von Curtiss auf dem Erprobungsgelände, obwohl der New Yorker lediglich den Auftrag hatte, seinem alten Freund Thomas Baldwin bei der Beseitigung technischer Probleme zu helfen, die an einem Militär-Luftschiff mit Curtiss-Motor aufgetreten waren. In dieser Atmosphäre des Mißtrauens begann am 3. September die Erprobung der Wright-Maschine.

Zunächst ging alles gut. Flugzeug und Pilot boten bei mehreren Dauerflugversuchen vorzügliche Leistungen und überraschten die Beauftragten des Heeres mit mühelosen Rundflügen über dem Exerzierplatz von Fort Myer. Am späten Nachmittag des 17. September 1908 sollte Selfridge im Rahmen einer Versuchsreihe bei Orville mitfliegen, um zu beweisen, daß die Maschine mit zwei Personen von mindestens 160 Kilogramm Gesamtgewicht ohne weiteres flugfähig war. Für diese Gelegenheit hatte Orville zwei längere Propeller montieren lassen, die mehr Vortrieb erzeugten und eine höhere Geschwindigkeit erzielten. Selfridge kletterte erwartungsvoll auf die Tragfläche zu Orvilles Rechten und nahm auf dem gepolsterten Sitz der Maschine Platz.

Orville umrundete den Exerzierplatz dreimal in rund 50 Meter Höhe. „Selfridge saß mit untergeschlagenen Armen neben ihm, nicht weniger

Am 18. Mai 1908 hebt auf einer Rennstrecke in der Nähe von Hammondsport, New York, das zweite Flugzeug der Aerial Experiment Association, die White Wing, für einen kurzen Moment vom Boden ab. Nach dem Hopser von etwa drei Meter Höhe erklärte Alexander Graham Bell: „Heute haben wir den allerersten vielversprechenden Luftsprung erlebt, der zeigt, daß die Maschine fliegen wird."

Glenn Curtiss steuert seine „June Bug" am 4. Juli 1908 über eine einen Kilometer lange Meßstrecke und gewinnt die Trophäe der „Scientific American".

entspannt als der wagemutige Pilot", bemerkte der Photograph W. S. Clime, der vom Boden aus zusah. Bei der vierten Runde hörte Orville ein leises Klopfen hinter sich und drehte sich nach dem Geräusch um. Alles schien in Ordnung. Doch innerhalb von Sekunden erfolgten dann „zwei dumpfe Schläge", wie Orville später berichtete, „die die Maschine entsetzlich erschütterten". Plötzlich zog die Maschine nach rechts. Keine Frage, sie waren ernstlich in Gefahr. Orville nahm das Gas heraus und bemühte sich, das Flugzeug unter Kontrolle zu halten.

„Die Maschine reagierte weder auf die Steuer- noch die Tragflächenverwindungshebel, was ein ganz eigenartiges Gefühl der Hilflosigkeit hervorrief", sollte sich Orville später erinnern. „Dennoch hörte ich nicht auf, die Hebel zu betätigen, bis die Maschine plötzlich nach links drehte. Ich machte Gegenausschläge mit den Hebeln, um die Drehbewegung abzufangen und die Flächen wieder gerade zu nehmen. Blitzschnell neigte sich die Maschine nach vorn und schoß auf den Boden zu. Wir fielen 15 Meter fast senkrecht in die Tiefe. Bis zu diesem Zeitpunkt hatte Leutnant Selfridge kein Wort gesagt, sich wohl aber ein- oder zweimal nach mir umgedreht, offensichtlich um an meinem Gesicht abzulesen, was ich von der Sache hielt. Aber als die Maschine kopfüber kippte und dem Boden entgegenraste, rief er mit kaum hörbarer Stimme: ,Oh! Oh'."

Helfer versuchen, Orville Wright und Leutnant Thomas Selfridge zu bergen, nachdem Wrights Maschine am 17. September 1908 während der militärischen Abnahmeprüfungen in Fort Myer, Virginia, abgestürzt war. Wright erholte sich wieder, während Selfridge das erste Todesopfer der Welt bei einem Flugzeugabsturz wurde.

Fast direkt unter ihnen am Boden standen dichtgedrängt die Zuschauer und beobachteten voller Entsetzen, wie das Flugzeug außer Kontrolle geriet. Einer der neuen Propeller war der Länge nach gespalten und lieferte keinen Vortrieb mehr; der andere hatte überdreht und einen der hinteren Spanndrähte durchschlagen.

„Von oben kam ein Knall wie ein Pistolenschuß", berichtete der Photograph Clime. „Ich sah, wie ein Stück des Propellerblatts nach Süden wegflog. Ich stand wie angewurzelt auf der Stelle und starrte gebannt auf die Maschine. Sie blieb kurzfristig auf Kurs, brach dann aber nach links aus und fiel, die Nase nach oben, fast senkrecht zu Boden. Nachdem sie die Hälfte ihrer Höhe verloren hatte, fing sie plötzlich ab und ging kurz in Normalfluglage über, um unmittelbar darauf nach vorn wegzukippen und mit den vorderen parallelen Steuerflächen aufzuschlagen."

Der Aufprall wirbelte eine riesige Staubwolke auf, in der das Flugzeug einen Moment lang nicht zu sehen war. Clime eilte ebenso wie viele andere aus der aufgeschreckten Zuschauermenge sofort zu der Absturzstelle, wo er unmittelbar nach zwei berittenen Soldaten ankam. Orville hing in der Verspannung. „Seine Füße reichten kaum bis zum Boden, die Arme hingen bewegungslos herunter; Blut strömte ihm über das Gesicht und tropfte in einem winzigen Rinnsal vom Kinn herab; er war jedoch bei Bewußtsein und sagte mit schwacher Stimme: ,Helft mir'."

Mitten in dem Wirrwarr aus gerissenen Drähten, gebrochenen Streben und Stoffetzen lag Selfridge. „Er war offenbar mit dem Hinterkopf und dem Ende der Wirbelsäule auf dem Boden aufgeschlagen", heißt es weiter in Climes Bericht. „Die Knie hatte er leicht angezogen. Gesicht und Kleidung waren blutüberströmt. Er war bewußtlos, und wenn er überhaupt etwas gesagt haben sollte, konnte ich es nicht hören."

Selfridge starb in derselben Nacht als erster Mensch, der bei einem Flugzeugabsturz ums Leben kam. Die Nachricht vom Tode des amerikanischen Offiziers löste auf der ganzen Welt Betroffenheit aus. Von Gabriel Voisin in Paris stammt das Zitat von den „Flügeln, die tragen, Flügeln, die töten". Orville Wright wurde sechs Wochen später in einem Rollstuhl nach Dayton entlassen. Er sollte wieder gehen (und fliegen) können, aber das linke Bein und die linke Hüfte, die bei dem Unfall übel zugerichtet wurden, behinderten ihn sein ganzes Leben lang.

Der tragische Tod Selfridges überschattete eine im übrigen goldene Saison der Gebrüder Wright. Zwar mußten die Abnahmeprüfungen vor der Armee unmittelbar vor dem großen Erfolg unterbrochen werden, bis Orville sich so weit erholt hatte, daß er sie wieder aufnehmen konnte. Aber in Frankreich befand sich Wilbur auf einem Siegeszug ohnegleichen. Seine spektakulären Flüge in Le Mans hatten ihm bei den Franzosen in kürzester Zeit legendären Ruhm verschafft; ja, ganz Europa stand im Banne dieses schweigsamen Piloten aus Amerika und seiner sachlichen Art, in der für Platitüden kein Raum war.

Der französische Botschafter in den Vereinigten Staaten erklärte Wilbur Wright zum meistbeachteten Mann in Frankreich. Die Welle der Verehrung erfaßte auch Orville und seine Schwester Katherine, die Wilbur nach Weihnachten besuchten. Die ernste und freundliche, aber wenig elegante Katherine, die mit ihrer randlosen Brille und strengen Kleidung eher einer Lehrerin glich, wurde zur Schönheit hochstilisiert und erschien plötzlich als „das amerikanische Mädchen, das ganz Europa fasziniert", wie es eine Zeitschrift in den Vereinigten Staaten ausdrückte. In ihrer Freizeit lernte Katherine Französisch und übte den Hofknicks, um die gekrönten Bewunderer ihrer Brüder standesgemäß begrüßen zu können.

Alles, was Rang und Namen hatte, strömte herbei, um die Gebrüder Wright fliegen zu sehen. Im Sommer 1909 kam König Edward VII. von England nach Pau, einem sonnigen Ferienort nahe der spanischen Grenze, wo die Brüder eine Pilotenschule gegründet hatten. Der spanische König Alfonso XIII., der sie ebenfalls aufsuchte, nahm sogar neben Wilbur in der Maschine Platz, gab schließlich aber dem Wunsch des spanischen Kabinetts nach, das ihn eindringlich ersuchte, von einem Flug abzusehen. Überhäuft mit hohen Preisgeldern und Auszeichnungen – darunter Goldmedaillen des Aéro-Clubs von Frankreich, der Académie des Sports, des Aero Clubs und der Aeronautical Society von Großbritannien und sogar der Society for the Encouragement of Peace (Gesellschaft zur Förderung des Friedens) –, fuhren die Wrights Mitte des Jahres 1909 nach Hause, wo ihnen die lange überfällige Ehrung im eigenen Lande zuteil wurde. Der Kongreß bewilligte eine weitere Goldmedaille, Präsident Taft empfing sie im Weißen Haus, und die Bewohner ihrer Heimatstadt Dayton, die ihre Pionierflüge aus früheren Jahren zunächst anerkannt und dann so gut wie vergessen hatten, ließen zwei Tage lang die Arbeit ruhen, um die „größten Luftfahrer der Welt" mit Paraden und Feuerwerk zu feiern.

Als die Gebrüder Wright nach Amerika zurückkehrten, hatte sich die konkurrierende Aerial Experiment Assciation, die durch den Verlust zweier ihrer wichtigsten Mitglieder aussichtslos zurückgefallen war, bereits aufgelöst. Sechs Monate nach dem Tod von Selfridge begann Glenn Curtiss eigene Wege zu gehen. Nachdem er sich privat mit der Aeronautic Society of New York über die Lieferung eines Schulflugzeugs einig geworden war, brachte er ohne Rücksprache mit seinen Partnern in der A.E.A. seine Motorrad- und Motorenfabrik in Hammondsport in ein neues Unternehmen ein, das im März 1909 unter dem Firmennamen Herring-Curtiss Company die Arbeit aufnahm.

Augustus Herring, Curtiss' neuer Geschäftspartner, war ein wichtigtuerischer Erfinder aus New York, der sowohl mit Octave Chanute als auch mit Samuel Langley zusammengearbeitet hatte, dem bekannten Wissenschaftler der Smithsonian Institution und bis zu ihrem großen Durchbruch im Jahre 1903 wichtigsten Konkurrenten der Gebrüder Wright. Herring wandte sich an Curtiss mit dem Versprechen, Kapital zu investieren, und der großspurigen Behauptung, wichtige luftfahrttechnische Patente zu besitzen, darunter eines für einen Kreiselstabilisator. Allerdings waren Herrings Patentanmeldungen, was er verschwieg, vom amerikanischen Patentamt zurückgewiesen worden und damit wertlos. Als Curtiss davon erfuhr, begann es in der Partnerschaft zu kriseln, was schließlich zu ihrer Trennung führte. Zuvor aber bauten die beiden das erste kommerzielle Flugzeugwerk in den Vereinigten Staaten auf.

Das „kleinste, schnellste und schönste Flugzeug der Welt" – mit diesen überschwenglichen Worten pries die Herring-Curtiss Company den Doppeldecker an, den Curtiss im Juni 1909 für 5000 Dollar an die gerade erst entstandene Aeronautic Society of New York lieferte. Auf Grund der gelb lackierten Tragflächen erhielt er den Namen *Golden Flyer*. Mit einem Gewicht von nur 250 Kilogramm, einer Spannweite von 8,75 Metern und einem Vierzylindermotor, der 30 PS leistete, handelte es sich tatsächlich um eine schmucke, kleine Maschine. Und mit ihren großen, zwischen den Flächen angebrachten Seitenrudern zog sie ebenso enge und steile Kurven wie die Doppeldecker der Gebrüder Wright.

Für die Wrights war der Verkauf der *Golden Flyer* der Tropfen, der das Faß zum Überlaufen bringt. Sie sahen ihren Argwohn gegenüber Curtiss nunmehr bestätigt; seine Zusicherung, er habe keine kommerziellen Absichten, erwies sich schließlich als falsch. Aus der Sicht der Gebrüder Wright hatte Curtiss begonnen, Patente ohne Absprache und mit Gewinnabsichten zu nutzen, für die sie lang und hart hatten kämpfen müssen. Im August 1909 reichten sie eine Klage gegen Curtiss und sein Unternehmen ein, um zu verhindern, daß Flugzeuge vorgeführt oder verkauft wurden. Das war der Auftakt eines erbitterten Rechtsstreits, der sich über Jahre hinziehen sollte und in den zahlreiche Pioniere der Luftfahrt verwickelt werden sollten.

Vorerst jedoch ließ sich Curtiss durch die Klage der Gebrüder Wright nicht beirren. Er steckte zu tief in einem Projekt, das seine ganze Zeit und Energie in Anspruch nahm: dem Bau eines neuen Flugzeugs, mit dem er auf der bevorstehenden Flugwoche von Reims in der französischen Champagne den Geschwindigkeitspreis gewinnen wollte.

La Grande Semaine d'Aviation de la Champagne – „Die Große Flugwoche der Region Champagne" – wurde von der Stadt Reims und französischen Winzern finanziert. Die Flugwoche von Reims – die vom 22. bis zum 28. August 1909 stattfand – stand am Anfang einer Ära ehrgeizig angelegter Flugwettbewerbe, die bis zum Beginn des Ersten Weltkriegs für einen Höhepunkt nach dem anderen sorgten. Aber keine der nachfolgenden Veranstaltungen war so großartig wie die erste. In einer Zeit, in der man sich an Extravaganzen zu überbieten suchte, setzte die Flugwoche von Reims neue Maßstäbe. Aus allen Teilen Europas begab sich die feine Gesellschaft, durch den Flug Blériots über den Ärmelkanal im Monat davor auf den Geschmack gekommen, nach Bétheny, einer Ebene vor den Toren von Reims, um das erste große Luftfahrertreffen und damit einen einmaligen historischen Augenblick nicht zu versäumen.

Die bekanntesten Champagner-Kellereien, von Heidsieck bis Veuve Clicquot, hatten 200 000 Franc für Geschwindigkeits-, Strecken-, Höhen- und Passagierflugwettbewerbe aufgebracht. Mit einem Siegerpreis von 50 000 Franc für die längste geflogene Strecke war der Grand Prix am höchsten dotiert. Der begehrteste Preis dagegen war der Coupe Internationale d'Aviation, eine protzige Silbertrophäe (plus 25 000 Franc Bargeld), die an den schnellsten Piloten vergeben werden sollte. Gestiftet hatte ihn der Amerikaner James Gordon Bennett, Herausgeber des *The New York Herald* und der entsprechenden europäischen Ausgabe in Paris.

König Alfonso XIII. von Spanien (links) wäre nur zu gern geflogen, als er Wilbur Wright in dessen Anfang 1909 gegründeten Schule in Pau in Frankreich besuchte. Aber der König hatte der Königin und dem Kabinett versprochen, nicht mitzufliegen, und mußte sich mit einer Einweisung am Boden zufriedengeben.

In Reims trafen fast alle führenden Flugzeugkonstrukteure und -hersteller zusammen. Gemeldet waren unter anderem neun Voisin-Flugzeuge, vier Blériot-Flugzeuge, vier Antoinettes und vier Farman-Flugzeuge – eine Sammlung, die die fliegerische Überlegenheit Frankreichs in Europa deutlich demonstrierte. Kein anderes Land der Alten Welt hatte bis zu diesem Zeitpunkt eine eigene Luftfahrtindustrie aufgebaut.

An den Wettbewerben nahmen außerdem sechs Wright-Flugzeuge teil, die sich in französischem Besitz befanden. Die Gebrüder Wright selbst zogen es vor, dem Flugspektakel fernzubleiben. „Mich interessiert lediglich der Bau und Verkauf von Flugzeugen", lautete ein vielzitierter Ausspruch Wilbur Wrights. „Sollen sich doch andere mit Wettflügen amüsieren."

Nach der Absage der Gebrüder Wright fiel die Wahl des amerikanischen Aero-Clubs zwangsläufig auf Curtiss als Vertreter der Vereinigten Staaten im Wettbewerb um den Coupe Internationale oder Gordon Bennett Cup, wie er allgemein genannt wurde. Curtiss' einziges Problem war der Antrieb seiner Maschine. Er mußte einen Motor konstruieren, der leistungsstark genug war, um den mutmaßlichen Geschwindigkeitsvorteil des Eindeckers – insbesondere Blériots und der von Latham geflogenen Antoinette – gegenüber dem Doppeldecker auszugleichen. Die Flugwoche stand unmittelbar bevor, als das Curtiss-Werk in Hammondsport, in dem Tag und Nacht unter strengsten Sicherheitsvorkehrungen gearbeitet wurde, einen 50 PS starken, wassergekühlten V-8-Motor und eine gewichtsmäßig leichtere Version des *Golden Flyer* präsentierte. Nachdem er nur einen Tag lang auf dem Prüfstand gelaufen war – für Erprobungsflüge fehlte die Zeit –, wurden Motor und Maschine zerlegt und in vier Kisten verpackt, in denen sie die Schiffsreise nach Frankreich antraten. In Paris mietete Curtiss, noch immer unter Zeitdruck, eine ganze Droschken-Flotte, um die Fracht quer durch die Stadt zu befördern und rechtzeitig auf den Zug nach Reims zu verladen.

„Die paar Kisten?" fragte James Gordon Bennett ungläubig, als er sah, mit welch magerer Ausrüstung sich Curtiss auf den Weg zu dem großen Fliegertreffen gemacht hatte. Die Auskunft, daß auch nur eine Ersatzluftschraube vorhanden war, quittierte er sprachlos vor Erstaunen, indem er kurz durch die Zähne pfiff.

Bei Curtiss' Ankunft in Reims herrschte in der sonst so verschlafenen Stadt um die alte Kathedrale fieberhafte Aktivität. In der Ebene von Bétheny waren Tausende Hektar Getreidefeld plattgewalzt worden, um eine „Aeropolis" zu schaffen – ein zehn Kilometer langes rechteckiges Flugfeld mit Hallen, Tribünen und eingezäunten Zuschauerrängen. Es gab Friseure, Schönheitssalons und Blumenläden, Telephon- und Telegraphenämter mit direkten Leitungen in die einzelnen europäischen Hauptstädte sowie ein Terrassenrestaurant, in dem sich die Zuschauer bei Champagner und Zigeunermusik zwischen den Veranstaltungen erholen konnten. Über den Stand der Wettkämpfe informierte ein ausgeklügeltes Signalsystem, das fast so kompliziert war wie die Flaggenführung einer auslaufenden Kriegsflotte. Farbige Wimpel an einem hohen Mast zeigten die Flugbedingungen an; quadratische, runde und rautenförmige Zeichen an Querbalken gaben Auskunft, um welchen Preis gerade gekämpft wurde; andere Symbole bezeichneten die einzelnen Piloten, wiesen Strafpunkte aus und klärten über die Schwere von Unfällen auf.

Auch hatten die Piloten aus Frankreich keinen Aufwand gescheut; sie erschienen in Reims wie Ritter zu einem Turnier, mit Ersatzflugzeugen, umsorgt von vielköpfigem Bodenpersonal und verstärkt durch viele Tonnen Ausrüstungsgegenstände. Gabriel Voisin zum Beispiel brachte eine vollständige Feldküche mit, die eine Feuerstelle, zahlreiches Geschirr, Töpfe, Pfannen und sogar Koch und Küchenpersonal umfaßte.

Glenn Curtiss dagegen hatte nur sich selbst, ein Flugzeug und zwei Mechaniker; doch gerade seine dürftige Versorgungs- und Wartungsbasis beeindruckte die Franzosen. „Als die Pariser erfuhren, daß Curtiss das Unternehmen praktisch aus eigener Tasche bezahlte und in aller Stille bereits harte Arbeit geleistet hatte", telegraphierte ein amerikanischer Reporter an seine Zeitung, „waren sie ihm um so mehr zugetan, und es steht fest, daß er einer ihrer Favoriten sein wird."

Nichtsdestoweniger war Curtiss entsetzt, als sich herausstellte, daß seine Geheimwaffe nicht mehr geheim war. „Meine persönlichen Hoffnungen gründeten sich auf meinen Motor", schrieb er später. „Man kann sich also meine Überraschung vorstellen, als ich bei der Ankunft in Reims erfuhr, daß Blériot, der vermutlich aus Zeitungsberichten von meinem Achtzylindermotor wußte, in einen seiner leichten Eindecker ebenfalls einen Achtzylindermotor mit 80 PS Leistung hatte einbauen lassen. Als ich dies alles hörte, erschienen mir meine eigenen Aussichten außerordentlich gering, wenn nicht überhaupt gleich Null." Der Anblick seines berühmten französischen Konkurrenten beim Übungsflug in der neuen zweisitzigen Blériot XII mit ihrem kräftigen, in England gebauten E.N.V.-Motor entmutigte Curtiss erst recht. Einer seiner Mechaniker, Tod Shriver, versuchte ihn aufzumuntern, indem er an die Zeit der Motorradrennen erinnerte. „Glenn", sagte er, „ich habe dich schon viele Rennen in den Kurven gewinnen sehen." Das war ein guter Rat, und Curtiss nahm ihn ernst.

Unmittelbar vor Eröffnung der Flugwoche von Reims verwandelten sturzbachartige Regenfälle den Platz in einen Morast. Den Herren quoll der Matsch in die Stiefel, den Damen verdarb er die langen Röcke; Automobile versanken bis zu den Achsen. Dennoch schätzte man die Zahl der Besucher noch vor Ende der Woche auf eine halbe Million; zu ihnen gehörten Mitglieder von Königshäusern, Staatsmänner, Botschafter.

Trotz des ununterbrochenen Regens und böigen Windes fand am Sonntag, dem 22. August, die offizielle Eröffnung der Luftfahrtschau statt. Das scheußliche Wetter sorgte für einen unspektakulären Auftakt. Ein kleiner R.E.P.-Eindecker, auffallend durch seine rote Lackierung und die beiden Stützräder an den Tragflächenenden, wurde von einem Pferd an die Startlinie gezogen. Mit ratterndem Motor schlidderte die Maschine über die Bahn, doch die Räder konnten sich aus dem tiefen Schlamm nicht befreien, und der Pilot gab schließlich verzweifelt auf.

Einem Wright-Flugzeug gelang es endlich, mit Hilfe einer Startschiene vom Boden freizukommen, aber kurz darauf blieb sein Motor stehen, und es mußte wieder landen. Blériot, der mit seiner neuen Maschine an den Start ging, vollendete nicht einmal eine Runde; schon nach zweieinhalb Kilometern zwang ihn Schmutz im Vergaser wieder zur Landung. Hubert Latham erreichte noch weniger als das.

Aber als am Ende des Tages der Himmel aufklarte, der Wind nachließ und ein Regenbogen die Kathedrale von Reims in der Ferne überspannte, schwebten sieben Maschinen auf einmal über dem Platz. „Der Himmel war angefüllt mit Flugzeugen", berichtete die Londoner *Daily Mail* ehrfurchtsvoll und fuhr mit der Beschreibung fort, wie die Maschinen „rollten, kreisten, heranschossen, verschwanden und wiederkehrten, und das mit solcher Behendigkeit und Eleganz", daß sie „einen sehenswürdigen Anblick" boten, „wie es ihn in der Geschichte der Welt noch niemand erlebt hat".

Sehenswürdig war es, und gefährlich dazu; es grenzt an ein Wunder, daß während der ganzen folgenden Woche nicht ein Pilot oder Zuschauer ums Leben kam, denn neben den altgedienten Piloten traten Neulinge von erschreckender Unerfahrenheit auf.

„Le Petit Journal" brachte auf einer Titelseite diese Zeichnung, die die Begeisterung der Zuschauer bei der Flugwoche in Reims im Jahre 1909 widerspiegelt, die Zahl der Maschinen in der Luft aber übertreibt. Von den 38 gemeldeten Flugzeugen kamen während der achttägigen Veranstaltung nur 23 vom Boden ab.

Einer dieser Jünglinge, Étienne Bunau-Varilla, hatte seine Maschine gerade erst von seinem wohlhabenden Vater zum gelungenen Schulabschluß geschenkt bekommen. Im Pilotensitz einer Antoinette saß ein Mann, von dem man nur noch den Namen Monsieur Ruchonnet kennt; er konnte nicht einmal Auto fahren und hatte seine gesamte Flugerfahrung an einem verlängerten Wochenende vor Beginn des Wettfliegens gesammelt. An einem Freitag saß Ruchonnet zum erstenmal in seinem Leben in der Maschine und übte 20 Minuten lang rollen; am Samstag machte er einige kurze Luftsprünge und verbog das Fahrgestell; nach Abschluß der Reparatur flog er am Sonntag erneut. Zwei Tage später krönte er sein Training mit einer anderthalb Kilometer langen Runde über dem Platz.

Am ersten Wettbewerbstag gewannen Blériot, Latham und ein forscher junger Flieger namens Eugène Lefebvre die Ausscheidungsflüge innerhalb der französischen Mannschaft und sicherten sich so die Teilnahme am Gordon Bennett Cup. Großbritannien meldete für denselben Wettkampf nur den schottischen Rugbyspieler George Cockburn mit einer Farman. Curtiss, der als einziger die Vereinigten Staaten vertrat, hielt sich noch zurück. „Ich hatte lediglich ein Flugzeug und einen Motor", meinte er. „Wenn ich eines von beiden beschädigte, wäre es mit den Chancen Amerikas im ersten internationalen Cup-Fliegen vorbei gewesen."

Curtiss hatte beschlossen, nicht an den Dauerflugwettbewerben teilzunehmen, sondern sich, wie er sagte, „ausschließlich auf Flüge zu konzentrieren, bei denen es um Geschwindigkeit ging und die über eine Strecke von bis zu 20 Kilometern führten, mit anderen Worten den Gordon-Bennett-Wettbewerb". Er wartete mit seinem ersten Auftreten bis zum späten Montagabend, dem zweiten Tag der Wettkämpfe, und stellte mit 64 Kilometern pro Stunde bei einem Übungsflug über dem Platz einen inoffiziellen Weltrekord auf, der allerdings schon am Tag darauf von Blériot mit fast 74 Kilometern pro Stunde überboten wurde.

Die Veranstaltung litt weiterhin unter dem schlechten Wetter, das am dritten Tag dem französischen Staatspräsidenten fast den feierlich arrangierten Auftritt verdarb. Doch wenn der Himmel aufklarte, bekam das Publikum das erregende Schauspiel zu sehen, um dessentwillen es gekommen war. In seiner Wright Modell A begeisterte Lefebvre die Zuschauer, wenn er dicht über die Tribünen und unter anderen fliegenden Maschinen hinwegrauschte, eine kunstvolle Acht flog, im Tiefflug über den Platz raste und entsetzte Photographen in alle vier Himmelsrichtungen verjagte. (Knapp zwei Wochen später kam Lefebvre als erster Europäer infolge eines Absturzes ums Leben – nicht, wie man denken könnte, durch Überbeanspruchung seiner Maschine bei einem Kunstflug, sondern offenbar durch Versagen der Steuerung.)

Latham trat demonstrativ mit jener Nonchalance auf, die inzwischen jeder von ihm erwartete. „Einmal, als er den kleinen Blériot-Eindecker von Delagrange überholte und gerade direkt über ihm war", berichtete die englische Zeitschrift *Flight*, ließ Latham die Steuerung los und zog sich mit den Händen hoch, „um sich herauslehnen und einen Blick auf seinen Konkurrenten unmittelbar unter ihm werfen zu können."

Am fünften Tag übernahm Latham mit einem Flug von 150 Kilometer Länge und einer Dauer von 2 Stunden und 13 Minuten die Führung im Streckenflug. Mit dieser Leistung festigte er seine Rolle als Liebling der Frauen. Bei der Landung empfing ihn zehnminütiger Beifall der Menge, und er schickte sich gerade an, Reportern seinen Flug zu beschreiben, als „er von zwei entzückend gekleideten Damen unterbrochen wurde, die ihm abwechselnd um den Hals fielen und ihn ungestüm küßten", wie der Korrespondent des *Daily Mirror* berichtete.

Auf der großen Tribüne von Reims ließ sich die Elite Europas und Amerikas täglich einen eleganten Lunch servieren. Rechts lassen sich der bärtige Staatspräsident Frankreichs, Armand Fallières, und seine Frau durch den aufgeweichten Boden nicht davon abhalten, Louis Paulhan (links) zu gratulieren.

Es schien, als sollte der Flug über 150 Kilometer Latham mehr einbringen als nur Küsse. Der mit 50 000 Franc dotierte Grand Prix für den längsten Flug war ihm so gut wie sicher, wenn es seinem letzten ernsthaften Konkurrenten, Henry Farman, nicht gelingen sollte, mit seiner Maschine ein wahres Wunder zu vollbringen.

Am Freitagnachmittag, dem letzten Tag des Streckenflugwettbewerbs, zog Farman seinen Doppeldecker aus der Halle. Die Maschine ähnelte in ihrer Konstruktion den Voisin-Flugzeugen, denen sie ja auch nachgebaut war. Das stoffbespannte Kastenleitwerk erinnerte einen Beobachter an „reihenweise zum Trocknen aufgehängte Wäschestücke im Hinterhof einer Waschfrau". Von den Stabilisatoren, die die Gebrüder Voisin zwischen den Tragflächen eingezogen hatten, war Farman jedoch zugunsten von Seitenrudern abgegangen, was die Linienführung seiner Maschine verbesserte und sie flugtüchtiger erscheinen ließ.

Farmans Mechaniker hatten seit Sonnaufgang am Einbau einer neuen Antriebsanlage gearbeitet – eines wassergekühlten Gnôme-Umlaufmotors mit einer Leistung von 50 PS, bei dem sich sieben Zylinder um eine feststehende Kurbelwelle drehten. Der gerade erst in Frankreich entwik-

Dem Boden gefährlich nahe, umrundet der wagemutige Eugène Lefebvre mit seinem Wright-Doppeldecker eine Wendemarke in Reims.

kelte Motor war zwar technisch kompliziert, wog aber weniger, hatte eine bessere Kühlung, lief runder und sorgte für eine gleichmäßigere Rotation der Luftschraube als jeder andere Motor vergleichbarer Größe mit feststehenden Zylindern bis zu jenem Zeitpunkt. Und seine Zuverlässigkeit machte ihn ideal für Dauerflugversuche.

Als Pilot grundsätzlich jeglicher spektakulären Aktion abgeneigt, hob Farman seine Maschine sachte vom Boden ab, ging auf etwa dreieinhalb Meter Höhe und begann, dröhnend seine Runden um den Platz zu ziehen, eine nach der anderen. Ein anderes Farman-Flugzeug gesellte sich sechs Runden lang zu ihm, um dann auszuscheiden. Farman flog gleichmäßig, methodisch und konzentriert. Nach zwei Stunden stellte er den offiziellen Rekord von 125 Kilometern ein, den Wilbur Wright im vergangenen Dezember aufgestellt hatte. Nach zweieinhalb Stunden brach er Lathams Rekord vom Tag zuvor. Die Sonne ging unter; in der abendlichen Kühle verlor Farman, der ungeschützt auf der unteren Fläche seines Doppeldekkers saß, jegliche Empfindung in den Gliedern. Um 19.30 Uhr hielten die offiziellen Zeitnehmer ihre Uhren an, aber Farman, der sich an Landmarken wie Bäumen und Heuhaufen sowie den Autoscheinwerfern orientierte, die ihm zuliebe eingeschaltet worden waren, flog weiter. Irgendwann ging er schließlich im Licht der Suchscheinwerfer vor der großen Tribüne nieder und landete. Die Kapelle spielte „God save the King"; Farman war ja britischer Staatsbürger. Die Bodenmannschaft, die begeistert auf seine Maschine zueilte, empfing er mit dem einen, mühsam hervorgestoßenen Satz: „Mir ist so kalt." Dann nahmen die Männer ihn auf die Schultern und trugen ihn in einen Schuppen.

Der neue Rekordhalter im Dauerflug hatte in drei Stunden, vier Minuten und 56 Sekunden 180 Kilometer zurückgelegt; er sollte von allen Teilnehmern der Flugwoche das meiste Geld kassieren. Mit dem Grand Prix, einem Sieg im Passagier- und einem zweiten Platz im Höhenflugwettbewerb beliefen sich seine Einnahmen auf insgesamt 63 000 Franc.

In der ganzen Zeit blieb Glenn Curtiss mehr oder minder im Hintergrund. Er schonte seine Maschine für den einen, entscheidenden Durchgang um den Gordon Bennett Cup. Seine Weigerung, in den unwichtigeren Wettbewerben gegen die Europäer anzutreten, löste einige Unruhe unter den zahlreich vertretenen amerikanischen Zuschauern aus, die in Reims Großes von ihrem Landsmann erwarteten. Aber Curtiss hatte sein Ziel und ließ sich nicht beirren. Zwischen kurzen, aber unspektakulären Übungsflügen arbeitete er mit seinen Mechanikern intensiv in dem mit einem Sternenbanner geschmückten Schuppen, der ihm als Hangar diente. Um auch das Letzte an Geschwindigkeit aus der Maschine herauszuholen, baute er den umfangreichen Treibstofftank, den er für seine Erprobungsflüge gebraucht hatte, aus und ersetzte ihn durch einen schmaleren, kleineren Tank, der weniger Widerstand erzeugte und genau die Menge Brennstoff faßte, die für zwei Runden auf dem zehn Kilometer langen Kurs erforderlich war. Curtiss überlegte auch, ob er einen neuen Propeller montieren lassen sollte. Lucien Chauvière, der führende französische Luftschraubenhersteller (der erst relativ kurz zuvor von der Produktion hölzerner Toilettensitze auf das neue Produkt umgestellt hatte), war mit dem großzügigen Angebot an ihn herangetreten, eine speziell für seine Maschine angefertigte Luftschraube zu liefern. Curtiss wußte die Geste zwar zu schätzen, entschied sich aber für die vorhandene.

Während die amerikanische Mannschaft im Innern ihrer Halle tüftelte, häuften sich draußen auf dem Platz die Bruchlandungen. Als Curtiss sah, was seinen besser ausgerüsteten Konkurrenten passierte, fühlte er sich in der Sorge um sein unersetzliches Flugzeug nur bestärkt. „Eines Tages sah ich ganze zwölf Maschinen über den Platz verteilt", schrieb er, „die einen mit Totalschaden, die anderen fluguntüchtig, die von Leuten oder Pferden Stück für Stück in die Halle zurückgeschleppt wurden." Die Mehrzahl der häufigen Bruchlandungen verlief glimpflich, aber einige hätten durchaus ein fatales Ende nehmen können. Ein Pilot, der mit seiner schwankenden Maschine zur Notlandung hereinkam, hätte fast ein Paar beim Picknick geköpft. Blériot, der mit einem Passagier unterwegs war, raste bei einem Erprobungsflug auf eine Absperrung zu, während die Zuschauer dahinter schreiend um ihr Leben liefen. Es gab zwar keine Verletzten, aber Blériots Maschine stellte sich auf den Kopf und wurde schwer beschädigt.

Am sechsten Tag hätte eine Kollision in der Luft fast einen düsteren Schatten auf die Flugwoche geworfen. Louis Paulhan, der erst seit einem Monat seine Lizenz besaß, geriet beim Start mit seiner Voisin direkt vor die Blériot von Léon Delagrange, der eine Kehre flog und dabei Höhe verlor. Delagrange versuchte verzweifelt, seine Maschine hochzuziehen, aber dem Motor fehlte die notwendige Leistung. Paulhan drückte sein Flugzeug steil nach unten. Der Zusammenstoß konnte zwar vermieden werden, aber die Voisin geriet in die Propellerturbulenz der Blériot. Eine der Tragflächen berührte den Boden, und die Maschine ging zu Bruch. Paulhan wurde aus dem Flugzeug geschleudert; glücklicherweise erlitt er, außer einem schweren Schock, nur Verletzungen an der Nase und konnte ohne Hilfe vom Platz gehen. Aber seine Maschine war zerschmettert, genau wie seine Aussicht auf eine weitere Teilnahme am Wettbewerb.

Der nächste Morgen, Sonntag, präsentierte sich klar und warm und brachte perfektes Flugwetter für das Hauptereignis des Fliegertreffens, den Gordon-Bennett-Wettbewerb. Tausende von Wochenendbesuchern kamen in Erwartung des absoluten Höhepunkts der Flugwoche von Reims, füllten die Tribünen und drängten sich auf die abgesperrten Grasflächen, wo sie ihren Platz gegen den Einspruch von Polizisten zu halten suchten. Auf den Tribünen wurden eifrig Wetten abgeschlossen. Die meisten votierten für den Franzosen Blériot, aber Curtiss, der amerikanische Einzelgänger, lag dicht hinter ihm auf dem zweiten Platz der Favoritenliste.

Wie üblich war Curtiss früh auf den Beinen und überprüfte seine Flugmaschine mit den goldfarbenen Flächen, zog hier eine Mutter an, spannte dort einen Draht, die ganze Zeit bestrebt zu starten, bevor Wind aufkommen konnte. Sobald die offizielle Startfreigabe für die Maschinen erfolgte, machte sich Curtiss in Lederjacke und Schirmmütze mit seinem Flugzeug zur Proberunde auf. Eine schwache Brise spielte mit den Flaggen am Signalmast; vom Boden aus wirkte die Luft täuschend ruhig.

Curtiss hatte kaum die erste Wendemarke erreicht, als er plötzlich und völlig unerwartet in eine kräftige, unsichtbare Vertikalbö geriet, die durch die vom erwärmten Boden aufsteigende Luft verursacht wurde. In seiner Maschine, die wie ein Blatt umhergewirbelt wurde und sich heftig aufbäumte, beschloß Curtis auf der Stelle: „Wenn ich das lebend überstehe, werde ich nie wieder unter solchen Bedingungen starten, auch wenn es um den Cup oder igendeinen anderen Preis geht."

Wieder gelandet, vergaß er seinen Entschluß jedoch schnellstens, als er zu seiner Überraschung erfuhr, daß für ihn in der Vorrunde die schnellste Zeit gemessen worden war. „Ich dachte darüber nach und kam zu dem Schluß, daß die verwirbelte oder brodelnde Luft bei gleichzeitiger Windstille die Geschwindigkeit erhöhte", erinnerte sich Curtiss. „In der turbulenten Luft mußte sich die Luftschraube durch ständig neue Luftmassen arbeiten, was dazu führte, daß sie größeren Vortrieb erzeugte."

Er war entschlossen, seine Theorie auf die Probe zu stellen; das bedeutete, daß er sich umgehend zu dem Wettbewerb meldete und startete,

Ein großzügiger Förderer der Luftfahrt

In Paris, seinem selbstgewählten Exil, nutzte der amerikanische Zeitungsverleger James Gordon Bennett sein Geld, um talentierte Männer zu großen Taten anzuregen. Der Spender des bedeutendsten Preises auf der Flugwoche von Reims hatte schon andere Projekte in großzügiger Weise unterstützt, darunter die Suche Stanleys nach dem vermißten Missionar Dr. Livingstone, Marconis Entwicklung der drahtlosen Telegraphie und eine Expedition zum Nordpol. Bevor er sich der Luftfahrt zuwandte, hatte er Trophäen für Automobilrennen, Segelwettbewerbe und Ballonwettfahrten gestiftet.

„Bennett wußte", so ein Beobachter, „daß nur im Sport jene starken Kräfte mobilisiert werden, mit denen man im Frieden Wettkämpfe und im Krieg Schlachten gewinnt." Dennoch war er im Grunde ein Mann des 19. Jahrhunderts: Er verachtete die schnellen Transportmittel, die er mit seinen Preisen förderte, und zog es auch weiterhin vor, im eleganten Vierspänner zu fahren.

James Gordon Bennett, wie *Vanity Fair* ihn sah.

solange die Turbulenz noch anhielt und er sie ausnutzen konnte. Jeder Teilnehmer hatte nur einen Versuch, bei dem der zehn Kilometer lange Kurs zweimal abgeflogen werden mußte. Die unruhige Luft konnte ihm vielleicht den entscheidenden Geschwindigkeitsvorsprung verschaffen – für den Fall, daß er sie überlebte.

Richter und Zeitnehmer wurden informiert. Curtiss' Mannschaft füllte den neuen Brennstofftank bis zum Rande und prüfte die Spannung der Drähte. Dann warfen die Männer die Luftschraube an, und Curtiss startete.

„Vor dem Überfliegen der Startlinie stieg ich auf die äußerste Höhe, die meiner Ansicht nach keinen Protest auslösen konnte – vermutlich 150 Meter –, weil ich so durch allmähliches Sinken während des Wettflugs zusätzlich Geschwindigkeit gewinnen konnte", schrieb er später. Genau wie bei den Motorradrennen, verlangte Curtiss das Äußerste von seiner Maschine. „Ich schnitt die Wendemarke so scharf an, wie ich nur igendwie riskieren konnte, und legte die Maschine steil in die Kurve", sagte er. Auf der Gegengeraden geriet er in dieselbe Turbulenz wie bei der Vorrunde, bei der er das Gas herausgenommen hatte. Diesmal flog er mit Vollgas weiter.

„Die Stöße waren tatsächlich so stark, daß ich aus dem Sitz gehoben wurde und mich nur im Flugzeug halten konnte, indem ich die Füße gegen die Rumpfstreben stemmte", heißt es weiter in seinem Bericht. „Als ich den ‚Friedhof' überflog, auf dem in den Tagen der Fliegerwoche so viele Maschinen niedergehen mußten und zu Bruch gingen, schien die Luft unter mir buchstäblich wegzusacken."

Mit steil angestelltem Höhenruder preschte Curtiss weiter durch die Thermik. Als er nach zwei Runden landete, umringten ihn jubelnde Amerikaner in dem sicheren Bewußtsein, daß seine Zeit von 15 Minuten und 50 Sekunden für die 20 Kilometer lange Strecke – 75,7 Kilometer pro Stunde – nicht mehr unterboten werden konnte. Curtiss selbst war weniger optimistisch. Solange seine Konkurrenten noch nicht geflogen waren, fühlte er sich „wie ein Angeklagter vor dem Urteilsspruch der Richter".

Inzwischen hatte der Wind aufgefrischt. Cockburn vergab die Chance, den Sieg für Großbritannien zu erringen, als er in einer Kurve in geringer Höhe einen Heuhaufen streifte und abstürzte. Lefebvres Wright-Flugzeug hatte über weite Strecken gegen den Wind anzukämpfen und brachte es nicht einmal auf 64 Kilometer pro Stunde. Latham, der als nächster startete, driftete im Wind auf die falsche Seite einer Wendemarke und brauchte fast zwei Minuten länger als Curtiss.

Alle Hoffnungen der Franzosen ruhten nun auf Blériot. Der Bezwinger des Ärmelkanals verbrachte den ganzen Nachmittag damit, an seinem Motor zu basteln und Propeller zu erproben; erst 20 Minuten vor Ende des Wettkampftages trat er zum Flug um den Cup an. Blériot hatte bereits alles auf eine wesentliche Veränderung seiner Maschine gesetzt: Nach dem zwei Tage zurückliegenden Unfall, bei dem er in die Absperrung geflogen war, hatte er während der eiligen Reparatur die Stoffbespannung an den hinteren Flächenholmen um einige Quadratmeter gekürzt. Er hoffte, auf diese Weise den Widerstand zu verringern und einige Meter pro Sekunde schneller zu werden. Allerdings bewirkte dieser Eingriff gleichzeitig eine Reduzierung der Tragfähigkeit, so daß Blériot seine Meldung zu dem immerhin mit 10 000 Franc dotierten Passagierflugwettbewerb desselben Tages hatte zurückziehen müssen.

Blériots Entschluß, den Auftrieb zugunsten der Geschwindigkeit zu verringern, schien sich schon in der ersten Runde auszuzahlen. Curtiss, der den Flug zusammen mit Courtland Bishop, dem Präsidenten des Aero Club of America, von dessen offenem Wagen aus beobachtete, verschlug es die Sprache, als der Eindecker über sie hinwegbrauste. Nach der ersten Runde

Unruhig verfolgt Louis Blériot (Mitte, mit Fliegerhaube) den Fortgang des Wettbewerbs in Reims. Der Favorit für den Gordon Bennett Cup mußte mit seinem Eindecker gegen auffrischenden Wind, Turbulenzen und das fliegerische Können von Glenn Curtiss ankämpfen.

Einen Tag nach seinem hauchdünnen Sieg über Louis Blériot fliegt Glenn Curtiss an der Haupttribüne vorbei. Die Maschine, mit der er den Gordon Bennett Cup gewann, war der kleinste aller anwesenden Doppeldecker und speziell für diesen Anlaß entwickelt worden.

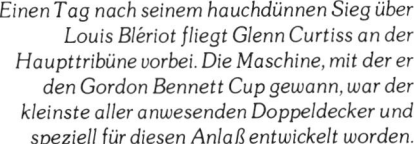

lag Blériot vier Sekunden vor Curtiss; der Franzose schien der sichere Sieger zu sein. Nach einer schnellen zweiten Runde brachte Blériot die röhrende Maschine zum Boden zurück und blieb einen Moment im Cockpit stehen, um den donnernden Applaus seines französischen Publikums entgegenzunehmen. Dann sprang er aus der Maschine und eilte siegesgewiß zum Zeitnehmerstand. Plötzlich senkte sich Schweigen über die Tribüne. Curtiss verstand nun überhaupt nichts mehr.

„Ich hatte überschäumende Begeisterung erwartet, aber nichts dergleichen geschah", berichtete er. „Ich saß bei Mr. Bishop im Wagen und überlegte, warum niemand jubelte, als mich ein Freudenschrei meines Freundes Bishop aufschreckte, der zum Richterstand hinübergegangen war.

‚Sie haben gewonnen! Sie haben gewonnen!' rief er aufgeregt, ‚Blériot hat mit sechs Sekunden Rückstand verloren!' "

Auf Grund dieses fast unvorstellbar knappen Vorsprungs war Curtiss tatsächlich der Sieger, was sich bestätigte, als die Blaskapelle „The Star-Spangled Banner" intonierte. Curtiss stand mit der Mütze in den Händen dabei, als das Sternenbanner aufgezogen wurde. Die französischen Zuschauer, von der unerwarteten Wende überrascht, kamen schnell über

ihre Enttäuschung hinweg und fielen in den Jubel des amerikanischen Publikums ein, das seinen Landsmann hochleben ließ. Schon bald ernannten ihn die Zeitungen zum „besten Flieger der Welt" und verliehen ihm damit den Titel, den sie kurz zuvor noch den abwesenden Gebrüdern Wright vorbehalten hatten.

Curtiss' Sieg bildete den Höhepunkt einer für die Luftfahrt entscheidenden Woche, einer Woche, in der Piloten mit den besten Flugzeugen der Welt zum erstenmal gegeneinander angetreten waren. Hatten die Gebrüder Wright dem Menschen das Fliegen beigebracht, so konnte man an den Ereignissen von Reims ablesen, wie weit der Mensch innerhalb der sechs Jahre nach Kitty Hawk in der Beherrschung dieses neuen Mediums fortgeschritten war. Das Wettfliegen räumte darüber hinaus mit der latent noch immer vorhandenen Meinung auf, das Flugzeug sei nichts als ein im Stadium des Experimentierens befindliches Vehikel, über dessen Wert und Zukunft sich nichts Genaues sagen ließ. Ein Zuschauer in Reims, der spätere Premierminister Großbritanniens, David Lloyd George, sagte es mit diesen Worten: „Flugmaschinen sind keine Spielzeuge oder Träume mehr; sie sind eine unwiderrufliche Tatsache." ➳

Ein Palast voller flugtechnischer Wunderdinge

Nur einen Monat nach der ersten großen Flugveranstaltung der Welt, der Flugwoche von Reims, fand 1909 in Paris die Internationale Luftfahrzeugausstellung statt. Die Zahl der Aussteller, insgesamt 333 aus zehn Fachbereichen, brachte die Bedeutung zum Ausdruck, die dieser Industriezweig in kaum sechs Jahren erlangt hatte, und die Tatsache, daß 318 der Aussteller aus Frankreich kamen, zeigte deutlich die Vorherrschaft dieses Landes innerhalb des neuen Industriesektors.

Die Organisation lag in den Händen eines Industrieverbands, an dessen Spitze Robert Esnault-Pelterie stand (sein R.E.P.-Flugzeug, so bezeichnet nach seinen Initialen, war an einem der bevorzugten Plätze zu sehen). Die Ausstellung fand im Mittelteil und in zwei geräumigen Flügeln des Grand Palais statt. Direkt gegenüber dem Haupteingang stand die Blériot XI, noch ölverschmiert von der historischen Kanalüberquerung im Juli; rundherum angeordnet waren vier „Ehrenplätze", die andere bekannte französische Maschinen einnahmen. Die Palastflügel

säumten weitere 30 französische Flugzeuge; wer einen Wright-Doppeldecker sehen wollte, mußte schon eine Treppe hinaufgehen – zu einem in Lizenz in Frankreich gebauten Modell.

Dutzende von Ständen zeigten Produkte aus der Zulieferindustrie, die ebenfalls einen enormen Aufschwung genommen hatte: Zündanlagen und Vergaser, Fliegerkleidung und Andenkenuhren, einen leichten Aluminiumkühler und sogar einen zusammenklappbaren Waschtisch, empfohlen für den Gebrauch in Flugzeughallen oder den Gondeln der Sportballone, die ebenfalls zur Schau gestellt wurden.

Unsicher hinsichtlich ihres Erfolgs, hatten die Veranstalter vor der Eröffnung die Pariser Bevölkerung mit Freikarten überschwemmt. Aber nach drei Tagen gaben sie bekannt, daß sich die Zahl der Besucher schon auf mehr als 100 000 belaufe, was zweifelsfrei bewies, daß die Luftfahrt bei der Öffentlichkeit auf ebenso großes Interesse stieß wie bei den zahlreich anwesenden Geschäftsleuten, die auf ansehnliche Gewinne hofften.

Der französische Staatspräsident Armand Fallières (Mitte, mit Spazierstock) eröffnet die Pariser Ausstellung mit einer Besichtigung des R.E.P.-Eindeckers.

In der großen Halle schweben farbenprächtige Ballons über den Besuchern, die sich jedoch mehr für die motorgetriebenen Flugmaschinen interessieren.

Robert Esnault-Pelteries R.E.P.-Eindecker in der Eingangshalle besaß selbsttragende Tragflächen und war das erste Flugzeug mit verkleidetem Rumpf.

Die Demoiselle 20, auffallend durch ihre extrem leichte Konstruktion aus Bambus, steht über dem Bild ihres Konstrukteurs Alberto Santos-Dumont.

Henry Farmans Doppeldecker mit Druckluftschraube zeichnete sich durch die neuartigen Höhenruder und das vierrädrige Fahrwerk aus leichtem Holz aus.

Vor der Hauptattraktion der Ausstellung, der Blériot XI, die zwei Monate zuvor den Ärmelkanal überquert hatte, gönnen sich Besucher eine kurze Pause.

„Des Stehens bereits überdrüssig, bereit, morgen wieder zu fliegen", so beschrieb ein Besucher die Flugmaschinen der Pariser Ausstellung.

Begeisterung und Geschäft: Flugwettkämpfe in aller Welt

Der Erfolg der spektakulären Flugwoche von Reims veranlaßte Veranstalter der ganzen Welt zu Nachahmungen. Ihre Bemühungen waren jedoch nicht immer von Erfolg gekrönt. Zu den ersten und schlechtesten Folgeveranstaltungen gehörte der Rundflug von Brescia in Italien im September 1909. Als nach drei Tagen jeweils nur einige kurze Flüge zustande gekommen waren, mußten Soldaten eingesetzt werden, um die aufgebrachten Zuschauer zu beruhigen. Zwei Wochen später führten Meinungsverschiedenheiten zwischen den Piloten und Veranstaltern des Flugwettkampfes von Berlin zur Beschlagnahmung von drei Maschinen. Hubert Latham, der bei einer Nachtlandung einen Laternenmast streifte, sollte wegen Beschädigung öffentlichen Eigentums festgenommen werden.

Im Oktober richteten die „Sportler der Stadt" Doncaster, wie eine englische Zeitschrift sie nannte, eine Veranstaltung aus, die der britische Aero Club nicht anerkannte, bei der schlechtes Wetter herrschte und die von den meisten Piloten ignoriert wurde. Der aufschneiderische Samuel Cody landete in einem mit weichem Sand gefüllten Loch und überschlug sich, Hubert LeBlon konnte den Absturz in die Haupttribüne gerade noch verhindern, und Hauptmann Walter Windhams Maschine fiel in dem Moment auseinander, als sie photographiert wurde.

Trotz solcher Mißgeschicke brannten die Piloten darauf, gegeneinander anzutreten, und die Öffentlichkeit strömte herbei, um sie zu sehen. Flugtage waren damit schnell zu einer festen Institution des öffentlichen Lebens geworden.

I. CIRCVITO AEREO-BRESCIA
SETTEMBRE 1909. — 100 000 LIRE DI PREMÎ

Die Geldpreise in Höhe von 100 000 Lire, die das Plakat für den Rundflug von Brescia in Italien offeriert, konnten die schlechten Veranstaltungsbedingungen nicht wettmachen.

Konkurrenz-Fliegen
der ersten Aviatiker der Welt
26. September-3. Oktober 1909
Flugplatz Berlin-Johannisthal
150 000 M. Geldpreise
Deutsche Flugplatz-Gesellschaft ✳ Berlin

Das angekündigte Berliner Treffen der „ersten Aviatiker der Welt" enttäuschte, bis es Hubert Latham gelang, die Zuschauer mit einem zehn Kilometer langen Überlandflug zu begeistern.

FIRST IN AMERICA
AVIATION MEET
LOS ANGELES
JANUARY 10-20 1910
American & Foreign Aviators
DAILY FLIGHTS

FIRST AVIATION
MEETING IN ENGLAND

CODY
DELAGRANGE
FARMAN
SOMMER
LEBLON
MOLON
PREVOT
DE LA VAUX
& OTHER
AVIATORS ENGAGED.

DONCASTER
15TH TO 23RD OCTOBER
1909.

D.L.F COOKE

Die erste Flugveranstaltung in den Vereinigten Staaten, die im Januar 1910 auf der Dominguez-Ranch bei Los Angeles stattfand, zog täglich mehr als 20 000 Besucher an. Der überragende Franzose Louis Paulhan gewann Preise in Höhe von 19 000 Dollar.

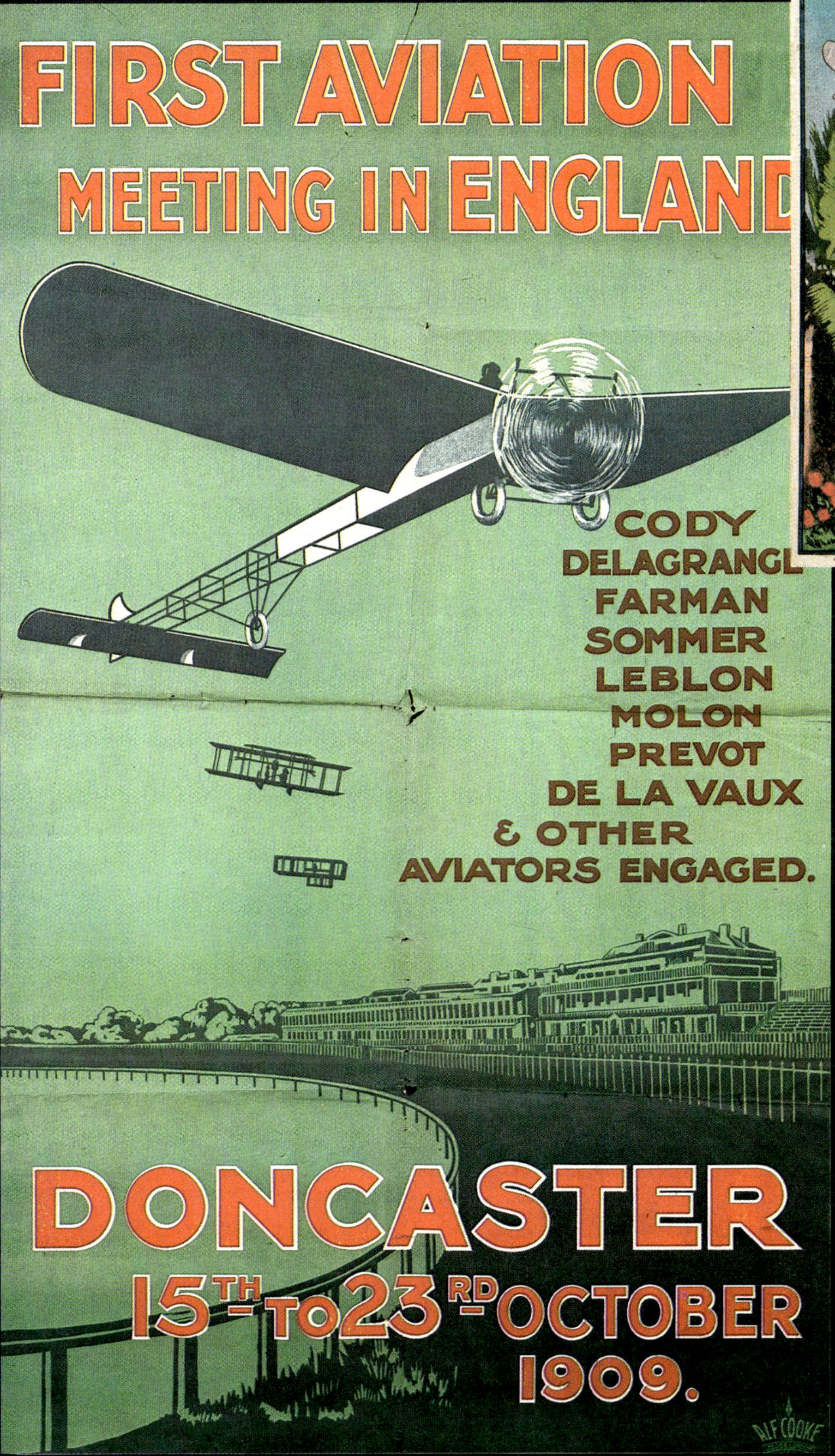

Die Flugveranstaltung von Doncaster im Oktober 1909 überschnitt sich mit den Flugtagen von Blackpool. Von den acht berühmten Piloten, die das Plakat verspricht, kamen nur fünf.

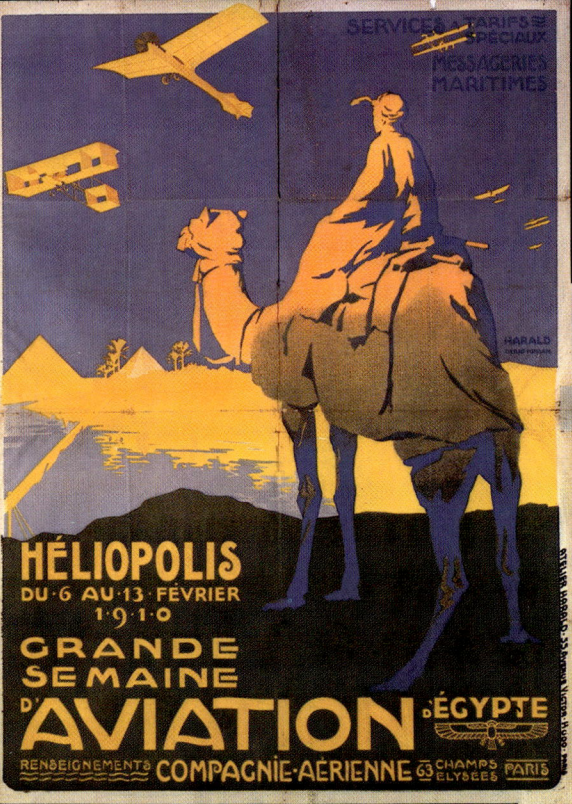

SERVICES · TARIFS SPÉCIAUX
MESSAGERIES MARITIMES
HARALD
HÉLIOPOLIS
DU·6 AU·13·FÉVRIER
1·9·1·0
GRANDE SEMAINE
D'AVIATION
D'ÉGYPTE
RENSEIGNEMENTS COMPAGNIE·AÉRIENNE 63 CHAMPS ELYSÉES PARIS

Zum Programm der Großen Flugwoche von Heliopolis in Ägypten gehörte 1910 der erste öffentliche Flug der Baronin de Laroche, der ersten Frau, die den Pilotenschein erwarb.

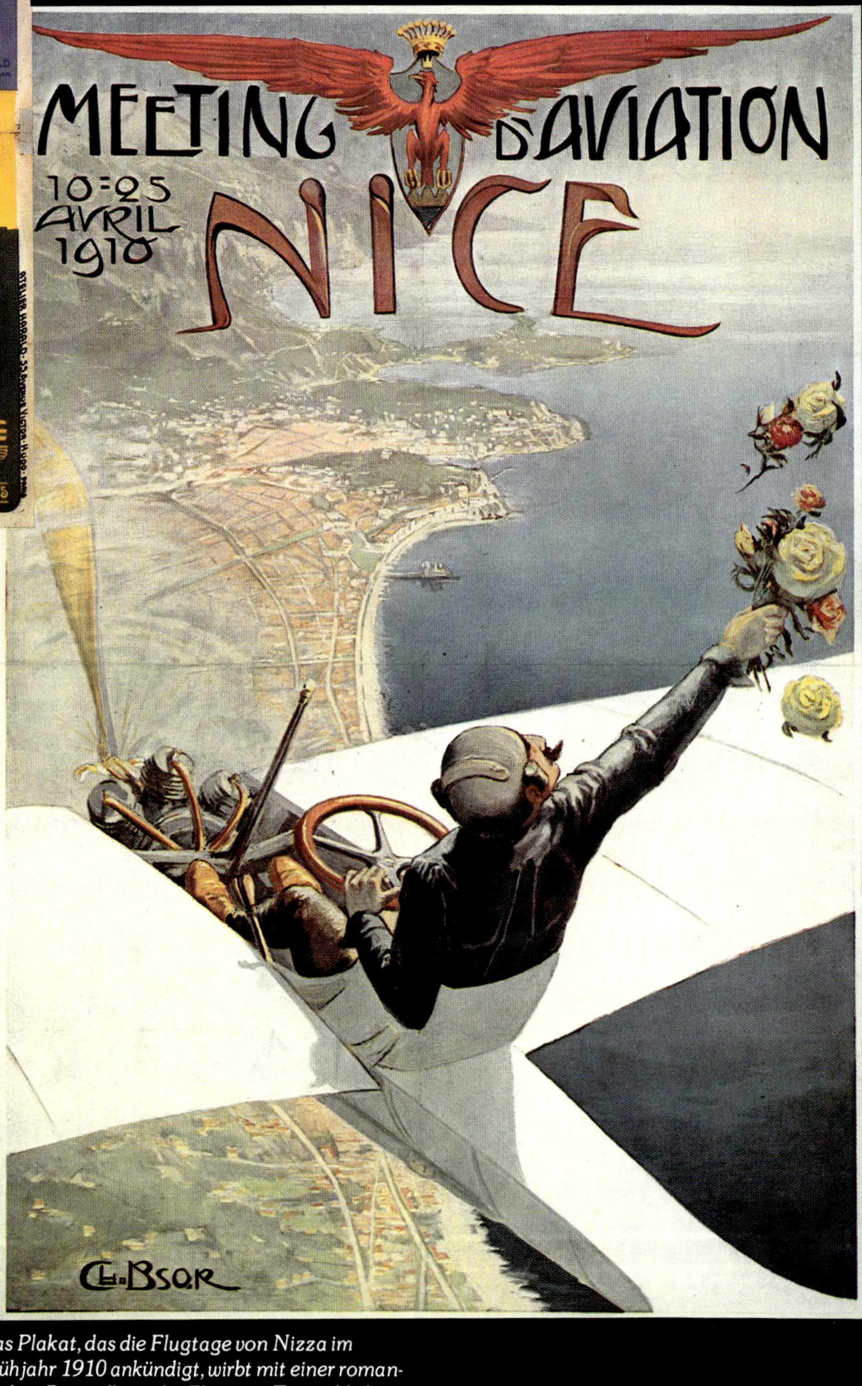
MEETING D'AVIATION
10=25 AVRIL 1910
NICE

Das Plakat, das die Flugtage von Nizza im Frühjahr 1910 ankündigt, wirbt mit einer romantischen Darstellung der Fliegerei. Tatsächlich gab es sechs Abstürze über dem Meer.

VILLE DE BRUXELLES
MEETING D'AVIATION

23 Juillet-4 Août 1910

Organisé par **L'AÉRO-CLUB de BELGIQUE**
au Champ de Courses de STOCKEL.
Sous le Haut Patronage de S.M. le ROI & avec le concours de
L'ASSOCIATION de la PRESSE BRUXELLOISE

AFF. D'ART O DE RYCKER & MENDEL BRUXELLES

*Auf dem Plakat für das belgische Fliegertreffen
bietet der Himmel über Brüssel ein einladendes
Bild. Beim Absturz seiner Maschine kam jedoch
ein Pilot bei der Veranstaltung ums Leben.*

**Grande Semaine
d'Aviation
ROUEN**
du 19 au 26 Juin 191...

150.000 ᶠ de Prix

Imprimerie GIRIEUD, ROUEN

*Die Wirklichkeit holte den Plakatentwurf ein, als
Léon Morane seinen mit rund 290 Metern
errungenen Sieg im Höhenflug mit einer Runde
um die Kathedrale der Stadt feierte.*

Die Veranstalter des Flugfestivals von Bar-le-Duc werben mit Tanz- und Konzertveranstaltungen sowie „verschiedenen Feierlichkeiten", die sich um die einzelnen Wettflüge ranken.

Als Auftakt für den Rundflug von Mailand förderten die Veranstalter den ersten Wettflug über die Alpen. Nach dem Tod des Gewinners Georges Chavez drängte sich die Frage auf, ob der fliegerische Erfolg die Risiken rechtfertigte.

Bei der ersten großen Flugveranstaltung im Osten der Vereinigten Staaten beliefen sich Preise und Teilnehmerhonorare auf mehr als 90 000 Dollar. Allein 10 000 Dollar gab es für den Rundflug um den Bostoner Leuchtturm.

RAID PARIGI-ROMA-TORINO
28 MAGGIO-15 GIVGNO 1911 - L.400.000 DI PREMI
CROCIERA INTERNAZIONALE TORINO-VENEZIA-ROMA
LVGLIO 1911 - L.150.000 DI PREMI
FESTA NAZIONALE DEI GONFALONI
ROMA - 18-19-20 SETTEMBRE 1911
COMITATO FESTE COMMEMORATIVE 1911 ROMA-SOCIETA PARIOLI
COMMISSIONE ESECVTIVA DELL'ESPOSIZIONE INTERNAZIONALE DI TORINO
TOVRING CLVB ITALIANO

Wettflüge, Motorbootrennen und eine Auto-
mobilfahrt finden 1911 anläßlich des 50. Jahres-
tags der Einigung Italiens statt. Die zweite
Etappe des Wettflugs wurde abgesagt, nach-
dem alle italienischen Teilnehmer schon auf der
ersten Etappe gleich ausgefallen waren.

Ier GRAND PRIX D'AVIATION
DE
L'AÉRO-CLUB DE FRANCE
CIRCUIT D'ANJOU
ANGERS, CHOLET, SAUMUR, ANGERS

16-17-JUIN 1912
ANGERS

LESSIEUX et CARREY

Das Plakat für den Rundflug von Anjou von
1912 zeigt Militärbeobachter auf den Tribünen.
Aus der Tatsache, daß die Piloten bei schlech-
tem Wetter schwere Lasten befördern konnten,
schlossen die Offiziere sogleich, daß „die fran-
zösische Armee auf sie zählen könne".

3

Hoher Einsatz um Ruhm und Geld

Die erfolgreiche Flugwoche von Reims löste eine Art Goldrausch aus. Veranstalter auf beiden Seiten des Atlantiks, die die Anziehungskraft der Fliegerei auf große Zuschauermassen erkannten und sich hohe Gewinne errechneten, organisierten in aller Eile eigene Wettkämpfe, die allerdings häufig nur des Geldes wegen allzu schnell ausgeschrieben wurden, um gute Leistungen zu erbringen. Aber an den für die Teilnehmer ausgesetzten Geldpreisen ließ sich ablesen, zu welchen Kassenschlagern die Pioniere der Luftfahrt geworden waren. Ende 1909 hatten sie insgesamt fast eine halbe Million Dollar verdient. Hohe Prämien erwarteten jedoch nicht nur die Sieger von Geschwindigkeits-, Höhen-, Strecken- und Dauerflugwettbewerben, sondern auch alle diejenigen, die bereit waren, ihr Leben für waghalsige Kunststücke aufs Spiel zu setzen.

In Europa wie auch Amerika gab es Dutzende von Männern und Frauen, die der Versuchung zu fliegen, beziehungsweise zu schnellem Ruhm und Reichtum zu kommen, nicht widerstehen konnten. Die meisten von ihnen verlangten ein eigenes Flugzeug, so daß die wenigen kleinen Firmen, die die Kunst des Flugzeugbaus beherrschten, mit Aufträgen überhäuft wurden.

In Paris eröffnete das Unternehmen der Gebrüder Voisin ein Verkaufsbüro, das den Doppeldecker der beiden Brüder als „die stabilste aller Flugmaschinen" anbot und hinzufügte: „Der Käufer zahlt erst nach einem Flug mit dem Flugzeug, das er zu kaufen beabsichtigt." Für den von Santos-Dumont gebauten Eindecker Demoiselle, der sich nun wirklich nicht mit Stabilität brüsten konnte, wurde mit den Worten „das schnellste, leichteste und kleinste Fahrzeug der Welt" geworben. In Wahrheit war die Demoiselle schwer zu handhaben und gefährlich; ihre Landegeschwindigkeit betrug rund 60 Kilometer pro Stunde, und sie hatte keinerlei Federung (Santos selbst brachte sie gelegentlich nur zum Stehen, indem der die Reifen mit seinen Händen abbremste). Nichtsdestoweniger wurden zwischen der Flugwoche von Reims und Weihnachten 40 Demoiselles verkauft.

In Amerika sah sich Glenn Curtiss nach seinem dramatischen Sieg des Gordon Bennett Cup einer ungeheuren Nachfrage nach seinen Maschinen und Motoren gegenüber. Auch seine inländischen Konkurrenten, die Gebrüder Wright, erlebten einen raschen wirtschaftlichen Aufstieg. Nachdem Orville Wright sich von dem Absturz des vergangenen Jahres erholt hatte, beendete er kurz vor der Flugwoche von Reims im Juli 1909 die unterbrochenen Abnahmeprüfungen vor der Armee. Seine fehlerlose Vorführung einer neuen zweisitzigen Maschine in Fort Myer sicherte ihm einen Verkaufspreis von 25 000 Dollar plus 5000 Dollar Prämie dafür, daß das Flugzeug schneller als die von der Regierung verlangten 64 Kilometer pro Stunde flog. Auch im Schaugeschäft standen die Gebrüder Wright hoch im Kurs. Wilbur Wright erhielt den Auftrag, während der Feierlichkeiten zum Gedenken an Henry Hudson und seine Seereisen im 17. Jahrhundert die Großstädter New Yorks mit dem Anblick des Flugzeugs vertraut zu machen. Er startete von Governor's Island im Hafen von New York,

Sein fliegerischer Mut, unternehmerisches Gespür und gutes Aussehen machten Claude Grahame-White zum führenden Piloten Großbritanniens und Favoriten auf internationaler Ebene. Die Darstellung von „Vanity Fair" aus dem Jahre 1911 trägt der damaligen Verherrlichung seiner Person ausgiebig Rechnung.

nachdem er für den Fall, daß er etwa auf dem Wasser notlanden mußte, ein tragfähiges Kanu zwischen den Kufen seiner Maschine befestigt hatte, flog den Hudson River entlang bis nach Grant's Tomb und kehrte wieder zurück. Allein für diese eine Vorstellung zahlte ihm eine Kommission des Staates New York 15 000 Dollar.

In der Wall Street galten die Wrights plötzlich als äußerst lohnendes Investitionsobjekt. Im Jahre 1909 erhielt die Wright Company einen Vorstand, zu dem August Belmont, Cornelius Vanderbilt, Robert Collier (Herausgeber von *Collier's Weekly* und später Stifter der Collier Trophy für fliegerische Leistungen) und andere Männer von vergleichbarem Reichtum und ähnlich großem Einfluß gehörten.

Die Wrights bekamen 100 000 Dollar sofort ausbezahlt, 40 Prozent der Anteile und für jedes Flugzeug zehn Prozent des Verkaufspreises als Lizenzgebühr. Wilbur Wright wurde Vorstandsvorsitzender. „Ein ordentliches Ergebnis für einen ‚schüchternen' Erfinder, der den Ruf hat, kaum zu reden", kommentierte ein Schützling der Wrights aus der Anfangszeit.

Im kleinen Garten seines Reihenhauses in Chicago erfüllt sich der 22jährige J. E. Mair im Jahre 1910 einen Traum, den er mit vielen hoffnungsvollen jungen Fliegern teilte.

Mit ihrem Werk in Dayton, das monatlich vier Flugzeuge produzierte, standen die Wrights im Flugzeugbau vorübergehend an der Spitze der Weltproduktion. Indessen sahen Curtiss und eine ganze Reihe kleinerer amerikanischer Unternehmer nicht untätig zu, sondern setzten alles daran, aus dem populären Wunderwerk der Technik ebenfalls finanziellen Nutzen zu ziehen. Im August 1910 berichtete die New Yorker *World,* das Branchenverzeichnis der Stadt, „in dem man noch vor zwei oder drei Jahren ein Wort wie ‚Flugzeug‘ vergeblich suchte, verzeichnet heute mehr als ein Dutzend Firmen, die alles für den Piloten liefern, von der importierten Blériot bis zum Satz inländischer Seitenruder für den Eigenbau. Die Luftfahrt konkurriert mit U- und S-Bahnen und dem Tunnelbau als Faktor, der dem Grundstücksmarkt starken Aufschwung verleiht. Weite, freie Flächen auf den Ebenen von Long Island und New Jersey sind eingezäunt worden und bilden ‚Flugplätze‘, und es gibt kein besseres Werbeargument als den Hinweis auf ‚Fliegertreffen‘, um Landkäufern und Wohnungssuchenden außerhalb gelegene Grundstücke schmackhaft zu machen.“

Inzwischen wurden Flugvorführungen als Tourneen durch das ganze Land organisiert. Sie sollten in den folgenden Jahren Tausende von Amerikanern in den großen Städten wie auf dem Lande mit dem Flugzeug bekannt machen. Doch die Sensation des Neuen, die der Anblick einer Flugmaschine am Himmel bot, hielt nicht lange an; schon bald wollten die Zuschauer immer verwegenere Kunststücke für ihr Geld sehen. Piloten, die mutig oder verrückt genug waren, die Konstruktionsfestigkeit ihrer Maschinen bis aufs Äußerste zu beanspruchen, damit die Menge erhielt, was sie verlangte, stellten fest, daß sich mit ihrem Leichtsinn auch ihre Bezahlung steigerte. Piloten konnten als Luftakrobaten an einem Tag 1000 Dollar verdienen – vorausgesetzt natürlich, daß ihre Flugzeuge die Belastung aushielten und sie selbst überlebten, um anschließend zu kassieren. Der Beruf des Luftakrobaten oder Kunstfliegers befriedigte das Anerkennungsbedürfnis und die Sensationslust junger Draufgänger, kürzte gleichzeitig aber ihre Lebenserwartung in erschreckendem Maße ab.

Die Flugzeughersteller erkannten und nutzten die geschäftlichen Möglichkeiten der Flugvorführungen als erste. In dem Bestreben, sich einen überwiegenden Anteil des Marktes zu sichern, gründeten die Gebrüder Wright im März 1910 ein Tournee-Unternehmen. Die Piloten, die sie brauchten, bildeten sie in einer eigenen Fliegerschule in Montgomery, Alabama, aus – die dort eröffnet wurde, weil die Wrights dem Winter in Ohio auszuweichen trachteten. Ihr erster Schüler allerdings kam aus Dayton und hieß Walter Brookins. Als Kind hatte sich Brookins stets in der Fahrradwerkstatt der beiden Brüder herumgetrieben und sie beim Bau von Flugzeugen beobachtet. Er war ihnen so lästig, daß die Wrights eines Tages versprachen, ihm – irgendwann – Flugunterricht zu erteilen, wenn er sie in Ruhe ließe. In Montgomery lösten sie ihr Versprechen aus der Anfangsphase ein. Der 22jährige Brookins erwies sich als Naturtalent, so daß die Wrights ihn zu ihrem Cheffluglehrer ernannten.

Auch Glenn Curtiss bildete Piloten aus, die unter seinem Namen starten sollten. Seinen ersten Schüler, den ehemaligen Harvard-Studenten Charles Willard, hatte er bereits im Jahre 1909 kurz vor seiner Abreise nach Reims unterrichtet. Der zweite, ein schräger Vogel namens Charles Keeney Hamilton, tauchte noch im selben Jahr in Hammondsport auf.

Der damals 24jährige Hamilton hatte rote Haare und abstehende Ohren. Er blickte meist täuschend unschuldig drein. Sein Gewicht betrug nicht mehr als 50 Kilo – die geladene Pistole und das Päckchen Geldscheine, die er stets in der Jackentasche bei sich trug, mitgerechnet. Oft betrunken, erregte er

häufig Anstoß; bevor er startete, befestigte er glimmendes Zunderholz an einer Strebe, um sich eine Zigarette anzünden zu können. Wenn er landete, empfingen ihn Jugendliche, die er bezahlte, mit einem guten Schluck.

Hamiltons fliegerische Karriere begann in seiner Heimatstadt New Britain, Connecticut, mit einem Sprung aus dem Fenster, für den er an Stelle eines Fallschirms einen Regenschirm benutzte. Mit 18 Jahren verließ er sein Elternhaus, um auf Volksfesten als Ballonfahrer aufzutreten. Seine Spezialität waren atemberaubende Sprünge aus dem Korb, bei denen er fünf Fallschirme nacheinander öffnete und wieder abwarf, bis ihn der letzte sicher zur Erde zurückbrachte. Danach stieg er auf Luftschiffe um. An dem Tag, an dem Blériot den Ärmelkanal überflog, befand er sich in Japan und steuerte sein Luftschiff über die Bucht von Osaka. Blériots Leistung und die nachfolgenden Ereignisse in Reims beeindruckten Hamilton derart, daß er beschloß, Glenn Curtiss, den amerikanischen Helden von Reims, aufzusuchen und bei ihm fliegen zu lernen.

Curtiss war abwesend, als Hamilton im Oktober 1909 in Hammondsport eintraf, auf der Stelle eine Maschine bestieg und ohne jede Einweisung über den Platz flog. Alles andere als erfreut über diesen Scherz, konnte Curtiss doch nicht umhin, die Begabung Hamiltons zu bewundern. Er nahm ihn daraufhin als seinen Schüler an und setzte ihn schon innerhalb eines Monats auf die Liste seiner Kunstflug-Mannschaft.

Hamilton erwies sich als einer der nervenstärksten – oder besser tollkühnsten – aller Piloten der Anfangsphase. Er stieg in jede Maschine, an jedem Ort. Einmal erklärte er sich sogar bereit, für 10 000 Dollar die schmale Häuserschlucht des Broadway in New York entlangzufliegen. Die

Mitglieder der ersten Pilotenschule der Gebrüder Wright in Montgomery, Alabama, sammeln sich 1910 um ihren Lehrer Orville Wright. Zusammengefunden haben sich von links A. L. Welsh, Spencer M. Crane, Wright, Walter Brookins, James Davis und Arch Hoxsey.

Charles Hamilton, der „Teufelskerl" genannte Star der Curtiss-Kunstflugmannschaft, präsentiert sich im Seenotrettungsanzug mit der unvermeidlichen Zigarette im Mundwinkel. Hamilton überlebte 63 Abstürze und starb schließlich, wie er stets vorausgesagt hatte, im Bett.

Behörden konnten dieses Vorhaben zwar verhindern, aber meistens setzte Hamilton seine fliegerischen Vorhaben durch. Eine Reihe von Abstürzen richteten ihn ebenso übel zu wie seine Maschinen, weshalb er ein ganzes Ersatzteillager mit sich führte. „Von dem ursprünglichen Hamilton ist wenig übriggeblieben", erklärte ein Mitglied aus Curtiss' Mannschaft; angeblich wurden ihm im Laufe der Zeit zwei Ersatzrippen aus Silber, eine Metallplatte im Schienbein und eine weitere im Schädel eingesetzt.

Hamilton erlag 1914 einer Tuberkulose. Mit 28 Jahren wurde er älter als viele andere Flieger, die auf namenlosen Flugplätzen irgendwo im amerikanischen Hinterland in aller Öffentlichkeit eines gewaltsamen Todes starben. Die Ausfallquote war so hoch, daß ein junger Pilot, Beckwith Havens, kurz nachdem er 1910 dem Team von Curtiss beigetreten war, doppelte Arbeit leisten mußte. „Sie starben uns so schnell weg, daß ich die Einsätze aller anderen zu übernehmen begann", erinnerte er sich. „Jede Nacht verbrachte ich im Schlafwagen, um die nächste Stadt zu erreichen. Am Ende hatte ich drei Maschinen und drei Mechanikerteams. Wir hatten so viel zu tun, daß ich vor Saisonende schon 13 Staaten und Kuba mit Kunstflügen abgeklappert hatte."

Wie Havens bald nach Beginn seiner Tournee feststellte, wurden die Flugplätze meistens von örtlichen Veranstaltern ausgewählt, die noch nie eine Flugmaschine gesehen und daher keine Vorstellung davon hatten, wieviel Platz für Start und Landung nötig war. „Sie schienen zu glauben, daß ein Flugzeug wie ein Ballon aufsteigt", sagte Havens. „Ich ging gewöhnlich mit Lou Krantz, meinem hervorragenden Chefmechaniker, auf einen Platz hinaus, und Lou sagte dann: ‚Unmöglich, hier zu fliegen. Versuch ja nicht, hier zu fliegen.' Darauf sagte ich: ‚Erst mal sehen. Können uns ja mal ein bißchen umschauen. Wenn man die Drähte da wegnähme, wenn man zwei Bäume dort herausschlüge, vielleicht...'"

Stellten primitive Flugplätze schon ein hohes Risiko dar, so ergaben der Wind und die hohe Erwartung der Zuschauer eine Kombination, die für den Kunstflieger nicht selten lebensbedrohlich war. Havens entkam mehrfach nur knapp dem Tode, wenn er versuchte, ein aufgebrachtes Publikum zu besänftigen. Bei Chippewa Falls, Wisconsin, stürzte er bei stürmischem Wind in eine Stromleitung; glücklicherweise war sie außer Betrieb. In Chanute, Kansas, kamen er und seine Mechaniker mit der Montage der Maschine nicht schnell genug voran und hatten alle Hände voll zu tun, um die Menge abzuwehren, die glaubte, daß Havens sich drücken wollte. Er mußte schließlich noch bei Einbruch der Dämmerung starten und landete endlich mit dem letzten Lichtstrahl.

Zu einem weiteren Zusammenstoß mit mürrischen und ungläubigen Zuschauern sowie stark böigen Winden kam es bei einer Veranstaltung, die von der Lokalzeitung in Enid, Oklahoma, ausgerichtet worden war. „Der Herausgeber holte mich vom Zug ab und lud mich zum sonntäglichen Mittagessen in sein Haus ein", erinnerte sich Havens. „Er sagte: ‚Die Leute hier glauben einfach nicht, daß es möglich ist zu fliegen, wissen Sie.' Bei diesen Worten knallte ein Windstoß die Eingangstür zu und riß ein Bild von der Wand. Ich dachte: ‚Oh Mann, hier wird es Schwierigkeiten geben.'"

„Draußen auf der Grasebene hatten sie einfach Zuschauersitze aufgebaut", berichtete Havens weiter. „Nach und nach versammelte sich eine Masse Zuschauer; sie waren, wie üblich, skeptisch, und hier und da wurde gebuht. Für solche Situationen hatten wir unsere Hinhaltemanöver, weil der Wind gegen Sonnenuntergang gewöhnlich nachließ." Um die Zeit totzuschlagen und weil „alle diese Leute mit ihrem Gejohle mich nervös machten", wanderte Havens über das Gras, wo er nach Rattenlöchern Ausschau hielt, die das Flugzeug beim Start gefährden könnten.

„Ich hörte, wie ein Pferd hinter mir hergaloppierte. Es war der Sheriff in einem leichten Wagen hinter einem buntscheckigen Pony. Er benutzte den Wagen, weil er nur noch ein Bein hatte, das andere hatte er bei einer Schießerei verloren. Er hielt sein Pony an, sah zu mir herunter und sagte: ‚Sohn, du willst fliegen?'

Ich sagte: ‚Ja'.

‚Steig ein!' Ich kletterte zu ihm in den Wagen, er riß das Pony herum und zurück ging's im Galopp, bis wir vor der großen Tribüne schlidderend zum Stehen kamen. Er stand auf mit seinem gesunden Bein, zog den Revolvergürtel hoch, hob einen Arm, um sich Ruhe zu verschaffen und brüllte aus vollem Halse: ‚Leute, gebt diesem Jungen eine Chance! Dies ist die letzte Fahrt, die er unternimmt, bevor ihn der Leichenbestatter abfährt!' Alles lachte. Ich startete, und alles ging glatt, so daß ich der große Held war – t ja, so ging das damals."

Tausende von skeptischen Amerikanern erhielten bei dem ersten großen Flugwettbewerb in den Vereinigten Staaten, der im Januar 1910 in der Nähe von Los Angeles stattfand, Gelegenheit, sich mit eigenen Augen davon zu überzeugen, daß die Flugmaschinen tatsächlich flogen. Curtiss-Pilot Charles Willard hatte bei der Wahl des Austragungsortes geholfen. Es war die alte Dominguez-Ranch, Schauplatz der Kämpfe im mexikanisch-amerikanischen Krieg; sie lag auf einer Hochebene und hatte den Vorteil, daß nichtzahlende Zuschauer den Platz nicht einsehen konnten. Vergleicht man die Flugwoche von Reims mit einem rauschenden Champagner-Fest, so hatte der Flugwettbewerb von Los Angeles eher den Charakter eines recht hemdsärmeligen Bierabends.

Aus dem versprochenen Kontingent ausländischer Piloten erschien lediglich Louis Paulhan aus Frankreich, wenn auch in Begleitung eines starken Trosses – er reiste mit seiner Frau, zwei Farman-Doppeldeckern, zwei Blériot-Eindeckern, zwei Flugschülern als Mechanikern und einem Pudel an. Zu Beginn seiner Karriere hatte Paulhan für Hauptmann Ferber gearbeitet; als er in einem Modellflugzeugbau-Wettbewerb das Flugwerk eines Voisin-Flugzeugs gewann, kaufte er sich mit geliehenem Geld einen Motor dazu und brachte sich das Fliegen bei. In Reims rangierte er auf dem vierten Platz in der Liste der Preisgewinner. Dies und sein freundliches Wesen machten ihn zum Zugpferd des Flugwettbewerbs.

Die Gebrüder Wright hatten beschlossen, nicht in Los Angeles anzutreten. Dennoch gelang es ihnen, die Veranstaltung von Anfang an zu stören. Mit dem Schiff aus Frankreich kommend, hatte Paulhan in New York kaum amerikanischen Boden betreten, als ihm Anwälte eine Reihe von Dokumenten zustellten, aus denen hervorging, daß die Wrights eine einstweilige Verfügung gegen ihn auf Unterlassung von Flügen in den Vereinigten Staaten beantragt hatten, und zwar weil die Steuersysteme seiner Maschine ihre Flächenverwindungspatente verletzten.

Eine Woche vor dem Treffen in Los Angeles gab ein Bundesrichter darüber hinaus der einstweiligen Verfügung der Gebrüder Wright gegen Glenn Curtiss statt, die auch mit dessen Verstoß gegen das Patentrecht begründet wurde. Curtiss hinterlegte die erforderliche Sicherheit, reichte Berufung ein und beschloß, seine Flugzeuge trotz der möglichen rechtlichen Auswirkungen nach Los Angeles zu schaffen.

An den folgenden Tagen gewann die Curtiss-Mannschaft Preise in Höhe von 10 250 Dollar, aber der Stern der Veranstaltung auf der Dominguez-Ranch war der „wunderbare kleine Franzose", wie die Presse Louis Paulhan nannte. In einer robusten, zuverlässigen Farman stieg Paulhan auf die neue Weltrekordhöhe von 1270 Metern; etwas später flog er sensationelle 72

Stahl und Leder gegen harte Stöße

Auf das Jahr 1908, in dem Thomas Selfridge ums Leben kam, folgten zwei Jahre mit 34 tödlichen Flugunfällen. Die Frage der Sicherheit hatte somit vorrangige Bedeutung erlangt. Louis Blériots Verfahren, die Maschine auf die Seite zu legen, um den Aufprall zu mildern, ließ sich mit schwereren und schnelleren Flugzeugen nicht mehr durchführen.

Sitzgurte, die anfangs in den wenigsten Flugzeugen zu finden waren, wurden häufi-

Der britische Erfinder W. T. Warren demonstriert 1912 die

ger eingebaut, nachdem Harriet Quimby, eine der ersten Pilotinnen, und ihr Fluggast in einer Turbulenz aus den Sitzen geschleudert wurden und rund hundert Meter in die Tiefe fielen. Um Schnittwunden und Gehirnerschütterungen zu vermeiden, wurden Lederhauben wie die unten abgebildete entwickelt. Und im März 1912 fand in der Nähe von St. Louis der erste Fallschirmtest beim Absprung aus einem Flugzeug statt.

Aufprallminderung durch einen gefederten Pilotenhelm.

Kilometer zur Rennstrecke von Santa Anita und zurück. Mit Gewinnen von insgesamt 19 000 Dollar stellte er alle anderen Teilnehmer in den Schatten.

Paulhan und seine Begleitung machten sich anschließend zu einer Schauflug-Tournee durch den Westen der Vereinigten Staaten auf. Am 17. Februar bestätigte ein Bundesrichter den Unterlassungsanspruch der Gebrüder Wright; ein Vollstreckungsbeamter, der Paulhan gefolgt war, stellte die Dokumente zu, in denen ihm zur Auflage gemacht wurde, für gewinnbringende Schauflüge im folgenden Monat eine Sicherheit von 25 000 Dollar zu hinterlegen.

Wütend sagte Paulhan die Tournee ab und eilte nach New York, wo er mit einigen öffentlichen Flügen ohne Eintrittsgeld die Wrights noch schnell an der Nase herumführte, bevor er sich nach Europa einschiffte. Bald darauf stand sein Name wieder in den Schlagzeilen, als er sich um den höchsten Preis bewarb, der bis dahin in der Luftfahrt ausgesetzt worden war.

Als die Londoner *Daily Mail* im Jahre 1906 ihren Preis von 10 000 Pfund für den ersten Flug über die 297 Kilometer lange Strecke zwischen London und der Industriestadt Manchester aussetzte, hätte die Zeitung genausogut ein Wettrennen zum Mond vorschlagen können. Zu jener Zeit war es in Europa nur einem einzigen Piloten, Santos-Dumont, gelungen, eine Flugmaschine mit Müh und Not 210 Meter weit in der Luft zu halten.

Anfang 1910 aber war die Aussicht, den Preis der *Daily Mail* gewinnen zu können, auf Grund der Fortschritte in der Luftfahrt in greifbare Nähe gerückt. Als erster Bewerber trat ein forscher junger Engländer auf, ein Neuling in der Fliegerszene namens Claude Grahame-White.

Grahame-White war, was man einen Sportsmann *par excellence* nennt. Groß und gutaussehend, elegant gekleidet und von tadellosen gesellschaftlichen Umgangsformen, war er hinter dem Lenkrad eines Rennwagens ebenso zu Hause wie an den Spieltischen von Monte Carlo. Gleichzeitig jedoch ein zielstrebiger Geschäftsmann, hatte er in dem vornehmen Londoner Stadtviertel Mayfair eine eigene Automobilagentur eröffnet, die sich schnell zu einer wahren Goldgrube entwickelte.

Grahame-Whites Interesse an der Fliegerei begann im Sommer 1909 mit Blériots Kanalüberquerung. Der junge Automobilhändler verschlang die Presseberichte über den Flug und sah sich Blériots Maschine im Kaufhaus Selfridge an. Ein paar Tage später packte er seine Sachen und machte sich auf den Weg nach Reims, wo er die Flugwoche miterleben wollte. Nach Abschluß der Wettkämpfe verbrachte er acht Wochen in dem Werk Blériots in Paris und arbeitete am Bau seiner Maschine mit. Als sie fertig war, machte er nach einigen Rollversuchen auf dem Platz seinen ersten Alleinflug, ohne eine einzige Unterrichtsstunde genommen zu haben.

Im Februar 1910 leitete Grahame-White mit sechs Schulflugzeugen vom Typ Blériot XI und acht Schülern eine Flugschule in Pau, dem eleganten südfranzösischen Ferienort. Er beabsichtigte, das Unternehmen nach England zu verlegen, und meldete sich zum London-Manchester-Wettflug, um die für eine Schulgründung notwendige Popularität zu erwerben.

Den Wettbewerbsbestimmungen der *Daily Mail* zufolge mußten die 297 Kilometer nach Manchester innerhalb von 24 Stunden und mit nicht mehr als zwei Zwischenlandungen bewältigt werden. Das schien die Leistungsfähigkeit der kleinen Blériot zu überschreiten. Grahame-White kaufte ein anderes französisches Flugzeug, eine Farman mit Gnôme-Umlaufmotor. Im Farman-Werk ließ er sich eine halbstündige Einweisung am Boden geben, um sich dann, nach nur 80 Minuten Flugzeit mit dem neuen Doppeldecker, zum Kampf um den Preis bereit zu erklären.

Frühmorgens am 23. April 1910 startete Grahame-White auf einem ehemaligen landwirtschaftlichen Ausstellungsgelände westlich von London. Zwei Stunden später legte er nach 134 Kilometern in Rugby die erste Zwischenlandung ein. Auf der zweiten Etappe mußte er jedoch gegen einen eisigen Wind ankämpfen, der die Maschine torkeln ließ und die Geschwindigkeit zeitweise auf 16 Kilometer pro Stunde reduzierte; Grahame-White hatte Mühe, das Flugzeug in der Luft zu halten, und kämpfte sich langsam Kilometer um Kilometer voran. Nach einer weiteren Stunde mußte er wegen Schwierigkeiten mit den Motorventilen in der Nähe von Lichfield niedergehen. Das Problem ließ sich schnell beseitigen, und er hatte nur noch 110 Kilometer bis zum Ziel. Es schien, als könne er die Strecke sicher bewältigen. Während er darauf wartete, daß sich der Wind etwas legte, aß er erst einmal in einem nahe gelegenen Hotel ausgiebig zu Mittag und legte sich dann schlafen, überzeugt, die restliche Etappe nach Manchester noch relativ leicht bis Sonnenuntergang schaffen zu können.

Während er schlief, verschlechterte sich das Wetter; als er um 16 Uhr erwachte, war der Himmel dunkelgrau, und der Wind tobte mit Sturmstärke. Den ganzen Abend und die ganze Nacht wartete Grahame-White vergebens auf ein Ende des Sturms. Schließlich konnte er nicht umhin, zuzugeben, daß das Wetter ihn besiegt habe. Es bestanden keinerlei Aussichten mehr, den Flug innerhalb der vorgeschriebenen 24 Stunden zu beenden. Am nächsten Tag versetzte ihm der Sturm einen letzten Schlag und warf seine ungenügend vertäute Maschine auf den Rücken, wobei die Flächenbespannung in Fetzen ging und Streben und Rippen zersplitterten. Als er das Flugzeug endlich nach London zurückgebracht und zum nächsten Versuch startbereit gemacht hatte, stand bereits Paulhan bereit, um seinerseits den Kampf um den Preis der *Daily Mail* anzutreten.

Paulhans Farman unterschied sich von der Grahame-Whites nur geringfügig in der Tragflächen- und Leitwerkkonstruktion, im übrigen handelte es sich um das gleiche Flugzeug. Die bevorstehende Konfrontation der beiden Männer – eines Briten und eines Franzosen, die in gleichwertigen Maschinen zum ersten Überlandflugwettbewerb der Welt antraten – rief in beiden Nationen patriotische Begeisterung hervor. Grahame-White, der das Austragungsland vertrat, war dem öffentlichen Druck unmittelbarer ausgesetzt. Ein Brite telegraphierte ihm: „Alle Engländer blicken auf Sie. Gewinnen Sie das Rennen zur Ehre des Alten Englands."

Doch Grahame-White schien wenig Glück beschieden. Als er sich, erschöpft von zwei Nächten und Tagen der ununterbrochenen Reparaturarbeit an seiner beschädigten Maschine, am späten Nachmittag des 27. April in einem Hotel am Rande Londons niedergelegt hatte, stürmte unvermittelt ein Mechaniker mit einer beunruhigenden Nachricht in sein Zimmer: Paulhan hatte eine plötzliche Wetterberuhigung ausgenutzt und war von einem Flugplatz im Norden der Stadt gestartet. Grahame-White war sofort auf den Beinen, aber es verging mehr als eine Stunde, bevor er zur Verfolgungsjagd aufbrechen konnte.

Ein Sonderzug, an dessen letztem Waggon ein weißes Tuch flatterte, wies Paulhan den Weg auf der unbekannten Strecke nach Manchester. Madame Paulhan, die sich aus einem Fenster lehnte, versuchte durch Winken mit einem Taschentuch das Ihre zu tun. Im Zug saßen Henry Farman, der speziell zu diesem Anlaß gekommen war und Karte und Chronometer mitgebracht hatte, und einige Reporter, die eifrig Telegramme an ihre Zeitungen verfaßten und sie auf die Bahnsteige flattern ließen, während der Zug die Bahnhöfe durchfuhr. Paris, London und andere Hauptstädte der Welt verfolgten ihre Bulletins über den Stand des Rennens mit atemloser Spannung; sogar der Zar von Rußland ließ sich ständig informieren. In New

York erregte die *Evening Post* Aufsehen, die das Rennen als Wettflug „nicht des Jahrhunderts, sondern der Jahrhunderte" kommentierte.

Grahame-White trieb seine Farman mit 55 bis 65 Kilometern pro Stunde voran und verkürzte Paulhans Vorsprung von 71 Minuten auf 65 Minuten. Aber das reichte nicht aus. Als der Abend hereinbrach, landete Grahame-White in einem Feld außerhalb des Dorfes Roade und ging in ein Haus, wo er Spiegeleier und Speck aß. Rund 90 Kilometer weiter in Lichfield (wo Grahame-White bei seinem ersten Versuch zwischengelandet war) ging am Abend auch Paulhan herunter. Nach einem Kriegsrat am späten Abend mit Freunden und Reportern traf Grahame-White eine kühne Entscheidung: Er wollte nachts fliegen, um Paulhan zu überholen.

Er ging damit ein großes Risiko ein. Henry Farman war in Reims bis in die Dunkelheit geflogen (und Charles Hamilton hatte aus purem Spaß einmal um Mitternacht, um die Geisterstunde, Madam Tinglays Theosophischen Tempel in Kalifornien aufgeschreckt), aber niemand sonst hatte je einen Überlandnachtflug ohne Lichter- und sonstige Flughilfen gewagt. Grahame-White hatte weder einen Höhenmesser, noch würde er den Horizont erkennen können; und er mußte damit rechnen, in der Dunkelheit hilflos am Himmel zu hängen, falls sein Motor aussetzte.

Um 2.45 Uhr brachte Grahame-White seinen Gnôme-Motor auf Touren. Eine Hecke vor ihm, die er im Start überfliegen mußte, strahlte im Licht von Automobilscheinwerfern und Fahrradlaternen. An einer nicht allzu weit entfernten Kreuzung standen zwei Freunde, die ihn mit einem dampfgetriebenen White-Tourenwagen führen wollten. „Plötzlich hörten wir entferntes Dröhnen", erinnerte sich einer von ihnen. „Es wurde immer lauter. Dann entdeckten wir jenseits der Felder, in niedriger Höhe, einen Feuerkranz, der sich durch die Dunkelheit bewegte. Einen Moment lang verstand ich überhaupt nichts. Dann wurde mir klar, daß es sich um den Auspuff des Gnôme-Umlaufmotors handelte, der, flammend rot in der Dunkelheit, jenen unheimlichen Lichtkranz erzeugte. Da war das Flugzeug, wie ein großer Nachtvogel. Es kam näher. Ich konnte die Silhouette des Piloten zwischen den Tragflächen erkennen. Er schwenkte den Arm zum Gruß und befand sich einen Augenblick lang unmittelbar über unseren Köpfen, während wir die Straße entlangpreschten und er uns überholte."

Diesmal war es Paulhan, der in seinem Hotel in Lichfield mit den Worten, sein Konkurrent habe ihm ein Schnippchen geschlagen, aus dem Schlaf gerissen wurde. Es dauerte bis nach 4 Uhr morgens, ehe der Franzose sich in der Luft befand, wiederum geleitet von seinem Sonderzug. Um diese Zeit kämpfte Grahame-White gegen den Wind an, der mit Anbruch der Morgendämmerung aufkam und immer mehr auffrischte, während die Dunkelheit dem Tageslicht wich. Seine Maschine „hüpfte und tanzte" wild umher, wie er später berichtete, und der Wind warf ihn mehrfach herum, so daß er sich einmal sogar wieder auf Kurs nach London befand. Schließlich hatte es keinen Zweck mehr, weiterzumachen; erschöpft vom ständigen Kampf mit der Steuerung, gab Grahame-White auf. Er setzte die Maschine in einem Feld in der Nähe einer Eisenbahnlinie auf und sprang heraus, um sie im Sturm festzuhalten, bis seine Freunde ihm zu Hilfe kamen.

Rund 60 Kilometer vor ihm versuchte Paulhan, der erfahrenere Pilot, Höhe zu gewinnen, um die gefährlichen Böen zu überfliegen. „Meine Maschine stieg abrupt und sackte dann ebenso rapide durch, so daß ich fast aus dem Sitz geschleudert wurde", erinnerte er sich. „Von der Arbeit am Steuerknüppel tat mir der Arm weh. In der Hoffnung, in ruhigere Luftschichten zu kommen, stieg ich über 300 Meter, aber der Wind verfolgte mich weiter." Paulhan gab nicht auf, und um 5.25 Uhr konnten Zuschauer, die die ganze Nacht vor den Toren Manchesters gewartet hatten, beobachten, wie er kurvend Höhe aufgab und zur Landung hereinschwebte. Als er, fast erstarrt vor Kälte und völlig erschöpft von den Anstrengungen, aus dem Cockpit kletterte, schwor sich Paulhan, nie wieder etwas Derartiges zu versuchen, „nicht einmal für zehnmal 10 000 Pfund".

Der Flug von London nach Manchester beeindruckte sogar Wilbur Wright. Normalerweise vorsichtig mit dem, was er sagte, äußerte Wilbur die Überzeugung, „daß nun ein Flugzeug mit ausreichender Brennstoffkapazität für einen Transatlantikflug gebaut werden kann".

Bis Wilburs Prophezeiung Wirklichkeit wurde, sollten noch einige Jahre vergehen, aber der Langstreckenflug stellte eine Herausforderung dar, die in der Öffentlichkeit wie bei den Fliegern auf starkes Interesse stieß. Einen Monat nach der Landung Paulhans in Manchester gewann Glenn Curtiss mit einem 245 Kilometer langen Flug entlang dem Hudson River von Albany nach New York City, bei dem er zweimal zwischenlandete, den Preis von 10 000 Dollar, den die New Yorker *World* ausgesetzt hatte – es war der vorläufig längste Flug in Amerika.

Im Juni 1910 übertraf Hamilton diese Leistung mit einem eintägigen Flug von New York nach Philadelphia und zurück, bei dem er nur eine Pause zum Mittagessen einlegte. Die gesamte Strecke betrug 277 Kilometer, und Hamilton benutzte die Maschine, die Curtiss in Reims geflogen hatte. Nur auf dem Rückflug mußte er wegen Problemen mit den Zündkerzen in South Amboy, New Jersey, vorübergehend niedergehen.

Im selben Monat flog der Engländer Charles Rolls, ein reicher junger Automobilhersteller, der seine ersten Flugerfahrungen als Ballonfahrer gesammelt hatte, in einem in Großbritannien gebauten Wright-Flugzeug ohne Zwischenlandung von England über den Kanal nach Frankreich und zurück. (Vier Wochen später kam er bei einer Flugveranstaltung in Bournemouth ums Leben, während er für einen Ziellandewettbewerb trainierte; er war der erste Engländer, der bei einem Flugunglück starb.)

Die nächste Herausforderung bildete eine Gebirgskette, die Alpen. Um auf ihren geplanten Flugwettbewerb in Mailand aufmerksam zu machen, setzten italienische Veranstalter im Sommer 1910 einen Preis von 70 000 Lire für den ersten Flug von Brig in der Schweiz über den rund 2000 Meter hohen Simplonpaß nach Domodossola in Italien aus.

Bei der Rennleitung gingen insgesamt 13 Meldungen ein. Fünf Piloten blieben übrig, nachdem die übrigen auf Grund mangelnder Flugerfahrung von der Liste gestrichen werden mußten – davon zogen weitere drei ihre Meldung zurück. Übrig blieben der in Haiti geborene Amerikaner Charles Weymann und der in Paris geborene Peruaner Jorge Chavez Dartnell, der in Frankreich als Georges Chavez bekannt war.

Der athletische Chavez war 23 Jahre alt und kannte offenbar keinerlei Angst. Zwei Tage vor dem Alpen-Wettflug war er mit seiner Blériot XI auf die bis dahin unerreichte Höhe von 2600 Metern gestiegen, die ausreichte, um den Simplonpass bequem zu überfliegen. Eine ganz andere Sache war, ob es ihm gelingen würde, die Maschine sicher durch die rasch wechselnden Winde zwischen den zerklüfteten Massiven hindurchzusteuern.

Am ersten Tag der für den Wettflug vorgesehenen Woche geschah gar nichts – es war Sonntag, der 18. September 1910, in der Schweiz ein Feiertag, und die Briger Behörden untersagten alle Flüge. Unglücklicherweise endete mit diesem Tag auch eine Schönwetterperiode. An den folgenden vier Tagen lag entweder die eine oder die andere Seite des Passes im dichten Nebel. Chavez startete mit seiner Blériot, um sich genauere Übersicht zu verschaffen, und kam erschüttert zurück: „Die Maschine, in dem Wind da oben war sie wie ein Spielzeug."

Vor Tagesanbruch verläßt Louis Paulhan am 28. April 1910 Lichfield und beginnt die zweite Etappe des London-Manchester-Wettflugs.

Weymann unternahm in seiner Farman vier Versuche, die jedoch alle fehlschlugen, weil der Vergaser innerhalb von Minuten vereiste; auf Grund des dadurch entstehenden Leistungsabfalls des Motors konnte er nicht genügend an Höhe gewinnen. Inzwischen erkundete Chavez die Route mit dem Auto. Zusehends nervöser, fragte er einen Freund: „Ob unser Gerät solche Kunststücke wirklich aushält?"

Die Frage beantwortete sich mit Chavez' letztem Flug am 23. September. Er startete von einem Hügel bei Brig, stieg durch die steilen Täler bis auf Paßhöhe und rauschte über die Köpfe der offiziellen Beobachter und Touristen hinweg, die ihm von dort zusahen. Er flog weiter nach Südosten, am Monte Leone (3553 Meter) und Hübschhorn (3170 Meter) vorbei und durch das schmale, gewundene Gondotal nach Italien. Vom Boden aus sah man, wie er sich an den Steuerknüppel klammerte, während seine Maschine wild hin und her geschleudert wurde.

Rund 40 Minuten nach dem Start stand das Polizeitelephon im schweizerischen Brig nicht mehr still. Von der italienischen Seite kamen enthusiastische Nachrichten: Chavez befand sich über Domodossola, er flog auf ein Feld unmittelbar außerhalb der Stadt zu, er landete. Ein Freund, der den waghalsigen Anflug von Chavez am Ziel beobachtete, berichtete später, wie die Maschine unter der Belastung einfach zusammenbrach: „Er wollte schon aufsetzen, als er sah, daß ihm eine kleine Straße im Wege war. Er gab wieder Gas, um diesem kleinen Hindernis auszuweichen. Dann geschah etwas, das mir vor Entsetzen das Blut in den Adern erstarren ließ. Ich sah, wie die beiden Tragflächen des Eindeckers einfach wegklappten und sich an den Rumpf legten. Chavez war vielleicht ein Dutzend Meter hoch; wie ein Stein fiel er herunter."

Mit gebrochenen Beinen und schweren inneren Verletzungen aus dem Wrack geborgen, überlebte Chavez noch vier Tage.

In den Monaten nach dem London-Manchester-Wettflug sonnte sich Grahame-White, der tapfere Verlierer, in seinem neuerworbenen Ruhm als Großbritanniens meistbewunderter Flieger. Die Veranstalter rissen sich um ihn als Kunstflieger; sein gutes Aussehen und sein Charme verfehlten nirgends ihre Wirkung, sein Enthusiasmus nahm jedermann für ihn ein. Grahame-White schien grundsätzlich als erster zu starten und als letzter zu landen. Unbeeindruckt von Wind, Regen oder Nebel, flog er voller Begeisterung selbst an solchen Tagen, an denen seine Kollegen ihre Maschinen lieber stehengelassen hätten.

Die Nachricht von dem Können des Engländers verbreitete sich über den Atlantik, und seine Reihe von Bostonern beschloß, ihm im September 1910 für die Teilnahme an einem Flugwettbewerb 50 000 Dollar zuzüglich aller seiner Kosten anzubieten. Die Veranstaltung wurde von der neugegründeten Harvard Aeronautical Society organisiert und sollte in Squantum, einem Dorf südlich von Boston an der Quincy Bay, stattfinden. Grahame-White überlegte nicht lange und sagte zu.

Der Harvard-Boston-Flugwettbewerb fiel mit dem Ende der Sommersaison in den nahe gelegenen vornehmen Badeorten zusammen und zog eine ganze Anzahl berühmter Persönlichkeiten an. Präsident William Howard Taft erschien, lehnte jedoch Grahame-Whites Angebot, mit ihm zu fliegen, vernünftigerweise ab – er wog 135 Kilogramm. Statt dessen nahm Grahame-White den Bürgermeister von Boston mit, John Fitzgerald, genannt „Honey Fitz". In der Menge, die sich die Hälse ausrenkte, um die Piloten bei der ersten großen Luftfahrtschau an der amerikanischen Ostküste zu bewundern, stand auch ein strebsamer junger Politiker aus New York, Franklin Delano Roosevelt.

Diese Illustration aus einer Mailänder Zeitung von 1910 zeigt Wanderer, die Georges Chavez in seinem Blériot-Eindecker beim Erstflug über die Alpen zuwinken. Beim Landeanflug in Italien brachen die Tragflächen seiner Maschine weg, und Chavez erlitt tödliche Verletzungen.

Der erste Zusammenstoß in der Luft, bei dem ein von dem Franzosen René Thomas geflogener Antoinette-Eindecker (oben) den Farman-Doppeldecker des Engländers Bertram Dickson rammt, ereignete sich 1910 beim Rundflug von Mailand. Beide Piloten überlebten jedoch.

Aber die Hauptattraktion bildete Claude Grahame-White. Schönheiten aus den besten Kreisen der Gesellschaft wetteiferten miteinander, wer als erste mit ihm fliegen durfte, und zahlten 500 Dollar für zwei oder drei Platzrunden. Eine Reporterin warnte ihre männlichen Leser: „Wenn Sie sich die Herzen Ihrer Angebeteten bewahren wollen, ist es kaum ratsam, sie zum Fliegertreffen auszuführen. Bevor Sie wissen, was geschieht, schlagen diese Herzen vielleicht schon höher, wenn sie in die Nähe eines Flugzeugs kommen und in ihm ein verwegener, aufregender junger Mann sitzt, dem der Titel Liebling der Flugplatzbesucherinnen sicher ist: Grahame-White."

Auch in der Luft hielt Grahame-White, was sein Ruf versprach. Wilbur Wright, der zwar spät, aber noch rechtzeitig seine Abneigung gegenüber diesen gutbezahlten Flugzirkusveranstaltungen überwand, war mit einer eigenen Schauflieger-Mannschaft nach Boston gekommen; desgleichen Glenn Curtiss. Doch Grahame-White, der für die Geschwindigkeitswettbewerbe eine Blériot mit 50-PS-Motor und für die übrigen Flüge eine Farman benutzte, stellte alle Amerikaner weit in den Schatten. Er gewann erste Preise für die höchste Geschwindigkeit, die sauberste Landung auf Rädern und den kürzesten Start (mit 8,20 Metern). Er sicherte sich 10 000 Dollar, indem er zweimal die Rundstrecke von Squantum zum Leuchtturm von Boston und zurück flog – eine 53 Kilometer lange Strecke über Land und Wasser, die sowohl Wright als auch Curtiss als zu gefährlich erschienen war. Mit den meisten Gipsbeutel-Treffern, die einem Kriegsschiffsmodell beigebracht werden mußten, gewann er den sogenannten „Bombardierungs"-Wettbewerb. Nach dem offiziellen Ende des Fliegertreffens trat er noch gegen Curtiss an und gewann nach drei Runden erneut; dieser Sieg brachte ihm zusätzlich zu den 50 000 Dollar der Veranstalter und den Geldpreisen in Höhe von 22 100 Dollar eine Herausforderer-Trophäe ein, die seine Sammlung von Siegespokalen weiter vergrößerte.

Von Boston aus brach Grahame-White zu einer kurzen, aber triumphalen Tournee auf. Sein erstes Ziel war das nahe gelegene Brockton, wo ihm die Stadtväter weitere 50 000 Dollar zahlten – obwohl er auf Grund des schlechten Wetters nicht, wie vereinbart, eine ganze Woche lang auftrat, sondern nur einen einzigen Flug absolvierte. In Washington D. C. umkreiste er dann an einem Oktobermorgen den Obelisken des Washington Monument und die Kuppel des Kapitols, bevor er seine Farman mit einer perfekt abgezirkelten Landung langsam zwischen gußeisernen Laternenpfählen in der Straße neben dem Weißen Haus aufsetzte. Präsident Taft war abwesend, aber Admiral George Dewey, der Held von Manila Bay, trat in Begleitung einiger anderer hochstehender Persönlichkeiten heraus, um dem englischen Piloten kräftig die Hand zu schütteln und zu beobachten, wie er zum erfolgreichen Start dieselbe Straße entlangrollte.

Der sensationelle Brite flog weiter nach New York City, um an dem bis dahin größten Flugwettbewerb in den Vereinigten Staaten teilzunehmen, der auf der Rennbahn von Belmont Park veranstaltet wurde. Er nahm New York im Sturm. Auf dem Broadway unterbrach man die Shows, wenn er das Theater betrat, und er mußte auf die Bühne, um dem Publikum vorgestellt zu werden. Seine Affäre mit der Schauspielerin Pauline Chase, dem „Pink-Pajama-Girl" in dem Erfolgsstück *Liberty Belles,* ging durch alle Zeitungen, die die Nachricht auf der Titelseite brachten.

Solange sich Grahame-White in New York aufhielt, machte er Schlagzeilen, wenn auch nicht durchweg freundliche. Schon bald stand er im Mittelpunkt der erbitterten internationalen Auseinandersetzungen um das Ergebnis in einem der wichtigsten Ereignisse von Belmont Park.

Die Veranstaltung stand von Anfang an unter dem Zeichen schwerer Kontroversen. Von den Gebrüdern Wright waren Klagen gegen Patent-

Aufwendige Vorbereitungen
für eine Flugveranstaltung

Ein Grund, warum viele der ersten Flugveranstaltungen zu finanziellen Fehlschlägen wurden, lag darin, daß die Veranstalter selten auf den enormen Aufwand gefaßt waren, den die Vorbereitung erforderte. Zufahrtswege mußten planiert, Flugzeughallen und Tribünen errichtet, Hindernisse beseitigt und mehrere Quadratkilometer Boden geebnet werden – das Ganze konnte bis zu 100 000 Dollar kosten.

Als der amerikanischen Harvard Aeronautical Society klar wurde, daß die Sportanlagen der Universität für die geplante Veranstaltung im September 1910 ungeeignet waren, hatte sie gerade noch drei Wochen Zeit für die Vorbereitung eines anderen Platzes: einer sumpfigen Wiese südöstlich von Boston in der Nähe des Dorfes Squantum. Diese Photos zeigen den Fortgang der mühsamen Arbeiten auf dem Platz, auf dem dann später ein Marinefliegerhorst eingerichtet wurde.

Harte Arbeit mit der Axt ist nötig, um ein Flugfeld zu schaffen.

Am Rande des Flugplatzes wird eine hölzerne Tribüne gezimmert.

Auf dem Rasen in einem der beiden 15 mal 150 Meter großen Zelthallen, die von den Veranstaltern errichtet wurden, wird ein Burgess-Curtiss-Doppeldecker sorgfältig montiert (links).

Zur Identifizierung der Piloten und Flüge werden Plakate gemalt.

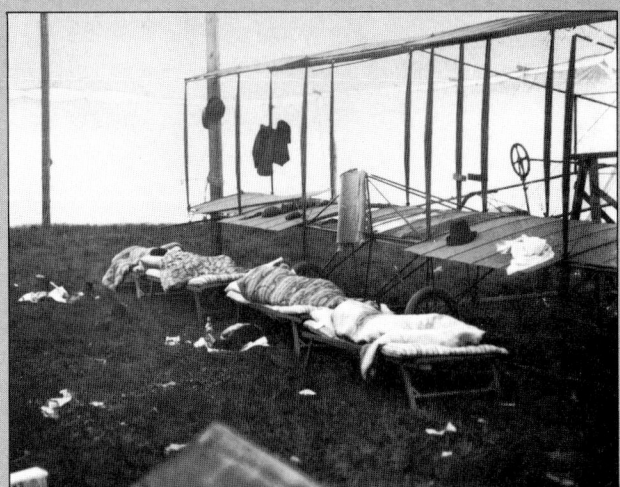

In der Zelthalle schlafen Mechaniker neben dem Flugzeug.

rechtsverletzungen in Frankreich und Deutschland sowie den Vereinigten Staaten anhängig. Sie forderten derart hohe Lizenzgebühren für alle Kunstflüge in Amerika, daß europäische Flieger den Flugwettbewerb vorübergehend zu boykottieren drohten. Damit die Schau weitergehen konnte, fanden die Veranstalter die Gebrüder Wright schließlich mit einer Summe von 20 000 Dollar ab. Mit der Begründung, ihnen seien mündlich weitere 15 000 Dollar zugesagt worden, versuchten die Wrights später, Eintrittsgelder in Höhe von 198 000 Dollar bis zur Zahlung des Betrages in gerichtliche Verwahrung nehmen zu lassen. (Die Gerichte wiesen diese Klage allerdings zurück.)

Als nächstes entwickelten sich Streitigkeiten über die Strecke, die für den nächsten Wettbewerb um den Gordon Bennett Cup vorgesehen war. Es handelte sich um einen engen, mit Bäumen, Telegraphenmasten, Gebäuden und sonstigen Gefahrenquellen gespickten Rundkurs von fünf Kilometer Länge, der zwanzigmal abgeflogen werden mußte (und damit fünfmal so lang war wie der Kurs bei der vorjährigen Flugwoche von Reims). In einer Kurve, die sofort den Namen „Todeskurve" erhielt, waren zwischen Mast und Haupttribüne nur 30 Meter Platz. Als die anwesenden Europäer diese Gasse sahen, reagierten sie mit Entsetzen. Hubert Latham nannte den Kurs „Selbstmord". Alfred Leblanc und drei andere Franzosen auf Blériot-Flugzeugen nahmen aus Protest an den ersten Wettbewerben nicht teil.

Grahame-White, der sich vorgenommen hatte, den Gordon Bennett Cup zu gewinnen, hatte das schnellste aller zur Verfügung stehenden Blériot-Flugzeuge bestellt; es verfügte über einen 14-Zylinder-Gnôme-Umlaufmotor mit einer Leistung von 100 PS. Seine amerikanischen Konkurrenten, die

Bei einem der Wettbewerbe in Boston 1910 „bombardiert" Ralph Johnstone von seinem Wright-Doppeldecker aus eine Kriegsschiffs-attrappe. Militärbeobachter sahen voller Interesse, wie Claude Grahame-White am ersten Tag mit Gipsbomben neun Treffer erzielte.

darauf brannten, die Schlappe von Boston wieder wettzumachen, erschienen ebenfalls gut vorbereitet.

Die Wrights kamen mit mehreren Maschinen im Gefolge, darunter einem Modell mit Heckhöhenruder und Rädern anstelle von Kufen. Die Baby Grand, wie sie hieß, zeichnete sich unter anderem durch einen V-8-Motor aus, der mit 60 PS doppelt so stark war wie die bis dahin von den Wrights verwendeten Motoren. Schätzungen zufolge umrundete Orville Wright in einem Vorlauf den Platz mit etwa 110 Kilometern pro Stunde; er setzte damit seine Baby Grand auf den ersten Platz der Favoritenliste in den Geschwindigkeitswettbewerben.

Auch Curtiss hatte eine Überraschung im Gepäck: seine erste Maschine „vom Typ Eindecker", wie er sagte. In Wahrheit handelte es sich um eine unerprobte Kombination aus Ein- und Doppeldecker, deren untere Tragfläche neun Meter lang war, während die gestutzte obere Fläche etwa einem Dach über dem Kopf des Piloten glich. Nach der Besichtigung des Kurses stand für Curtiss eines fest: Er würde seinen Titel im Gordon-Bennett-Wettbewerb nicht verteidigen.

Es gab jedoch genügend Piloten – insgesamt 27 –, die bereit waren, die von Curtiss hinterlassene Lücke zu schließen. Zu ihnen gehörten der junge amerikanische Millionär Clifford Harmon sowie der Ex-Amerikaner J. Armstrong Drexel, genannt „Chips", dem die Main Line in Philadelphia gehörte und der im Jahr zuvor bei Grahame-White in Pau fliegen gelernt hatte. Mit von der Partie war auch Charles Hamilton – „humpelnd, von Narben verunziert und beim Sprechen durch eine Kinnverletzung behindert", wie ihn eine Zeitung beschrieb. Die Verletzung war einen Monat alt und stammte von einem Flugunfall bei einem Volksfest in Kalifornien, bei dem er auf Grund eines Lecks im Kühler lebensgefährliche Verbrennungen erlitten hatte. Hamilton hatte sich mit Curtiss in Geldangelegenheiten zerstritten und flog inzwischen seinen eigenen Doppeldecker, der fast eine Kopie der Curtiss-Konstruktion war.

Auf eigene Faust und mit einer eigenen Blériot nahm noch ein weiterer Ex-Amerikaner teil, und zwar John Moisant, der kurz zuvor mit dem ersten Passagierflug von Paris nach London Schlagzeilen gemacht hatte.

Die Luftfahrt übte auf Exzentriker aller Art besondere Anziehungskraft aus, und John Moisant gehörte zu ihnen. Mit 37 Jahren noch Junggeselle, wettergegerbt, sonnengebräunt und fast kahl, entsprach er auch äußerlich dem Ruf eines mittelamerikanischen Abenteurers mit Hang zu Intrige und Revolten, der ihm vorauseilte. John war einer von drei Brüdern Moisant, amerikanischen Staatsbürgern frankokanadischen Ursprungs; sie lebten als Bankiers und Zuckerplantagenbesitzer in El Salvador, wo sie je nach ihren Beziehungen zu dem jeweiligen Diktator mal mehr, mal weniger erfolgreiche Geschäfte machten. Als seine beiden Brüder, George und Alfred, wegen eines Komplotts gegen einen der Diktatoren El Salvadors eine Zeitlang im Gefängnis saßen, organisierte John vom benachbarten Nicaragua aus zwei Überfallkommandos, in der Hoffnung, das Regime zu stürzen und seine Brüder zu befreien. Der erste Versuch schlug unmittelbar nach der Landung fehl, als seine bunt zusammengewürfelte Mannschaft unter Beschuß geriet und in wilder Panik floh; der zweite Versuch scheiterte schon auf See, als ein Kreuzer der amerikanischen Marine die Moisant-Flottille in die Luft zu sprengen drohte, falls sie nicht beidrehte.

Die Brüder kamen schließlich frei; John Moisant, dem das politische Klima in Mittelamerika allmählich zu heiß wurde, zog es vor, sich nach Paris zurückzuziehen. Da er nichts zu tun und mehr Geld hatte, als er jemals ausgeben konnte, begann er, Flugzeuge zu bauen. Seine erste Maschine, ein Eindecker mit gebogenen Tragflächen, nannte er Crow (Krähe); sie konnte

Luftfahrt auf der Bühne

Zwei Tage nach der Eröffnung der Harvard-Boston-Flugveranstaltung im September 1910 hatte das erste Bühnenstück, das sich mit der Luftfahrt befaßte, im Bostoner Tremont Theatre Premiere. Koproduzent der Komödie war George M. Cohan.

Der Held des Stückes *The Aviator,* durch Umstände zu der Behauptung gezwungen, er sei ein erfahrener Pilot, kommt in die Lage, an einem Wettflug teilnehmen zu müssen, wenn er sein Mädchen nicht verlieren will. Sein Sieg über die Angst sorgte für die Lacher, während der simulierte Flug auf der Bühne – in einem echten Blériot-Eindecker – das Spektakel bot, das dem Stück in Boston und später in New York, Philadelphia und Chicago die Publizität und den großen Erfolg bescherte.

In einer Szene aus „The Aviator" (oben) erhält der unglückliche Held improvisierten Flugunterricht. Das Werbeplakat mit der Flugzeugabbildung (unten) zeigt den großen Augenblick des Schauspiels: eine Blériot auf der Bühne!

nur schwerlich flugtüchtig genannt werden. Die zweite Maschine, ein Doppeldecker, hatte eine obere Tragfläche aus Wellblech „von der Art, wie man es zum Decken gewisser Häuser verwendet", wie sich ein Franzose erinnerte. Sie ratterte die Startbahn „mit dem Krach einer Dampfwalze" entlang – und mit etwa ebensoviel Auftrieb.

Um eine Erfahrung reicher, beschloß Moisant den Kauf einer zweisitzigen Blériot. Sie befand sich kaum zwei Tage in seinem Besitz, als er den Pilotenschein erwarb. Am dritten Tag überflog er Paris, um anschließend zusammen mit seinem Mechaniker zu dem Flug von Paris nach London aufzubrechen. Sie brauchten drei Wochen – zwei Tage bis zur englischen Küste und weitere 19, um alle anfallenden Reparaturen auszuführen und die restlichen 50 Kilometer nach London zurückzulegen. Mit diesem, wenn auch zeitraubenden Flug qualifizierte sich Moisant als Ersatzflieger der amerikanischen Mannschaft für die Teilnahme am Gordon-Bennett-Wettbewerb des Jahres 1910.

Die Veranstaltung im Belmont Park begann mit wolkenbruchartigen Regenfällen. Die paar hartgesottenen Piloten, die dem Wetter am ersten Tage trotzten, sahen hilflos zu, wie ihre Motoren husteten, spuckten und schließlich mit durchnäßter Zündung verstummten. Grahame-White breitete eine Decke über seinem Motor aus und stellte ein Heizgerät darunter, so daß er, auf diese Weise gehätschelt, schließlich ansprang und es seinem Besitzer ermöglichte, wie so oft als erster in die Luft zu kommen. An den folgenden Tagen trat jedoch Wetterbesserung ein, und das Publikum erlebte nicht selten drei oder vier Maschinen – bei einer Gelegenheit sogar ein volles Dutzend – auf einmal am Himmel. Es fehlte auch nicht an Nervenkitzel, für den die anwesenden Kunstflieger sorgten.

Bei Charles Hamiltons Tricklandungen ertönten von den Rängen regelmäßig entsetzte Aufschreie. Einer der anwesenden Piloten erinnerte sich: „Wenn er in etwa 60 Meter Höhe war, drückte er die Nase steil nach unten, genau wie zum Sturzflug; ungefähr eineinhalb Meter über dem Boden fing er ab, um direkt auf der Linie vor der Haupttribüne zu landen. Die Leute amüsierten sich dabei immer köstlich."

Die herausragenden Akteure der Wright-Mannschaft – die „Heavenly Twins" (Himmlischen Zwillinge) oder „Stardust Twins" (Sternnebel-Zwillinge), wie die Zeitungen sie zu nennen pflegten – waren der 26jährige Arch Hoxsey und der 24jährige Ralph Johnstone. Hoxsey, schlank und forsch, ein begabter Automechaniker und Berufsfahrer, hatte im Januar den Flugwettbewerb in Los Angeles gesehen und sich sofort auf den Weg nach Osten begeben, um bei den Wrights Unterricht zu nehmen. Johnstone kam aus Kansas City, Missouri, und war als Akrobat ins Schaugeschäft eingestiegen. Mit seinem Fahrrad machte er Saltos von einem Sprungbrett – der Trick war so riskant, daß ihm ein Freund nahelegte, auf etwas Sichereres umzusteigen. Johnstone dachte darüber nach und wählte das Flugzeug.

Über die Verfolgungsschlachten, die sich Hoxsey und Johnstone von einer Veranstaltung zur nächsten lieferten, hatten die Zeitungen schon zentnerweise Berichte geschrieben. Die beiden waren die verwegensten Piloten im Stall der Gebrüder Wright – zu verwegen übrigens für Wilbur, der ihnen wie ein besorgter Vater immer wieder ihre Unvorsichtigkeit vorwarf. Nicht lange vor dem Flugwettbewerb im Belmont Park hatte Wilbur Hoxsey vorübergehend die Starterlaubnis entzogen, weil er bei einer Luftfahrtschau in Detroit „wie ein Wilder über dem Platz herumgekurbelt" war.

Im Belmont Park gaben die Heavenly Twins ihre unvergeßlichste Vorstellung, die allerdings nicht geplant war. Eines Nachmittags jagten die beiden gerade einem Höhenrekord hinterher, als sie in eine Windströmung

Picture Section, Part 1

The New York Times

Sunday, November 6 1910

gerieten, die derart zunahm, daß ihre Flugzeuge schließlich nicht mehr dagegen ankamen und tatsächlich in Gegenrichtung abgetrieben wurden. Johnstone schätzte seine Fluggeschwindigkeit auf etwa 60 Kilometer, die Windgeschwindigkeit auf etwa 130 Kilometer pro Stunde. Es gelang ihm, die Maschine 90 Kilometer vom Belmont Park entfernt in einer Lichtung aufzusetzen und an einem Baum festzubinden, bevor der Wind sie wegfegen konnte. Hoxsey erlebte einen ähnlich wilden Flug und landete in 40 Kilometer Entfernung. Es war, wie Wilbur Wright anerkennend kommentierte, „der erste Überlandflug mit dem Heckleitwerk voran".

Die Kunstflüge, die den ersten sieben Veranstaltungstagen die Spannung gaben, lockten Unmengen von Zuschauern zum Hauptereignis in den Belmont Park, das Wettfliegen um den Gordon Bennett Cup. Wie immer trat Grahame-White als erster an und startete zu dem 20 Runden langen Flug. Der Franzose Leblanc, der vergebens gegen den tückischen Kurs protestiert hatte, folgte in einer anderen Blériot, die sich von der Grahame-Whites durch eine etwas geringere Spannweite und einen Propeller mit höherem Anstellwinkel unterschied. In der 17. Runde lief Grahame-Whites Motor heiß und sengte den Rumpf an. Trotz des Rauchs, der ihm in die Kehle stieg und seine Sicht verschlechterte, überstand Grahame-White die restlichen drei Runden. Er durchflog die Ziellinie, als Leblanc mit Brennstoffmangel auf der Gegengeraden heruntergehen mußte und seine Maschine gegen einen der Telegraphenmasten flog, über die er sich schon beschwert hatte.

Eine Bildseite aus „The New York Times" zeigt den Sieger des Gordon Bennett Cup im Belmont Park, Claude Grahame-White, der mit 97 Kilometern pro Stunde an den Zuschauern vorbeifliegt. Der Amerikaner John Moisant, darunter mit einem häufigen Fluggast namens Mademoiselle Parée abgebildet, wurde dabei zweiter.

Englands gefeierter Flieger, Claude Grahame-White, und die nicht minder beliebte amerikanische Schauspielerin Pauline Chase, die sieben Jahre lang eng befreundet waren, treffen sich während der Flugveranstaltung im New Yorker Belmont Park zu einem Spaziergang.

Walter Brookins, Chefpilot der Wright-Mannschaft, bereitete gerade die Baby Grand für ihren Einsatz vor, als Leblanc abstürzte. Er flog hinüber, um nach dem Piloten zu sehen, und machte prompt mit der eigenen Maschine Bruch. Kräftiger Rückenwind hatte die Baby Grand auf eine Geschwindigkeit von 160 Kilometern pro Stunde gebracht, als eine der Pleuelstangen im Motor brach. „Ich versuchte, sie so sanft wie möglich aufzusetzen", berichtete er später, „aber das Fahrgestell hielt die wahnsinnige Geschwindigkeit nicht aus." Es brach weg, und die Maschine begann sich zu überschlagen. „Nach den ersten drei oder vier Saltos hatte ich die Nase voll", sagte Brookins. „Ich sprang ab, und was von der Kiste übrig war, drehte sich noch ein Dutzend Mal oder öfter. Ich war nur gestartet, um zu sehen, was Leblanc passiert war, und als sie ihn ins Lazarettzelt brachten, wartete ich schon auf dem Operationstisch auf ihn."

Keiner der beiden Piloten wurde bei seiner Bruchlandung ernsthaft verletzt, und nach dem Ausscheiden sowohl der Baby Grand als auch Leblancs schneller Blériot gab Grahame-White mit 61 Minuten und 4,74 Sekunden weiter die Richtzeit für den 100 Kilometer langen Kurs an. Nur drei weiteren Piloten gelang es, über die ganze Strecke zu kommen; Moisant (zweiter Platz) brauchte fast eine Stunde länger als Grahame-White, 38 Minuten Standzeit für Reparaturarbeiten inbegriffen.

Der letzte Wettbewerb der Veranstaltung im Belmont Park gab erneut zu Protesten und Streitereien Anlaß. Es handelte sich um einen 53 Kilometer langen Wettflug über die belebte Stadt, dann quer über den New Yorker Hafen bis zur Freiheitsstatue, die umrundet werden mußte, und zurück. Ursprünglich sollten dazu nur Piloten zugelassen werden, die während der Gesamtveranstaltung einen mindestens einstündigen Flug hinter sich gebracht hatten. Als sich jedoch herausstellte, daß außer Grahame-White kaum jemand diese Voraussetzung erfüllen würde, annullierte die Wettbewerbsleitung die Bestimmung und ließ statt dessen jede Meldung zu. Wütend legte Grahame-White vergeblich Beschwerde ein.

Trotz der Änderung der Wettbewerbsbestimmung traten nicht genügend Piloten an, um den Kampf spannend zu gestalten. Für den Wettflug war ein Sonntag vorgesehen; aber an einem Feiertag flogen weder die Gebrüder Wright noch ihre Mannschaft. John Moisant fiel, jedenfalls scheinbar, vorzeitig aus, als er mit seiner Blériot auf dem Rollfeld mit Clifford Harmons schwerfälliger Farman zusammenstieß und seine Maschine zu Bruch ging. Aus dem Lager der Blériot-Flugzeuge war nur noch Graf Jacques Lesseps (ein Enkel des Erbauers des Suezkanals) übrig. In letzter Minute änderte Grahame-White seine Meinung. Vielleicht bewogen durch die Erkenntnis, daß seine Maschine wesentlich stärker war als die Lesseps', beschloß er, seine Meldung aufrechtzuerhalten.

Zwischen den beiden Blériot-Flugzeugen konnte sich kein Kampf entwickeln. Lesseps startete als erster, wurde aber bald von Grahame-White überholt. Als dieser den Ballon erreichte, der als Wendemarke an der Statue befestigt war, hatte er bereits einen Vorsprung von 65 Sekunden. Vom Sirenengeheul der Schiffe im Hafen begleitet, kurvte Grahame-White um die Statue, um über Brooklyn zurückzufliegen und sicher wieder zu landen. Der Triumphzug, mit dem er, in eine britische Flagge gehüllt, um die Rennbahn geleitet wurde, war im vollen Gange, als über Megaphon die Nachricht erscholl, der Wettbewerb sei noch nicht beendet. In einer neuen Blériot tauchte John Moisant an der Startlinie auf. Es war 16.06 Uhr – 21 Minuten nach dem offiziellen Ende des Wettkampfes. Die Wettkampfrichter hatten sich ein weiteres Mal über die Regeln hinweggesetzt.

Trotz des Rollunglücks, bei dem seine eigene Maschine auf der Strecke geblieben war, hatte Moisant nicht aufgegeben. Er und sein Bruder Alfred, der Bankier, hatten in der Halle des verletzten Alfred Leblanc eine Ersatzmaschine entdeckt und auf der Stelle beschlossen, die Blériot zu kaufen. Während John Moisant veranlaßte, daß die Kennziffern auf Tragfläche und Leitwerk der Maschine eiligst verändert wurden, ließ sich Alfred Moisant telephonisch mit Leblanc in dessen Hotelzimmer in Manhattan verbinden, um über den Kauf zu verhandeln.

Leblanc erholte sich so weit, daß er sich mit den beiden Brüdern im Belmont Park treffen konnte. Sie feilschten um den Preis. Immer ungeduldiger werdend, bot Alfred Moisant 10 000 Dollar an, was den Wert der Blériot weit überstieg. Ohne zu zögern, nahm Leblanc an.

Alfred, der sein Scheckbuch nicht bei sich hatte, lieh sich einen Scheck von einem der Umstehenden und besiegelte den Handel. Noch bevor die Farbe an den neuen Kennzeichen trocknen konnte, rollte Moisant knapp zehn Minuten später an den Start und hob ab. Während die Blériot in der Ferne verschwand, steigerte sich im Belmont Park die Spannung. Noch hatte ein Amerikaner die Chance, den Preis zu gewinnen.

Noch vor Ablauf einer halben Stunde tauchte die einsame Maschine wieder auf und landete, von der Menge lautstark umjubelt. Nach kurzer Beratungszeit gaben die Richter das Ergebnis bekannt. Moisant hatte mit 43 Sekunden Vorsprung gewonnen.

Mit seiner gerade erst erworbenen Blériot umrundet John Moisant im letzten Wettflug der Flugveranstaltung im Belmont Park die Freiheitsstatue. Moisant wurde zum Sieger erklärt, obwohl er erst nach dem Ende des Wettbewerbs startete – die Entscheidung mußte später allerdings zurückgenommen werden.

Der Sieg hatte einen Schönheitsfehler, doch die Begeisterung der Zuschauer kannte keine Grenzen. Selbst Wilbur Wright gab seine steife Zurückhaltung auf; einem englischen Berichterstatter zufolge hat man ihn „auf seinem Hut herumtrampeln und wie einen Comanche heulen" sehen. Moisant, der – wie ein Bewohner El Salvadors seinen Umhang – eine amerikanische Fahne um die Schultern trug, wurde im feierlichen Triumphzug um die Bahn geführt.

Grahame-White kochte vor Empörung. Er verlangte eine Wiederholung des Wettflugs, sandte ein wütendes Protesttelegramm an die Fédération Aéronautique Internationale in Paris und bot an, überall für 10 000 Dollar gegen Moisant anzutreten. Moisant lehnte ab. „Ehrlich, dieser Mann ist mit Abstand der schlechteste Verlierer, den ich je gesehen habe", sagte er. „Ich habe ihn einmal mit einer unterlegenen Maschine besiegt. Warum sollte ich meinen Hals riskieren, nur um ihn noch einmal zu besiegen?"

Es dauerte länger als ein Jahr, bis der Streit entschieden war. Bei ihrem Treffen in Rom revidierte die F.A.I. den Richterspruch, und im Jahre 1912 konnte Grahame-White bei einem Diner des Aero-Clubs in New York endlich seinen Scheck über 10 000 Dollar in Empfang nehmen.

Zu diesem Zeitpunkt lebte John Moisant nicht mehr. Zwei andere Lieblinge des Publikums vom Belmont Park waren auch tot: die Heavenly Twins.

Moisant starb am 31. Dezember 1910 in New Orleans, als er versuchte, mit allen Mitteln – und am letztmöglichen Tag – den von der Reifenfabrik Michelin jährlich ausgesetzten Preis für den längsten Dauerflug zu gewinnen, der mit 20 000 Franc dotiert war. Moisants Blériot kippte über die Nase ab; die Absturzursache konnte nie genau geklärt werden – man nimmt an, daß sich die schwere Treibstoffmenge nach vorn verlagert hatte.

Hoxsey kam am selben Tag in Los Angeles bei dem Versuch ums Leben, den von ihm selbst erst fünf Tage zuvor aufgestellten Höhenweltrekord von 3497 Metern zu brechen. Bei starkem Wind ins Trudeln geraten, stürzte seine Maschine aus 2100 Meter Höhe ab. Hoxseys Mannschaftskollege, Ralph Johnstone, überlebte die Wettkampftage von Belmont Park um nicht einmal drei Wochen. Wie die New Yorker *Tribune* berichtete, wollte Johnstone die Zuschauer im Overland Park von Denver gerade mit einer seiner gewagtesten Kunstflugfiguren überraschen, als die Spitzen seiner Tragflächen „umklappten, als hingen sie an Scharnieren".

Johnstone stürzte mit der unkontrollierbaren Maschine aus 240 Meter Höhe ab, wobei er durch Ziehen an den Steuerseilen noch versuchte, das Flugzeug abzufangen. Als die Maschine aufprallte, herrschte blankes Entsetzen unter den Zuschauern. Aber von denen, die eben noch weggelaufen waren, kehrten einige zurück, um aus dem Wrack blutverschmierte Holzteile zu ziehen und dem toten Johnstone die Handschuhe von den Fingern zu zerren.

Ralph Johnstone hinterließ der Öffentlichkeit einige bittere Sätze, die er nicht lange vor seinem letzten Flug für den *Cleveland Plain Dealer* geschrieben hatte: „Ich fliege, um zu leben. Wenn ich es nicht müßte, würde ich es nicht tun. Ich bin Fatalist. Ich glaube, daß es eine Liste gibt, auf der die Lebenszeit eines Menschen verzeichnet ist, aber diejenigen von uns, auf die das Los des Fliegens fiel, rücken auf dieser Liste weit nach vorn. Darum kommt man nur herum, indem man aufhört. Aber wer zum Bleiben verurteilt ist, kann nicht aufhören, bis es ihn erwischt. Ich sage Ihnen, die Leute, die kommen, um uns zu sehen, wollen Spannung. Denken sie denn an uns, wenn wir abstürzen, und gehen weinend nach Hause? Weit gefehlt. Sie sind viel zu sehr damit beschäftigt, dem Nächsten zuzusehen und sich zu fragen, ob ihm wohl dasselbe geschieht."

Schrittmacher einer neuen Zeit

Ein Dutzend Flugmaschinen setzten die Maßstäbe für den Fortschritt – sie bestimmten die Entwicklung im ersten Jahrzehnt des Luftfahrtzeitalters. Neben dem Wright-Flyer III, dem der Ehrenplatz der ersten wirklich flugfähigen Maschine gebührt, sind sie hier und auf den folgenden Seiten etwa im richtigen Größenverhältnis zueinander abgebildet. Der Name des Konstrukteurs und das Baujahr sind angegeben.

Einige der Flugmaschinen, wie der Wright-Flyer und Louis Blériots Modell XI *(S. 111)*, setzten Leistungsrichtlinien, die erst einmal übertroffen sein wollten. Andere waren in Technik und Bauweise bahnbrechend. Dabei handelte es sich bei fast allen Maschinen von der Konzeption bis zur Konstruktion um das Werk von einer oder zwei Einzelpersonen, die lediglich durch ein paar Mechaniker unterstützt wurden. In ihrer Gesamtheit zeigen die Flugzeuge, wie die Entwicklung innerhalb einiger weniger Jahre verlief, von Konstruktionen, die wenig mehr waren als ein zerbrechlicher Rahmen mit Tragflächen, bis hin zu schlanken, verkleideten Passagiermaschinen, die bereits zukünftige Formgebungen erahnen lassen.

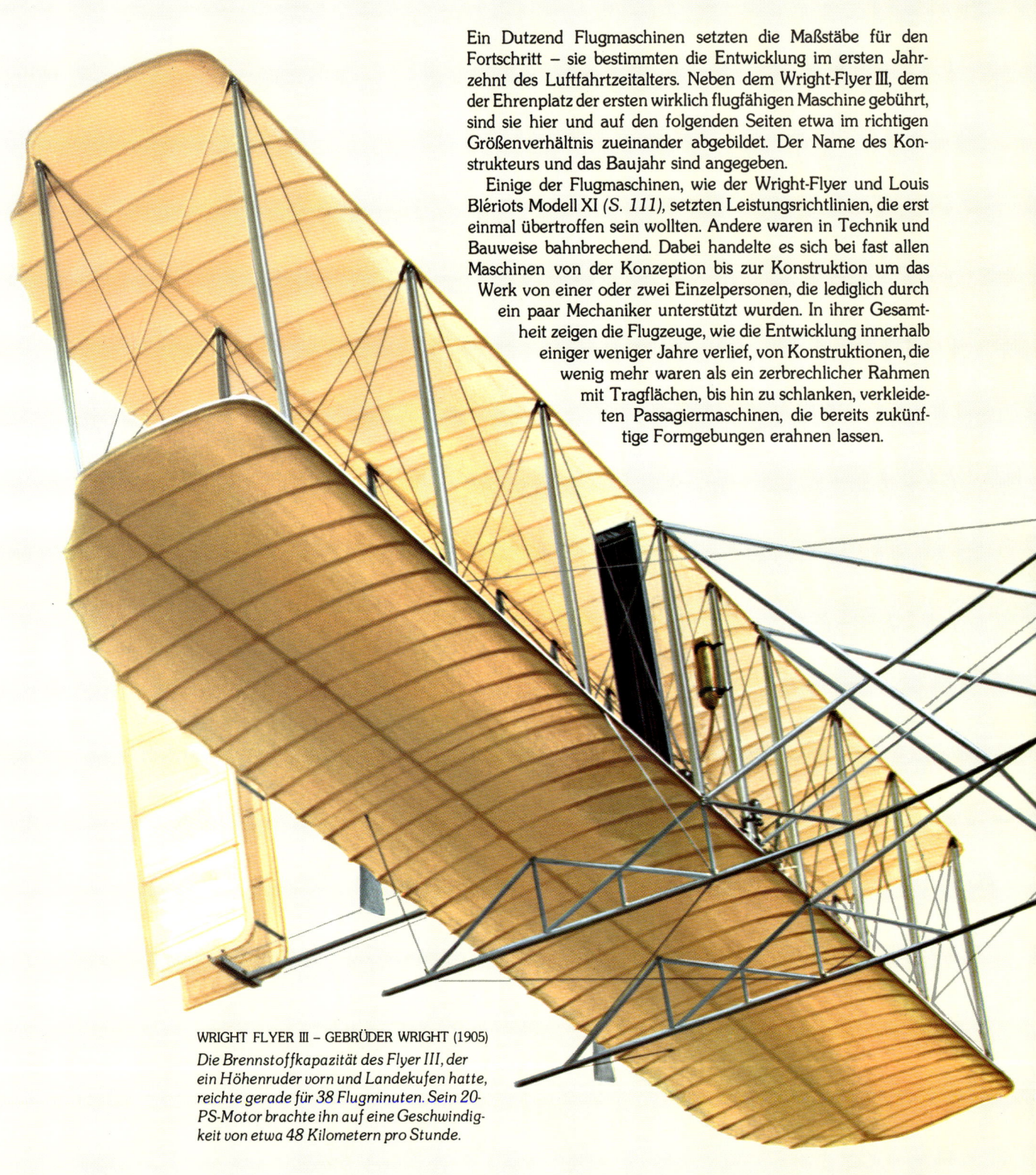

WRIGHT FLYER III – GEBRÜDER WRIGHT (1905)
Die Brennstoffkapazität des Flyer III, der ein Höhenruder vorn und Landekufen hatte, reichte gerade für 38 Flugminuten. Sein 20-PS-Motor brachte ihn auf eine Geschwindigkeit von etwa 48 Kilometern pro Stunde.

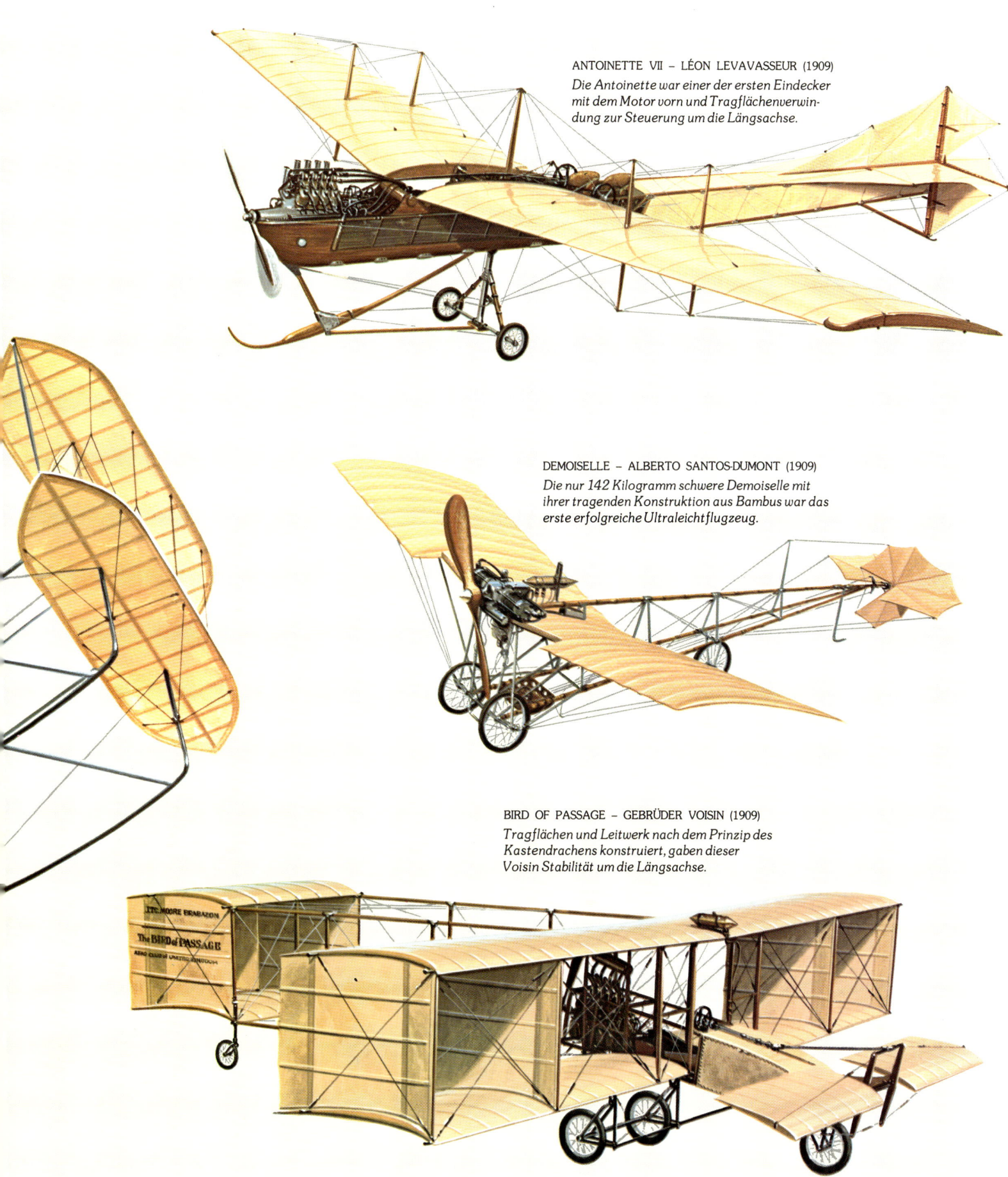

ANTOINETTE VII – LÉON LEVAVASSEUR (1909)

Die Antoinette war einer der ersten Eindecker mit dem Motor vorn und Tragflächenverwindung zur Steuerung um die Längsachse.

DEMOISELLE – ALBERTO SANTOS-DUMONT (1909)

Die nur 142 Kilogramm schwere Demoiselle mit ihrer tragenden Konstruktion aus Bambus war das erste erfolgreiche Ultraleichtflugzeug.

BIRD OF PASSAGE – GEBRÜDER VOISIN (1909)

Tragflächen und Leitwerk nach dem Prinzip des Kastendrachens konstruiert, gaben dieser Voisin Stabilität um die Längsachse.

GOUPY – AMBROISE GOUPY (1909)
*Die nach vorn versetzte obere Tragfläche der in
Frankreich entwickelten Goupy erhöhte den
Auftrieb und war das Vorbild für die nach-
folgende Doppeldecker-Generation.*

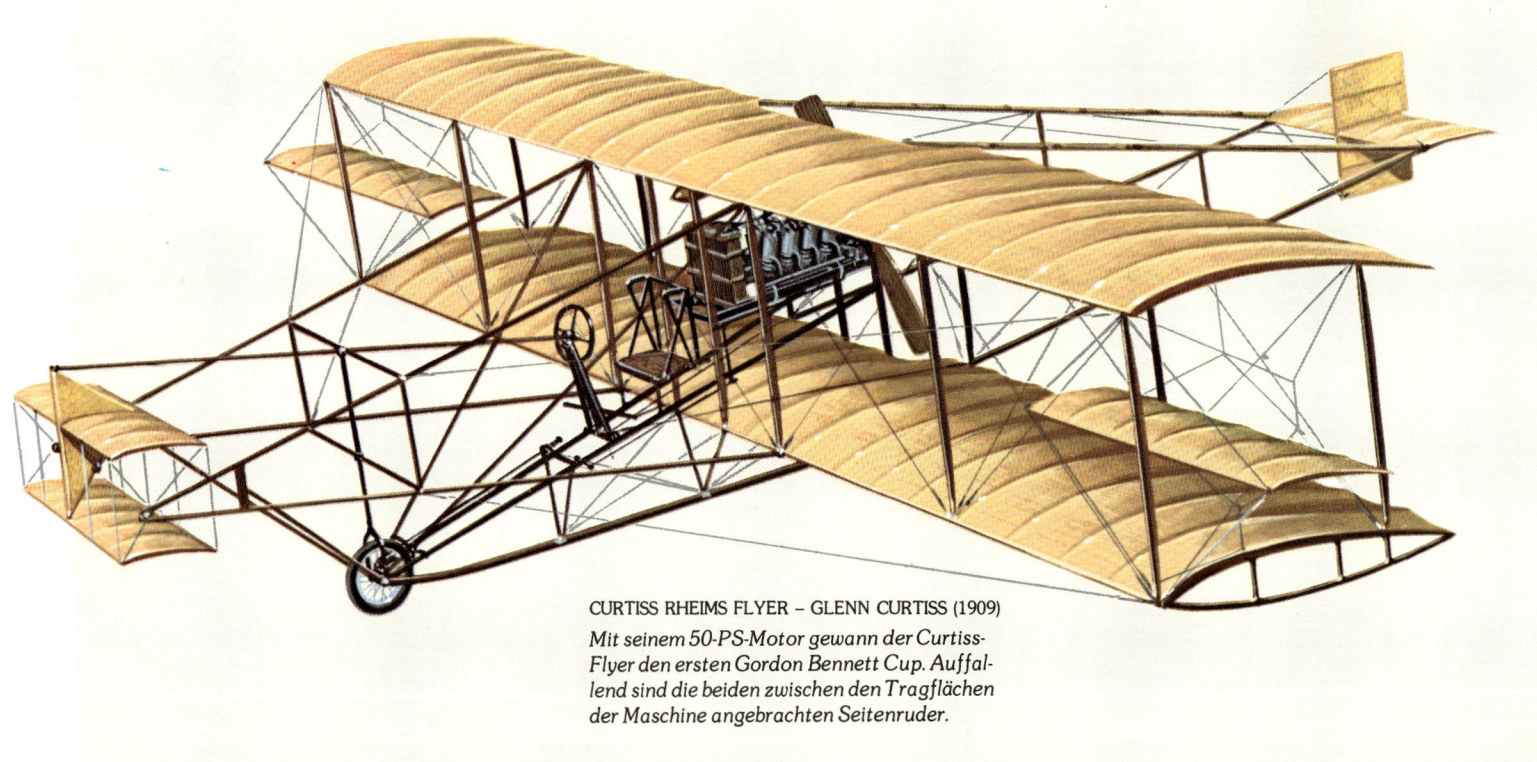

CURTISS RHEIMS FLYER – GLENN CURTISS (1909)
*Mit seinem 50-PS-Motor gewann der Curtiss-
Flyer den ersten Gordon Bennett Cup. Auffallend sind die beiden zwischen den Tragflächen
der Maschine angebrachten Seitenruder.*

110

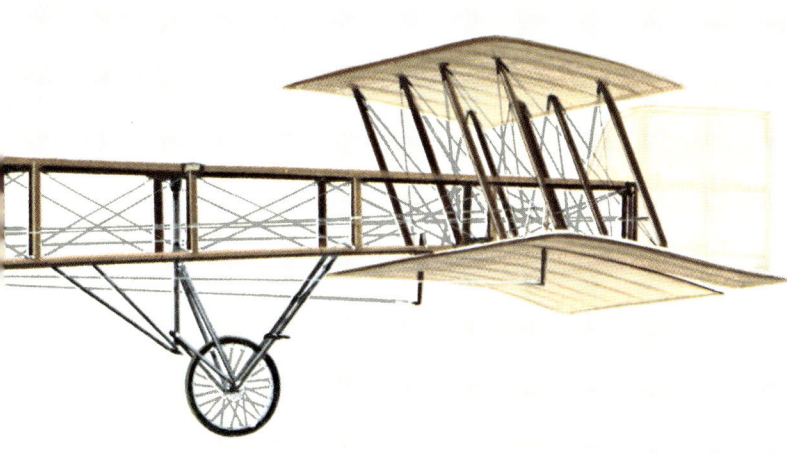

FARMAN III – HENRY FARMAN (1909)

Die Farman, ebenfalls siegreich in Reims, stellte eine Weiterentwicklung der Voisin-Flugzeuge dar. Die Maschine hatte Seitenruderklappen und besaß ein doppeltes Heckruder.

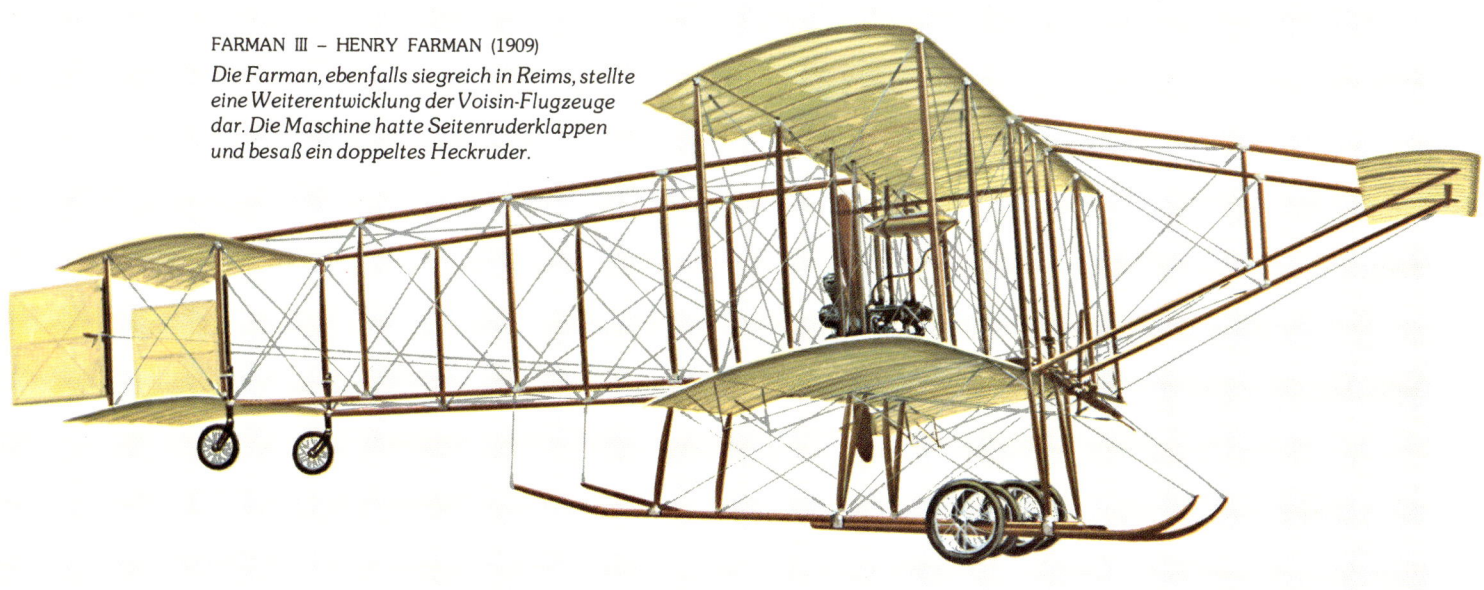

BLÉRIOT XI – LOUIS BLÉRIOT (1909)

Die Blériot XI, die Maschine, mit der die Überquerung des Ärmelkanals gelang, blieb nach einigen Verbesserungen am 25-PS-Anzani-Motor bis zum Jahre 1915 im Einsatz.

BREGUET IV – LOUIS BREGUET (1910)
Die Breguet IV, der Vorläufer des Verkehrsflug-
zeugs, war für sechs Passagiere ausgelegt, die
vor dem Piloten im Cockpit Platz hatten.

AVRO F – A. V. ROE (1912)
Der erste Eindecker mit geschlossener Kabine
bestand aus einem teils mit Stoff, teils mit
Aluminium verkleideten Stahlrohrrumpf. Die
Fenster waren aus Zelluloid gefertigt.

NIEUPORT IV G – ÉDOUARD NIEUPORT (1911)

*Nieuport gab seiner Maschine, einer Weiterent-
wicklung des Blériot-Flugzeugs, einen strom-
linienförmigen Rumpf. Sie stellte mit 133 Kilometern pro Stunde einen Weltrekord auf.*

DEPERDUSSIN RACER – LOUIS BÉCHEREAU (1913)

*Der französische Ingenieur Béchereau baute
das erste Flugzeug in Schalenbauweise, bei der
die Last nicht nur vom Rahmen, sondern von der
Gesamtkonstruktion aufgenommen wird.*

4

Kampf um Patente

In eine Halle an der Jamaica-Rennbahn von New York City, die der französische Pilot Louis Paulhan während seines Aufenthalts in Amerika gemietet hatte und in der er gerade arbeitete, stürzte eines Tages im März 1910 Wilbur Wright, flankiert von zwei Anwälten – ein deutlicher Hinweis darauf, daß es sich nicht um einen Höflichkeitsbesuch handelte. Paulhan selbst hegte weder Wilbur noch dessen Bruder Orville gegenüber freundliche Gefühle. Er hatte kurz zuvor eine lukrative Kunstflugtournee durch die Vereinigten Staaten abbrechen müssen, nachdem es den Wrights gelungen war, eine einstweilige Verfügung gegen ihn zu erwirken, und zwar mit der Behauptung, seine Maschinen – zwei Farmans und zwei Blériots – verletzten ihre Patente. Wenn Paulhan weiter gegen Geld in der Öffentlichkeit fliegen wollte, mußte er 25 000 Dollar hinterlegen, was er jedoch ablehnte.

Paulhan bemühte sich, bei Wilburs Eintreten höflich zu bleiben. „Er befand sich unter meinem Dach", erklärte der Franzose. „Ich begrüßte ihn mit Handschlag." Aber Wilbur ließ sich nicht besänftigen und hielt sich nicht an Höflichkeitsregeln. „Er antwortete mir kaum", erinnerte sich Paulhan. „Statt dessen stürzte er sich auf unsere Maschinen, wobei er alles anfaßte und wie ein Verrückter brüllte und schrie. Mit den beiden Anwälten unterwarf er mich einer regelrechten Inquisition und stellte meine Redlichkeit in Frage. Er ist ein Blutsauger, das kann ich Ihnen sagen."

Aus Wilburs Sicht lagen die Dinge jedoch genau umgekehrt. Er und Orville waren diejenigen, die ausgebeutet wurden. „Wir haben die Kunst des Fliegens möglich gemacht, und alle davon betroffenen Menschen müssen uns danken", hatte Wilbur gesagt. „Im Jahre 1900 hätte man der Wahrscheinlichkeit, daß irgend jemand auch nur einen Teil des Geldes zurückerhielt, das er in Flugversuche steckte, nicht einmal eine Chance von eins zu einer Million eingeräumt", erklärte er. „Dennoch investierten wir in diese Chance jeden Cent, der uns nach jahrelangem Sparen gehörte, und wir arbeiteten lange Jahre Tag und Nacht unter dem Gespött der Welt. Wir sind niemals gerichtlich gegen irgend jemanden vorgegangen, es sei denn, daß er böswillig versuchte, Geld zu verdienen, indem er sich unsere jeweiligen Erfindungen aneignete, ohne uns zu entschädigen."

Doch die Prozesse häuften sich – zunächst gegen den verhaßten Glenn Curtiss, dann gegen Paulhan, Grahame-White, Farman und andere, die für Geld flogen –, und tragischerweise schadeten sich die Gebrüder Wright damit selbst am meisten. Die endlosen Gerichtsverfahren gingen auf Kosten ihrer Kreativität, so daß sie, frustriert und verbittert, die Führung in einer Wissenschaft einbüßten, an deren Entstehung sie entscheidenden Anteil hatten. Erst sieben Jahre waren seit ihrem historischen Erstflug vergangen, knapp zwei Jahre zuvor hatten sie die Europäer mit der meisterlichen Beherrschung ihrer Luftfahrzeuge in Erstaunen versetzt und anschließend die längst überfällige Ehrung des eigenen Landes entgegengenommen – und schon befand sich ihr Stern im Sinken.

Nicht einmal der Erfolg entlockte Orville oder Wilbur Wright ein Lächeln, als sie zusammen mit ihrer Schwester Katherine 1909 von ihrer triumphalen Europareise zurückkehrten. Kurze Zeit später bekriegten sie sich vor Gericht mit konkurrierenden Flugzeugherstellern, denen sie Patentverletzungen vorwarfen – die Streitigkeiten sollten ihr weiteres Leben beherrschen.

Gegen Curtiss hatten die Brüder die erste Runde des juristischen Tauziehens gewonnen. Im Januar 1910 entschied Bundesrichter John R. Hazel, die Wrightschen Patentansprüche bezögen sich auf praktisch alle damals vorhandenen Vorrichtungen zur Steuerung des dynamischen Gleichgewichts von Flugzeugen. Sein Beschluß hatte weitreichende Folgen für die erwachende Flugzeugindustrie, wurde aber bald revidiert. Im Juni hob ein Berufungsgericht Richter Hazels Urteil wieder auf; die Wrights wendeten sich an die nächste Instanz, und der lange Kampf gegen Curtiss – bei dem es „um Rache und Prestige" ging, wie es ein Wright-Anhänger ausdrückte – war in vollem Gange.

Die Auseinandersetzungen nahmen das Ausmaß einer Stammesfehde an, in die das ganze Lager der Gebrüder Wright verwickelt war. Bei ihnen galt Curtiss nicht als Erfinder oder Ingenieur, sondern als hinterhältiger Egoist, seit 1908 des Diebstahls Wrightscher Ideen schuldig. „Wir lernten, daß den Leuten um Curtiss einfach nicht zu trauen war", sagte Frank Coffin, Mitglied der Kunstflieger-Mannschaft der Wrights.

Die Verbitterung der beiden Brüder zeigte sich auch in den rein technischen Schriftsätzen, die sich in den Jahren des gerichtlichen Hickhacks anhäuften. Sie stellten sich dem Gericht als „in der Kunst erfahrene Personen" vor, die das Produkt ihres Geistes vor einem rivalisierenden Emporkömmling von geringer Erfahrung und noch geringeren wissenschaftlichen Fähigkeiten schützten. Auf eine eidesstattliche Erklärung Curtiss' erwiderten die Wrights: „Mr. Curtiss beweist sein Unvermögen, fachliche Aussagen darüber zu machen, was bei seiner Maschine tatsächlich vor sich geht, und scheint sogar zur direkten Frage nach der Glaubwürdigkeit Anlaß zu geben."

Curtiss seinerseits versuchte mehrfach, sich außergerichtlich mit den Wrights zu einigen; die Brüder lehnten alle seine Angebote verächtlich ab. Ärgerlich wies er ihren Vorwurf der Patentverletzung als „absurd, wenn nicht gar böswillig" zurück. Er wußte nur zu gut, daß ein Sieg der Wrights vor Gericht das Ende seines Unternehmens bedeuten konnte, denn die hohen Lizenzabgaben, die ihm in diesem Falle drohten, würden nur schwer zu überleben sein. Aus diesem Grunde gab er auch nicht nach.

So berechtigt die Ansprüche der Wrights auch gewesen sein mögen, ihre gerichtlichen Attacken „brachten fast jeden in der Fliegerei gegen sie auf", wie sogar ihr loyaler Mitarbeiter Grover Loening später einräumte. In Leitartikeln schalt man sie egoistische Monopolisten. Zeitungen verfolgten sie unerbittlich mit Karikaturen, darunter mit einer, in der sie mit dem Finger nach oben zeigen und ausrufen: „Raus aus meiner Luft!" Darüber hinaus warf ihr Vorgehen einen düsteren Schatten auf die lange, wertvolle Freundschaft mit ihrem treuesten Anhänger: Octave Chanute. Nachdem die Wrights die Klage gegen Glenn Curtiss eingereicht hatten, äußerte sich Chanute öffentlich relativ zurückhaltend zu dieser Angelegenheit, indem er andeutete, sie begingen wohl einen schweren Fehler. In einem privaten Brief aber wies er Wilbur scharf zurecht: „Ich fürchte, mein Freund, Ihr sonst so sicheres Urteilsvermögen geht Ihnen auf Grund des Verlangens nach großem Reichtum verloren."

Eine derartige Anschuldigung von einem ergebenen Freund traf die Gebrüder Wright zutiefst. Wilbur antwortete: „Sie gestehen uns offensichtlich nicht das Recht auf Entschädigung für die Lösung eines jahrhundertealten Problems zu. Wir glauben fest, daß unsere Arbeit zwischen 1900 und 1906 für die Welt wertvoll ist und sein wird und daß die Welt uns als Erfindern etwas schuldet." Großer Reichtum sei nie ihr Anliegen gewesen, protestierte Wilbur, ihnen ginge es lediglich um finanzielle Unabhängigkeit

Der ehemalige Chauffeur Jules Védrines, Sohn eines Arbeiters in Paris, überflog beim Wettflug Paris–Madrid im Jahre 1911 die Pyrenäen und kam – nach drei Tagen – als einziger am Ziel an.

Der französische Marineleutnant Jean Conneau, ein erfahrener Schiffsnavigator und Sieger in drei bedeutenden Wettflügen des Jahres 1911, benutzte Kompaß und Karten.

– „ausreichende Entschädigung, damit wir bescheiden leben können und ein ausreichend hohes zusätzliches Einkommen haben, das es uns erlaubt, unsere Zeit in Zukunft wissenschaftlichen Versuchen zu widmen und nicht geschäftlichen Angelegenheiten."

Für Versuche sollte herzlich wenig Zeit und Kraft übrigbleiben. Lange bevor die Gerichte – und äußere Umstände – den Patentstreit beendeten, zeigten sich bei den Brüdern Auswirkungen des zermürbenden Drucks, den ihre gerichtlichen und geschäftlichen Belange auf sie ausübten. Ihr Kampf um den Lohn der Vergangenheit nahm ihnen den Blick auf die Zukunft. Neuentwicklungen, mit denen sie ihren Platz als führende Luftfahrtexperten hätten verteidigen können, blieben aus. Der Flugwettbewerb vom Belmont Park im Jahre 1910 war die letzte Veranstaltung, bei der ein Wright-Flugzeug eine Konkurrenz für die rasch immer besser werdenden europäischen Maschinen war.

Nicht nur die Gebrüder Wright fielen zurück. Sieht man einmal vom Wasserflugzeugbau ab, in dem sich Glenn Curtiss den ersten Platz sicherte, hatte Amerika seine kurze Führungsposition in der Luftfahrt eingebüßt. 1911 war die Überlegenheit der europäischen Flugzeuge auf den Gebieten der Konstruktion und der Leistung nicht mehr zu übersehen, und es ragten besonders die in Frankreich gebauten Maschinen hervor.

Den Höhenweltrekord hielt Ende 1911 der Franzose Roland Garros mit einer Blériot XI; er betrug 3910 Meter. Den Geschwindigkeitsrekord (133 Kilometer pro Stunde) und den Dauerflugrekord (740 Kilometer) hatte ebenfalls eine französische Maschine aufgestellt, nämlich ein erst kurz zuvor von dem Elektro-Ingenieur Édouard Nieuport entwickelter, stromlinienförmiger Eindecker mit verkleidetem Rumpf.

Ihre Meisterschaft stellten die Franzosen in jenem Jahr bei einer Reihe von Langstreckenflügen, die die Alte Welt aufrüttelten, noch eindrucksvoller unter Beweis. In diesen Marathonveranstaltungen dienten die großen Hauptstädte Westeuropas als Wendemarken.

Es gab Wettflüge von Paris nach Madrid und von Paris nach Rom, es gab verschiedene Städte-Rundflüge von Stadt zu Stadt innerhalb Großbritanniens, Deutschlands und Italiens – und sogar einen Europa-Rundflug, der über drei Länder führte.

Zu keiner dieser Veranstaltungen wurden in Amerika gebaute Flugzeuge gemeldet, und das war vermutlich gut so. Die französischen Muster – Blériots, Deperdussins, Nieuports und andere – stellten ihre Konkurrenz weit in den Schatten. Drei Franzosen waren es auch, die als Piloten in vier der größten Wettflüge herausragten: Jean Conneau, ein vom Dienst freigestellter Marineleutnant, der unter einem zivilen Pseudonym André Beaumont flog; Jules Védrines, ein außerordentlich reizbarer ehemaliger Fabrikarbeiter aus den Hinterhöfen von Paris; und Roland Garros, bereits ein Veteran im Fliegereigeschäft, der gerade erst von einer Tournee durch die Vereinigten Staaten, Mexiko und Kuba zurückgekehrt war.

Conneau, ein erfahrener Navigator, pflegte sich bis in alle Einzelheiten auf seine Flüge vorzubereiten. Das winzige Cockpit seiner Blériot XI war mit Instrumenten vollgestopft, darunter einem Kompaß, einer Uhr, einem Höhenmesser und einer handlichen Erfindung, einer über Walzen laufenden Karte, die Flugetappe für Flugetappe abgerollt werden konnte. Im Gegensatz zu ihm flog Védrines allein nach dem Gefühl und verschmähte sogar den Kompaß. „Ich verstehe überhaupt nichts von dem Ding", meinte er. „Wann immer ich es angucke, dreht es sich wie wild."

Die erste große Flugveranstaltung des Jahres 1911 war der Wettflug von Paris nach Madrid; gleich zu Anfang geschah ein tragisches Unglück, als an einem Sonntag im Mai 300 000 Zuschauer sich auf den viel zu engen Platz drängten und eine Gruppe offizieller Besucher auf das Rollfeld schoben – direkt vor eine startende Maschine. Das Flugzeug konnte nicht mehr ausweichen; der Premierminister von Frankreich, Ernest Monis, wurde schwer verletzt, Kriegsminister Maurice Berteaux war auf der Stelle tot.

Nach einem Tag der Trauer ging man erneut an den Start. Die besten Vorbereitungen nützten Conneau nichts, der schon auf der ersten Etappe Bruch machte. Védrines und Garros blieben weiter im Rennen. Über den Pyrenäen mußte Védrines einen angreifenden Adler abwehren, in der Nähe von San Sebastian blieb Garros mit Motorschaden zurück. Als einziger übriggeblieben, flog Védrines weiter nach Süden und landete in Madrid, nach einer auf drei Tage verteilten Flugzeit von 14 Stunden und 55 Minuten. Aber die Menschenmenge, die Védrines zu seinem Empfang eigentlich erwartet hatte, war schon nach Hause gegangen, und der Pilot, müde und enttäuscht, ließ seinem Ärger freien Lauf – er machte sogar einige „dreckige Bemerkungen" über den spanischen König Alfonso XIII.

In dem gemeinsamen Bestreben, zum Fortschritt der Luftfahrt beizutragen, reichen sich Frankreich und Italien, durch allegorische Figuren dargestellt, am Vorabend des Wettflugs Paris–Rom im Jahre 1911 die Hände.

In der folgenden Woche unterhielt sich Védrines vorzüglich in Madrid, so vorzüglich, daß er den Start zum nächsten großen Wettflug von Paris nach Rom verpaßte. Somit kämpften Conneau und Garros lange Zeit Kopf an Kopf um die Führung. Dank seiner präzisen Navigation – und der Tatsache, daß Garros auf der Strecke zweimal die Maschine wechseln mußte, weil er bei der Zwischenlandung Bruch gemacht hatte – kam Conneau dann einen ganzen Tag früher als Garros in Rom an. Ihm wurde von den Italienern ein großartiger Empfang bereitet: Der Papst segnete seine Blériot, als er den Vatikan überflog, und die Menschenmenge, die sich zu seiner Landung eingefunden hatte, tobte vor Begeisterung.

Der erste Europa-Rundflug fand im Juni statt. Der erste Tag stand unter dem Zeichen schrecklicher Unfälle, bei denen drei Piloten starben. Wieder deklassierte Conneau seine Konkurrenten auf der anstrengenden Strecke, die an 13 Tagen neun Flüge vorsah, und zwar von Paris nach Belgien, von dort über den Ärmelkanal nach England und zurück. Von den 52 Maschinen, die an den Start gingen, beendeten nur neun das Rennen.

Der im Juli veranstaltete England-Rundflug wurde zu einem Zweikampf zwischen Conneau und Védrines. Über dem rauhen schottischen Hochland von Übelkeit geplagt, kam Védrines auf dem Rückflug nach London mehrfach von der Strecke ab, gelangte aber dennoch als zweiter hinter Conneau ans Ziel, der 10 000 Pfund für den Sieg kassierte. Védrines mußte sich, wenn auch grollend, mit einem Trostpreis in Höhe von 200 Pfund zufriedengeben, der in letzter Minute noch gespendet worden war.

Seine Siege in den drei schwersten Prüfungen des Jahres machten Conneau zur gefeiertsten Persönlichkeit Europas. Seinen Ruhm geschickt ausnutzend, schrieb er ein Buch, *My Three Big Flights,* das sich hervorragend verkaufte und eine nette Summe zu den 126 000 Dollar hinzufügte, die er an Preisen gewonnen hatte. In dem Buch unterstrich Conneau die Bedeutung der Navigation in der Luftfahrt auf überzeugende Weise. So war es nicht zuletzt seinem Einfluß zu verdanken, daß immer häufiger Kompasse in den Cockpits auftauchten und die Piloten allmählich auf die Möglichkeiten anderer Instrumente aufmerksam wurden, die ihnen schließlich so wichtig wurden wie die eigenen Augen.

Die Flugsaison von 1911 in Europa setzte sich aus einer Reihe von Langstrecken-Wettbewerben zusammen, aber das längste Flugabenteuer des Jahres fand nicht in Europa, sondern in den Vereinigten Staaten statt. Nicht die Technik triumphierte bei diesem Unternehmen; die betreffende Maschine mußte während des Fluges buchstäblich Stück für Stück ersetzt

Das zeitgenössische Gemälde zeigt Papst Pius X., der den Hut grüßend schwenkt, als Jean Conneau in seinem Blériot-Eindecker im Jahre 1911 über dem Petersdom dem Sieg im Wettflug Paris–Rom entgegenfliegt.

werden. Aber unter dem Aspekt menschlicher Ausdauer betrachtet, handelte es sich in der kurzen Geschichte der Luftfahrt um einen unvergleichlichen Flug.

Den Anstoß zu dem Unternehmen gab der Zeitungsverleger William Randolph Hearst, der ein Jahr zuvor für die erste Überquerung der Vereinigten Staaten von Küste zu Küste einen Preis von 50 000 Dollar ausgesetzt hatte. Letzter Tag des Wettflugs, der innerhalb von 30 Tagen beendet sein mußte, war der 10. Oktober 1911. Erst einen Monat vor Ablauf dieser Frist machte sich jemand auf den Weg, um den Preis zu gewinnen.

Am 11. September 1911 startete in San Francisco ein noch unbekannter Pilot der Wright-Mannschaft, Robert Fowler, und nahm Kurs auf den Osten; er kurvte über die Golden Gate Bridge hinweg und gelangte bis nach Sacramento, 140 Kilometer entfernt, wo er zum erstenmal zwischenlandete. Vor ihm lag die gefährliche High Sierra.

Zwei Tage später, am 13. September, startete in New York ein ehemaliger Jockey aus Chicago, James J. Ward, in einem Curtiss-Flugzeug und flog nach Westen – um unmittelbar darauf über dem Streckennetz der Eisenbahn von New Jersey die Orientierung zu verlieren und 30 Kilometer weiter wieder zu landen. Während Fowler und Ward sich bemühten, voranzukommen, meldete sich ein dritter Bewerber. Es war der hochgewachsene, kontaktfreudige und fast taube Calbraith Perry Rodgers; er flog einen Wright-EX-Doppeldecker (EX für experimentell).

Das Modell EX, das die Wrights speziell für Rodgers entwickelt hatten, bereitete den Brüdern einiges Kopfzerbrechen; es handelte sich um eine kleinere, einsitzige Version des Modell B, die mit Kufen und Rädern ausgerüstet war und eine Höchstgeschwindigkeit von 97 Kilometern pro Stunde erreichte. Indessen hatten sie volles Vertrauen zu dem Piloten. Rodgers war damals 32 Jahre alt, 1,93 Meter groß und wog 87 Kilo. Er stammte aus einer Familie amerikanischer Marinehelden – darunter Flotillenadmiral Oliver Hazard Perry, Sieger der Schlacht am Eriesee im Krieg von 1812, und Flotillenadmiral Mathew Calbraith Perry, Führer eines Flottengeschwaders, das 1854 gewaltsam für Japans Öffnung zum Westen sorgte – und wäre wohl auch Marineoffizier geworden, hätte er nicht als Kind einen Teil seiner Hörfähigkeit eingebüßt.

Da er an der Marineakademie in Annapolis nicht angenommen wurde, schrieb sich Rodgers an der Columbia University ein, wo er Rugby spielte, Boots- und Automobilrennen bestritt und sich schließlich für die Fliegerei entschied. In der Wright-Pilotenschule stellte er einen Rekord auf, als er nach nur 90minütigem Training seinen ersten Alleinflug absolvierte. Zwei Monate später nahm Rodgers an einer internationalen Flugveranstaltung in Chicago teil, entschlossen, den Dauerflugpreis zu erringen. „Ich sah die Liste der Preise durch", sagte er dazu, „suchte den höchsten heraus und beschloß, ihn unter Einsatz aller meiner Kräfte zu gewinnen." Während der neuntägigen Veranstaltung verbuchte er 27 Stunden für sich in der Luft und gewann mit 11 285 Dollar mehr als irgendein anderer Teilnehmer. Dann richtete er sein Augenmerk auf den mit 50 000 Dollar dotierten Transkontinentalflug über die Vereinigten Staaten.

Die Chicagoer Armour Company, zu deren Produkten das Getränk Vin Fiz gehörte, erklärte sich bereit, Rodgers für jede geflogene Meile fünf Dollar zu zahlen, wenn er für sie Werbung machte. Das Unternehmen übernahm außerdem die Kosten für einen Sonderzug, mit dem ihm seine Frau, seine Mutter, die Mechaniker und andere Helfer nachreisten und der aus einem Salon-, einem Personen- und einem sogenannten „Hangar-Wagon" bestand. Letzterer beförderte ein komplettes Ersatzflugzeug, Teile im Wert von 4000 Dollar sowie Benzin und Öl. Die Armour Company

Vor dem Start in Calais zum Europa-Rundflug von 1911 wartet die Mannschaft des Piloten auf ein Zeichen, den Deperdussin-Eindecker loszulassen.

stellte darüber hinaus einen Lastwagen zum Transport von Rodgers'
Maschine am Boden und einen Palmer-Singer-Rennwagen zur Verfügung,
der Rodgers im Falle eines Unfalls schnelle ärztliche Hilfe garantierte.

Am Sonntag, dem 17. September 1911, kletterte Rodgers spät
nachmittags in seinen *Vin Fiz Flyer*, wie er das Wright-Flugzeug getauft
hatte, und startete von einer Rennbahn in der Nähe von Sheepshead Bay,
New York. Die erste Etappe verlief ohne jeden Zwischenfall. Rodgers
zündete sich eine Zigarre an und folgte den weißen Tuchstreifen, die in
regelmäßigen Abständen entlang der Bahnlinie Erie Railroad extra für ihn
ausgelegt worden waren. In weniger als zwei Stunden erreichte er das 135
Kilometer nordwestlich gelegene Middletown, wo er so sanft aufsetzte, daß
bei der Landung „nicht einmal die Asche von der Zigarre fiel". „Noch vier
Tage bis nach Chicago", fügte er hinzu, „wenn alles gut geht."

Nichts ging gut. Als Rodgers am nächsten Tag startete, streifte er einen
Baum, und ihm blieb gerade noch Zeit für einen kurzen Gedanken – „oh,
mein schönes Flugzeug!" –, bevor die Maschine mit der Nase voran in einen
Hinterhof und dort in ein Hühnergehege stürzte. Mit stark blutender
Schläfe, aber Zigarre in der Hand, kam er davon. Der Mechaniker Charlie
Taylor, der seit langem für die Gebrüder Wright arbeitete und für den Flug
Rodgers' freigestellt worden war, beaufsichtigte die Reparatur der
Maschine. Bei der nächsten Etappe schoß eine defekte Zündkerze aus dem
Zylinderkopf, Rodgers mußte auf einen aufgeweichten Kartoffelacker
niedergehen, und die Maschine kam mit einer gebrochenen Kufe zum
Stehen. Am folgenden Tag bog Rodgers an einer Bahnkreuzung falsch ab,
flog nach Süden und landete in Scranton, Pennsylvania, wo Souvenirjäger
fast das Flugzeug demontierten.

Am Ende der Woche hatte er die Maschine, die er von Zeit zu Zeit mit
einer Hand steuern mußte, weil er die andere zum Festhalten einer lockeren

*Vor den Toren Londons begrüßen Zuschauer
den Franzosen Jean Conneau, der sich mit
seinem Landeanflug auf Brooklands im Juli
1911 den Sieg im England-Rundflug sichert.
Sein Rivale Jules Védrines hatte sich ohne
Instrumente über dem ihm unbekannten schottischen Hochland mehrfach verflogen.*

Zündkerze brauchte, zwar fast über den ganzen Staat New York geflogen, war aber noch weit von Chicago entfernt. Beim Start in der Allegheny Indian Reservation, 100 Kilometer südlich von Buffalo, stand ihm dann ein Stacheldrahtzaun im Weg, und das Flugzeug ging zum zweitenmal zu Bruch.

Inzwischen hatten Rodgers' Konkurrenten bereits aufgegeben. Fowler war es zwar gelungen, für die Überquerung des Donner Pass in der Sierra auf fast 2450 Meter zu steigen, aber dann begann sein Kühlwasser zu kochen, und er mußte umkehren. Er ließ das Wright-Flugzeug nach Los Angeles bringen, um später auf einer anderen Strecke noch einmal den Versuch eines Transkontinentalfluges zu wagen. (Im Februar 1912 flog er über den Kontinent nach Jacksonville, Florida.)

Rodgers' zweitem Rivalen, James Ward, war es nicht besser ergangen. „Wer in der Welt käme auf die Idee, daß das Ölsystem eines neuen, 2000 Dollar teuren Curtiss-Motors schon in der ersten Flugstunde zusammenbricht", stöhnte er nach einem Motorversagen in Corning, New York. Spieler wetteten 5 zu 1, daß Ward Buffalo nicht lebend erreichen würde. Sie hätten fast gewonnen. Am 22. September legte Ward die Maschine bei der Landung in Addison, New York, auf den Rücken; seine Frau und sein Manager bestanden darauf, daß er aufgab.

Mit seiner inzwischen reparierten Maschine kämpfte sich Rodgers langsam weiter nach Westen vor. Über dem Osten von Indiana durchquerte er eine Gewitterfront, was er nur dank seiner fliegerischen Fähigkeiten überlebte. „Mein erster Gedanke war, daß ich mich in einem elektrischen Bratrost befand", berichtete er. „Offenbar war ich in eine regelrechte Wolkenversammlung geraten. Ich zog meine Handschuhe aus und deckte die gefährdetsten Stellen der Zündanlage ab. Es war bitter kalt und schmerzhaft. Die Erde war verschwunden. Ich konnte genausogut eine Million Kilometer hoch im Weltraum wie auch ein paar Meter über dem Erdboden sein." Das Unwetter ging vorüber, und in Huntington, Indiana, holte Rodgers seinen Zug ein. Am nächsten Tag verunglückte er erneut beim Start, als er versuchte, einer Gruppe von Zuschauern auszuweichen. Sein *Vin Fiz Flyer* mußte ein weiteres Mal neu zusammengebaut werden.

Als Rodgers am 8. Oktober in Chicago landete, blieben nur noch zwei Tage bis zu dem von Hearst gesetzten Datum, an dem sein Angebot von 50 000 Dollar ungültig wurde. Obwohl er noch zwei Drittel des Landes vor sich hatte, verkündete Rodgers seine Entschlossenheit, Kalifornien zu erreichen: „Preis oder kein Preis, dort will ich hin, und dorthin komme ich, wenn mich Stoff, Stahl und Draht – und was ich an Muskeln, Sehnen und Verstand brauche – nicht im Stich lassen."

Auf dem Weg nach Südwesten über Missouri, Kansas und Oklahoma vertrieb sich Rodgers die Zeit, indem er Schnellzüge zu überholen versuchte. Bei der Ankunft in Fort Worth, Texas, flog er zum Spaß Achten zwischen zwei Wassertürmen eines Militärstützpunktes. Ohne größeren Schaden gelangte er bis Spofford, Texas; dort rollte er beim Start gegen einen Baumstumpf und demolierte seine Maschine. Mit dem gerade erst zusammengeflickten Flugzeug und einem neuen Motor überflog er in 1200 Meter Höhe den Salton Sea in Südkalifornien, als ein Zylinder den Motorblock sprengte und durch die Luft wirbelnde Bruchstücke ihn am Arm verletzten. Die Maschine raste im Sturzflug zu Boden, aber Rodgers fing sie ab und landete sicher in der Nähe von Imperial Junction, um sich und sein Flugzeug wieder herrichten zu lassen. Ärzte entfernten die Metallsplitter; Mechaniker bauten den Motor aus und ersetzten ihn durch den ursprünglichen, den Taylor inzwischen überholt hatte.

Der nächste Zwischenfall ereignete sich am San Gorgonio Pass in der Nähe der Siedlung Palm Springs, wo Rodgers gegen tückische Luftströmun-

Das Plakat des Getränkeherstellers, der 1911 Calbraith Rodgers' Transkontinentalflug finanzierte, zeigt die Flugroute und nennt problematische Stationen.

gen und eine Zündanlage zu kämpfen hatte, die abzubrechen drohte. Am nächsten Tag, Sonntag, dem 5. November 1911, flog er 130 Kilometer nach Pasadena und landete neben einem Laken, das man für ihn im Tournament Park ausgebreitet hatte, dem Schauplatz des jährlichen Tournament of Roses der Stadt. Rodgers hatte insgesamt 6809 Kilometer zurückgelegt; der Pazifische Ozean war nur noch 32 Kilometer entfernt. Nach Ansicht der Zeitungskorrespondenten hatte er seine Aufgabe erfüllt. Dennoch machte er sich am folgenden Sonntag auf, um die restliche Strecke bis zur Küste zurückzulegen. 19 Kilometer vor seinem Ziel mußte er in Compton mit Motorschaden notlanden. Bei dem harten Aufprall in einem frisch gepflügten Feld verlor er das Bewußtsein; außerdem erlitt er schwere innere Verletzungen und brach sich einen Fußknöchel.

„Das gehört alles dazu", lautete sein Kommentar vom Bett des Krankenhauses aus. „Ich werde diesen Flug beenden." Vier Wochen später war es soweit. Am 10. Dezember schnallte er seine Krücken neben sich fest und flog weiter nach Long Beach, wo er auf dem Strand landete.

Rodgers' Odyssee war vorüber. In 84 Tagen und mit umgerechnet anderthalb Kilometer pro Flugminute hatte er den ersten transkontinentalen Flug über die Vereinigten Staaten vollbracht. Er hatte fünf schwere Unfälle, bei denen seine Maschine zu Bruch ging, mehrere weniger schwere Zwischenfälle bei Start oder Landung, Motorversagen im Flug und einen Krankenhausaufenthalt überlebt. Von seinem ursprünglichen Flugzeug war nur ein Ruder und die Ölwanne übrig geblieben; alles andere mußte mindestens einmal ausgetauscht werden.

Ohne den von Hearst ausgesetzten Preis brachte der historische Flug Rodgers trotz all der Strapazen wenig ein. Die finanzielle Unterstützung, die er für die Vin-Fiz-Reklame erhielt, hatten Reparaturen verschlungen; um Geld zu verdienen, gründete seine Frau unterwegs die „Rodgers Aerial Post", die anbot, für 25 Cent eine Postkarte in Rodgers Maschine bis zum Ort der nächsten Zwischenlandung zu befördern, von wo die reguläre Post die Weiterleitung zum Zielort übernehmen sollte.

Im folgenden Frühjahr stattete Rodgers dem Ort, an dem er seinen Flug beendet hatte, einen letzten Besuch ab. Bei einem Schauflug schwebte er am 3. April mit gedrosseltem Motor über den Freizeitpark hinweg, nahm übermütig Kurs auf die See und überflog zur Freude der 7000 Zuschauer im Tiefflug die Wellen. *The New York Herald* berichtete: „Als er einen Schwarm Möwen entdeckte, die sich unmittelbar über der Brandung an einem großen Schwarm Sardinen labte, kam Rodgers noch einmal zurück und tauchte zwischen die in alle Himmelsrichtungen auseinanderstiebenden Wasservögel." Eine Möwe geriet jedoch zwischen Ruder und Leitwerk, wodurch ein Steuerkabel riß; Wrack und Rodgers' Leiche wurden aus dem Wasser geborgen. Der Vogel klemmte, wie sich dann herausstellte, so fest, daß das Ruder weggebrochen werden mußte, um ihn frei zu bekommen.

Rodgers' letzter Flug hatte gezeigt, daß die Piloten ihren Maschinen an Ausdauer immer noch weit überlegen waren. Auf seinen Grabstein in Pittsburgh, Pennsylvania, meißelte man vier Wörter: „I Endure – I Conquer" (etwa: „Mit Ausdauer ans Ziel").

Während Calbraith Rodgers seine langwierige Tour hinter sich brachte, gelang es Orville Wright, seine Pflichten als technischer Leiter der Wright Company vorübergehend abzuschütteln und nach Kitty Hawk zu entkommen. Er beabsichtigte, an Gleitflugzeugen eine automatische Steuerung zu erproben, an der er seit 1907 arbeitete; es handelte sich um eine Vorrichtung, die das Tragflächenverwindungssystem und die Höhenruder betätigte, um unerwünschte Rollbewegungen auszugleichen beziehungsweise einer Vergrößerung oder Verringerung des Anstellwinkels entgegenzuwirken und so die Maschine in Normalfluglage zu halten, ohne daß der Pilot selbst eingreifen mußte.

Als Zeitungsreporter in Kitty Hawk auftauchten, beschloß Orville, geheimniskrämerisch wie immer, die Steuerung nicht zu testen. Dennoch nutzte er seinen dreiwöchigen Aufenthalt in der vertrauten Dünenlandschaft so gut es ging; am 24. Oktober stellte er mit 9 Minuten und 45 Sekunden einen Gleitflugrekord auf, der ein ganzes Jahrzehnt überdauern sollte. Die automatische Steuerung, für die er die Collier Trophy für besondere Neuerungen in der Luftfahrt erhielt, brachte er 1913 – patentiert – heraus. Im selben Jahr beschäftigte er sich mit dem Problem des Auftriebsverlustes durch Strömungsabriß an den Tragflächen und entwickelte ein Gerät, das dem Piloten den Anstellwinkel anzeigte und ihm so half, das Überziehen der Maschine, zum Beispiel im Steigflug, zu verhindern.

Wilbur Wright dagegen lieferte schon lange keine Beiträge zur Entwicklung der Luftfahrt mehr. Mitte 1910 hatte er die Fliegerei fast vollständig aufgegeben. Er, der früher peinlich darauf bedacht war, durch stundenlange Übung in der Halle mit den Maschinen vertraut zu bleiben, verbiß sich in Patentstreitigkeiten und finanzielle Auseinandersetzungen mit Veranstaltern von Flugtagen („die Belmont-Betrüger versuchen nach wie vor, die Folgen ihrer eigenen Inkompetenz auf uns abzuschieben"). Darüber hinaus beunruhigten ihn die mageren Geschäftsergebnisse der außeramerikanischen Wright-Unternehmen („eher das Ergebnis schlechter Geschäftsführung als der Niederträchtigkeit, obwohl letzteres nicht vollkommen ausgeschlossen werden kann"). ↴

Anfang 1912 verbrachte Wilbur eine Woche nach der anderen im Gerichtssaal, wo er seine Rolle als Zeuge überaus geschickt spielte – wie selbst Curtiss' Anwälte einräumen mußten. Im Mai kehrte er mit hohem Fieber von einer Geschäftsreise nach Boston zurück. Es stellte sich heraus, daß er nicht, wie zunächst angenommen, an einer harmlosen Infektion, sondern an Typhus erkrankt war. Trotz des steigenden Fiebers schrieb Wilbur noch einen letzten Brief, in dem er sich bitter über die gerichtlichen Verzögerungen beklagte, die, wie er meinte, „bereits volle drei Viertel des Wertes unseres Patents vernichtet haben". Er fuhr fort:

„Unzählige Konkurrenten treten auf und produzieren zum erstenmal Maschinen, die wirklich flugfähig sind. Diese Maschinen werden um die Hälfte des Preises angeboten, zu dem wir unsere Maschinen verkaufen. Bis zu diesem Zeitpunkt hätte ein Beschluß zu unseren Gunsten uns ein Monopol verschafft, aber wenn wir zu lange warten, hat ein positiver Beschluß möglicherweise nur noch wenig Wert für uns."

Wilbur lebte keinen Monat mehr. Am Donnerstag, dem 30. Mai 1912, vermerkte der greise Bischof Wright in seinem Tagebuch: „Heute morgen um 3:15 Uhr starb Wilbur, 45 Jahre, einen Monat und 14 Tage alt. Ein kurzes, ein überaus bedeutendes Leben. Ein nie ruhender Verstand, von gleichbleibendem Temperament, großem Selbstvertrauen und ebenso großer Bescheidenheit, das Rechte klar erkennend und stets verfolgend, so lebte und starb er. Viele kamen, viele Telegramme."

Die Familie konnte ihre Verbitterung über den Tod Wilburs nicht zurückhalten. Bei der Beerdigung hörte man Katherine Wright sagen: „Ich nehme an, die Curtiss-Bande wird sich freuen, daß Wilbur nicht mehr da ist." Orville machte das gerichtliche Vorgehen von Curtiss für den Tod seines Bruders verantwortlich. „Die Unruhe über die Verzögerungen", erklärte er einem Reporter, „führte zunächst zu einem Zustand chronischer Nervosität, dann physischer Erschöpfung, die ihn ein leichtes Opfer der Typhuserkrankung werden ließ, welche seinen Tod verursachte."

Der Patentkrieg war mit Wilburs Tod noch nicht zu Ende. Er schleppte sich weiter dahin, und als nach Jahren ein Abschluß gefunden war, blieb dennoch ein ab und zu aufflackernder Rest von Feindseligkeit bestehen, solange die Hauptakteure am Leben waren.

Nach dem Tode von Wilbur übernahm Orville Wright den Vorsitz der Wright Company, aber ohne seinen Bruder fiel es ihm schwer, sich auf geschäftliche Angelegenheiten zu konzentrieren. Er wurde verschlossen und entschlußunfreudig. Die Folgen der Verletzungen, die er 1908 bei dem Absturz in Fort Myer erlitten hatte, bereiteten ihm ständig Schmerzen – was er zu verbergen suchte. Tagsüber hielt er sich von der Wright-Fabrik fern und vergrub sich statt dessen in einem drei Kilometer entfernten Büro. Unaufhörlich sprach er mit seiner Schwester Katherine über seinen Groll auf Curtiss. Manchmal teilte er seine Gefühle auch einem jungen Freund mit, dem Ingenieur der Wright Company, Grover Loening.

„Im Laufe der Monate wurde mir klar, daß er wirklich ein großes Genie war, aber große Probleme hatte", berichtete Grover Loening später über Orville Wright. „Er dachte an nichts anderes als an die Ungerechtigkeit der wachsenden Konkurrenz, die ihn um die Früchte seiner Erfindung brachte. Über dieses Thema konnte er stundenlang reden."

Trotz seiner Besorgnis über die immer stärker werdende Konkurrenz unternahm Orville wenig, um mit den Entwicklungen Schritt zu halten. Aus der Alten Welt kamen die Konstruktionen, die für das Flugzeug der Zukunft richtungsweisend sein sollten; Orville dagegen schien sich mit seinem guten alten Modell, dem Doppeldecker mit Druckpropeller, zufriedenzugeben, einem Typ, der zusehends veraltete. Er tat die neuen europäischen Konstruktionen sogar als verschroben ab.

„Eines Tages offenbarte sich ein interessanter Zug seines Denkens", sagte Loening, „und zwar während einer Diskussion, in der es um die damals neu aufgekommenen Flugzeuge mit Zug-Luftschraube ging, bei denen Motor und Propeller vorn lagen. Orville sagte: ‚Dieser Typ ist eigentlich eine Erfindung der Franzosen, und wir sollten ihn nicht nachbauen, nur um Schritt zu halten. Dafür muß es bessere Gründe geben.' Er nahm einige ausländische Zeitschriften zur Hand und blätterte sie durch. ‚Da das Militär den Hauptverwendungszweck des Flugzeugs in der Beobachtung sieht', fuhr er fort, ‚was spricht dann dafür, den Piloten hinter die ganze Motor-Propeller-Anlage zu setzen, die ihm die Sicht nimmt?' Mit seiner Argumentation befriedigt, warf er die Zeitschriften auf den Tisch."

Das einzige, was Orville offenbar aufmunterte, war das Fliegen selbst. Wenn er aufstieg, verschwand seine Niedergeschlagenheit, und die Begeisterung aus den alten Zeiten mit Wilbur kehrte zurück. „Wann immer sich die Gelegenheit bot, einen Erprobungsflug zu machen, war Orville ein völlig anderer Mensch – zielbewußt, schnell, vorsichtig und offensichtlich mit der Maschine verwachsen. Dann gab es weder Unentschlossenheit, noch Zögern oder Zaudern. Der Meister war an der Arbeit!"

Im Januar 1914 errang Orville einen scheinbar totalen Sieg: Ein Berufungsgericht erkannte ihn und Wilbur in einem Urteil als „Pioniere in der praktischen Kunst des Fliegens mit Luftfahrzeugen schwerer als Luft" an und entschied, daß sich ihre Patentansprüche sowohl auf die Verwendung von Seitenrudern als auch der Tragflächenverwindung bezogen. Curtiss erhielt eine gerichtliche Verfügung, die ihm auf Dauer untersagte, Flugzeuge mit gleichzeitig an den Tragflächenenden ausschlagenden Seitenrudern herzustellen oder zu verkaufen. Die Wright Company gab sofort ihre Lizenzbedingungen bekannt: 20 Prozent von jedem in Amerika verkauften Flugzeug. Orville, der in bezug auf die Undurchlässigkeit des zu errichtenden Monopols anderer Ansicht war als die an dem Unternehmen beteiligten Experten von der Wall Street, deutete an, er werde für die meisten Hersteller „eine Politik der Schonung" gelten lassen, nicht aber für Glenn Curtiss.

Curtiss befand sich auf einer Verkaufstour in Europa, als die Nachricht von seiner Niederlage kam. Er eilte nach Hause, und es dauerte nicht lange, bis er mit einer neuen Taktik die alte Fehde neu entfachte – und einige neue Akteure ins Spiel brachte. Zu ihnen gehörten unter anderen Charles Walcott, der dem Flugzeugkonstrukteur Samuel P. Langley auf den Sekretärsposten der Smithsonian Institution in Washington gefolgt war, sowie der erfolgreiche Automobilhersteller Henry Ford aus Detroit.

Ford verfügte über eigene Erfahrungen in der Patentkriegsführung. Als einziger Hersteller hatte es der eigensinnige und geniale Fabrikant gewagt, gegen ein Gerichtsurteil aus dem Jahre 1909 zu Felde zu ziehen, das die Inhaber eines Patents für einen Kutschwagenmotor zu Monopolisten machte; das Patent war ursprünglich 1879 von einem Erfinder namens George Selden beantragt worden. Im Gegensatz zu allen anderen Automobilherstellern weigerte sich Ford, die Lizenzgebühren zu bezahlen; er ging vor Gericht und erwirkte 1911 ein günstiges Urteil.

Berichten zufolge trafen Ford und Curtiss 1913 im Speisesaal des New Yorker Brevoort Hotel zufällig aufeinander. „Nun, ich höre, die haben Sie schon fast mit dem Rücken an der Wand", soll Ford zu Curtiss gesagt haben. „Wenn die Sie soweit haben, melden Sie sich bei mir."

Ob die Unterhaltung tatsächlich stattfand oder nicht, sicher ist, daß Curtiss Anfang 1914, nachdem das für die Gebrüder Wright positive Urteil ergangen war, mit Ford Kontakt aufnahm. Kurz darauf trat W. Benton Crisp, ein publizitätsbewußter Patentanwalt – der Ford in Sachen Selden vertreten hatte –, als juristischer Stratege für Curtiss auf. Der aufmerksame Crisp fand schnell eine Lücke in dem Urteil, in dem das Gericht ausgeführt hatte, das Wrightsche Patent beziehe sich auf die Verwendung von *gleichzeitig* ausschlagenden Seitenrudern – dieses nachlässig gebrauchte Wort diente Crisp als Angelpunkt seines Vorgehens. Auf seinen Rat hin entwickelte Curtiss ein neues Steuersystem, bei dem sich das Seitenruder an einer Tragfläche unabhängig von dem an der anderen Tragfläche bewegen ließ. Als er seine Entwicklung bekannt gab, klagte die Wright Company erneut, und der Patentkrieg war wieder in vollem Gange.

Inzwischen hatten sich an der Smithsonian Institution einige seltsame Dinge abgespielt. Sie betrafen das Langley Aerodrome, ein Flugzeug mit Tragflächen in Tandemanordnung, das im Herbst 1903, kurz vor dem ersten Motorflug der Gebrüder Wright in Kitty Hawk, bei zwei Startversuchen in den Potomac River gestürzt war. Sein Schöpfer, Professor Langley, war 1906 gestorben, ohne den Versuch zu wiederholen. Auf Anordnung des Sekretärs Walcott wurde die alte Flugmaschine im April 1914 hervorgeholt und in die Curtiss-Fabrik in Hammondsport, New York, transportiert, wo Curtiss sie gegen ein Honorar von 2000 Dollar wiederherstellen und fliegen sollte.

Als Forschungsprojekt ließ sich die posthume Rettungsaktion für „Langley's Folly" (Langleys Torheit) – wie man den 70 000 Dollar teuren Versager genannt hatte –, durchaus vertreten. Aber der Zeitpunkt der Aktion sowie die Wahl der mit der Durchführung Beauftragten ließen an der lauteren Absicht des Instituts berechtigte Zweifel aufkommen.

Die Wirkung, die ein Flug des Langley-Flugzeugs auf den noch schwebenden Rechtsstreit zwischen Wright und Curtiss haben könnte, war nicht zu übersehen. Die Patentansprüche der Wrights stützten sich auf die

Ein Raritätenkabinett voll schräger Vögel

In den Anfangsjahren der Luftfahrt brachte der menschliche Erfindergeist eine Reihe phantastischer Apparate hervor, die zwar Gelächter, aber kaum Auftrieb erzeugten. Die extremen Konstruktionen entstanden zum Teil wegen der vielfältigen Patentansprüche der Gebrüder Wright.

Einige der kuriosen Gebilde flogen oder brachten es zumindest auf kurze Luftsprünge. Im Jahre 1904 baute der Engländer Horatio Phillips ein Experimentiergerät, dem er anstelle von Tragflächen einen Rahmen mit reihenweise angeordneten, gewölbten Leisten gab und das 15 Meter weit flog. Dadurch ermutigt, konstruierte er ein Modell mit vier Leistenrahmen *(unten),* das 1907 rund 150 Meter schaffte.

Das Kreisflügelflugzeug *(folgende Seite),* Kreation eines Amerikaners, hatte eine spantenlose kreisförmige Tragfläche. Diese wurde von Speichen getragen, die strahlenförmig von dem in der Mitte liegenden Motor ausgingen. Obwohl der Apparat 1912 das Cicero Field in Chicago mehrfach umrundete, kennt man ihn heute eigentlich nur noch als Erstkonstruktion eines später bekannten Flugzeugherstellers: Chance Vought.

Der Vieldecker des Marquis d'Equevilly aus dem Jahre 1908 (links) sah aus wie eine Häckselmaschine – und flog auch so.

Die dünnen Profile von Horatio Phillips' fliegender Kiste ähnelten Jalousien. Der Apparat flog 1907 über eine kurze Strecke.

Bei dem Kreisflügelflugzeug befanden sich Motor und Pilotensitz im Mittelpunkt.

Verstellbare Ringflügel schützten den Piloten, brachten ihn aber nicht in die Luft.

Zwölf Jahre Arbeit steckten in diesem deutschen Dreidecker aus Stoff und Bambus.

Alle Hoffnungen wurden zunichte, als 1908 die
Dorand, das erste für das Militär entwickelte
französische Flugzeug, nicht abhob.

Professor Jerome S. Zerbes Flugmaschine mit
fünf gewölbten Flächen rattert während der
Flugtage von Los Angeles im Jahre 1910 über
das Dominguez Field (links). Die unter anderem
untermotorisierte Konstruktion geriet, noch am
Boden, in ein Loch und brach zusammen.

Tatsache, daß ihr Flugzeug als erstes geflogen war. Wenn sich beweisen ließ, daß vor ihrer schon eine andere Maschine flugfähig gewesen war, mußten diese Patente ins Wanken geraten.

Die Entscheidung Walcotts, das Langley-Flugzeug von Curtiss – der in diesem Fall alles andere als unbeteiligt war – ausrüsten und fliegen zu lassen, erregte Verdacht. Dasselbe galt für die Ernennung von Albert F. Zahm zum Leiter des offiziellen Beobachterteams der Smithsonian Institution. Zahm war ein angesehener Flugzeugbau-Ingenieur, aber er hatte während des Prozesses um die Patente für Curtiss ausgesagt.

Den Bussard, wie Langleys Schöpfung von den Angehörigen der Smithsonian Institution liebevoll genannt wurde, hatte man seit 1903 ziemlich verkommen lassen. Viele der sorgfältig ausgehöhlten Spanten waren nicht mehr zu reparieren. Der 5-Zylinder-Sternmotor – ein besonders schönes Stück mit dem Durchmesser eines Fahrradreifens und scheinbar demselben Gewicht – gab nur etwa drei Viertel seiner Nennleistung von 52 PS, trotz der aufopfernden Bemühung seines Konstrukteurs Charles Manly, der extra nach Hammondsport kam, um bei den Versuchen zu helfen (Manly hatte 1903 auch am Steuer des Langley-Flugzeugs gesessen).

Nach sechs Wochen harter Arbeit stand die Maschine zum Probeflug bereit. Am Morgen des 28. Mai 1914 kletterte Curtiss in den Pilotensitz, der unter den Tragflächen hing. Auf den Schwimmern, die anstelle des von Langley benutzten Katapultstartsystems montiert worden waren, glitt die Maschine auf den Keuka Lake hinaus. „Über die kleinen Wellen gleitend, drehte sie in den Wind, erhob sich in ausgewogener Lage, stieg anmutig, flog 45 Meter und setzte sanft wieder auf dem Wasser auf", schrieb der offizielle Beobachter Zahm begeistert. Fünf Tage später machte der Bussard einen weiteren kleinen Luftsprung. Das reichte für die Smithsonian Institution, zu behaupten, das Langley-Flugzeug sei „ohne Modifikationen" flugfähig gewesen. „Es hat bewiesen, daß es mit einem Piloten und mehreren hundert Pfund Nutzlast flugfähig ist, und zwar in seiner ursprünglichen Konstruktion und mit seinem ursprünglichen Antrieb. Es ist das erste Flugzeug in der Geschichte der Welt, von dem dies mit Recht behauptet werden kann."

Wohl kaum. Curtiss hatte die Maschine tatsächlich in die Luft bekommen; Photographien von dem Flug ließen daran keinen Zweifel. Aber es handelte sich nicht um das Originalflugzeug Langleys. Ein paar offensichtliche Änderungen waren der Flugfähigkeit sogar abträglich, wie Curtiss betonte: „Drei Schwimmer und ihre Träger erhöhten das Gewicht der Maschine um 160 Kilo, nicht zu vergessen den Luftwiderstand." Doch Dutzende von weniger auffälligen Veränderungen waren erforderlich gewesen, um die Maschine erst einmal flugfähig zu machen, und viele davon beruhten auf wissenschaftlichen Erkenntnissen der Gebrüder Wright.

Orville Wright reagierte voller Zorn auf die Vorgänge. Er verglich Photos der alten und der neuen Maschine und stellte eine Liste von 35 Änderungen zusammen, die von der Form der Luftschraube bis zur Konstruktion des Leitwerks reichten. Sein Hauptaugenmerk aber richtete er auf Verbesserungen der Tragflächen, die entscheidend waren:

„Die Tragflächen des Langley-Flugzeugs brachen 1903 nicht auf Grund des Versagens der Startvorrichtung zusammen, wie Professor Langley annahm, sondern weil die Tragflächenstreben falsch plaziert waren, da man damals den Druckmittelpunkt noch nicht bestimmen konnte. In Hammondsport wurden die Streben um 76 Zentimeter versetzt, um diesen Fehler zu beseitigen." Des weiteren, so führte Orville an, „hatte die Flächenwölbung 1903 ein Verhältnis von 1 zu 12; bei den im Jahre 1914 in Hammondsport verwendeten Tragflächen war es 1 zu 18. Diese Veränderung erhöht die Auftriebsfähigkeit einer Tragfläche um mehr als 30 Prozent."

1915 erhielt Langleys Aerodrome einen neuen 80 PS starken Curtiss-Motor und wurde weiteren Erprobungsflügen unterworfen. Wie zuvor hob die Maschine vom Wasser ab, aber die Frage, wie sie sich in Kurven verhalten würde, blieb offen. Als im Juni 1915 die Steuerbarkeitstests beginnen sollten, trieb sich ein kleiner, bebrillter Mann mit angegrautem Oberlippenbart und Kamera in der Nähe des Curtiss-Gebiets herum. Offenbar bemüht, in Hammondsport nicht zu sehr aufzufallen, hatte er sich in einem 14 Kilometer entfernten Hotel unter dem Namen W. L. Oren einquartiert. Als die Curtiss-Mannschaft am Morgen des 5. Juni Langleys Aerodrome für die Probeflüge auf dem Keuka Lake vorbereitete – Curtiss selbst war nicht anwesend –, stand der Fremde am Ufer und beobachtete das Flugzeug durch sein Fernglas.

Die Maschine nahm allmählich Fahrt auf, wie der Eindringling später berichtete, und „glitt etwa 250 Meter dahin, als die beiden hinteren Tragflächen nahe der Mitte brachen und nach oben klappten. Als ich an den Hallen ankam, war das Flugzeug schon ans Ufer gebracht worden. Ich machte vier Aufnahmen von der Maschine, als ein Arbeiter mich bemerkte. Etwa sechs bis sieben Leute umringten mich und erklärten mir, ich dürfe das Gelände nicht mit den Filmen verlassen. ‚Wegen rechtlicher Komplikationen‘ könnten sie nicht zulassen, daß von dem Bruch Aufnahmen gemacht würden. Ihre Entschlossenheit, mich die Photos nicht mitnehmen zu lassen, war unverkennbar, und so händigte ich den Film aus. Niemand fragte mich nach meinem Namen.“

Das war gut so – W. L. Oren war Orvilles älterer Bruder Corin Wright, der sich in das feindliche Lager geschmuggelt hatte, um Beweise für Veränderungen an der Maschine zu sammeln.

Wie sich herausstellte, hatten die Flugversuche in Hammondsport keinerlei Einfluß auf den Ausgang des Patentstreits. Im Oktober 1915 verkaufte Orville, der inzwischen fast alle Anteile der Wright Company erworben hatte, das Unternehmen mit erheblichem Gewinn. Die neuen Besitzer prozessierten weiter. Aber im Juli 1917, drei Monate, nachdem die Vereinigten Staaten in den Ersten Weltkrieg eingetreten waren, richtete die Regierung für die luftfahrttechnischen Patente einen staatlichen Pool ein. Auf diese Weise wurde, wie Grover Loening es ausdrückte, „der Wrightsche Patentstreit in ein tiefes Grab gelegt, aus dem er nie mehr auferstehen würde“. Orville sollte der Luftfahrt treu bleiben; er wirkte als angesehener Berater an mehreren bedeutenden Forschungsprojekten mit.

1920 zog sich Curtiss aus der Fliegerei zurück, um sein Geld in Florida anzulegen. Im Jahre 1929 wurden die früheren Curtiss- und Wright-Anteile, die inzwischen durch mehrere Hände gegangen waren, in der Curtiss-Wright Corporation vereinigt. Die Ironie in der Namensfolge des neuen Unternehmens entging keinem der beiden ehemaligen Kontrahenten.

Für Orville war der Streit immer noch nicht beigelegt. Nach dem Tode ihres Sekretärs Walcott im Jahre 1927 schwächte die Smithsonian Institution die Behauptungen, die in bezug auf das Langley-Aerodrome gemacht worden waren, ab; doch das reichte Orville nicht. Er hatte sich 1925 um eine unparteiische Untersuchung der Vorgänge bemüht; als er merkte, daß es dazu nicht kommen würde, überließ er 1928 seinen berühmten Kitty Hawk Flyer dem Science Museum in London. Er erklärte, daß „diese Maschine in einem ausländischen Museum ständig an den Grund erinnern wird, aus dem sie dort ist“.

Erst 1942 nahm die Smithsonian Institution ihre Behauptungen offiziell zurück und sprach ihr Bedauern sowohl für die Art der Durchführung der Erprobungsflüge im Jahre 1914 als auch die „auf falschen Informationen

Das Langley Aerodrome fliegt über dem Keuka Lake im Norden des Staates New York, nachdem es 1914 ausführliche Veränderungen erfahren hat. Mit seinem neuen Curtiss-Motor, veränderten Tragflächen, zusätzlichen Schwimmern und einer anderen Stellung des Cockpits hatte es nur noch wenig Ähnlichkeit mit dem ursprünglichen Aerodrome, das 1903 beim Start mit Professor Langley verunglückt war.

beruhenden" Aussagen hinsichtlich des Langley-Flugzeugs aus. Sollte das Wright-Flugzeug je nach Amerika zurückgeführt werden, werde es „den höchsten Ehrenplatz erhalten, der ihm gebührt", versicherte das Institut.

Der Überredungskunst von Präsident Franklin D. Roosevelt, der 1910 die Wright-Kunstflieger in Boston beobachtet hatte, war es zu verdanken, daß Orville schließlich am 17. Dezember 1943 – dem 40. Jahrestag des historischen Erstflugs von Kitty Hawk – an einem offiziellen Essen teilnahm, bei dem seine Zustimmung zur Rückkehr der Maschine bekanntgegeben wurde. Nicht Orville verkündete die Neuigkeit. Er hüllte sich, wie immer, für den größten Teil des Abends in Schweigen.

Fünf Jahre später kehrte das Wright-Flugzeug endlich nach Amerika zurück und erhielt den versprochenen Platz in der Smithsonian Institution. Die Beschriftung zollt den beiden Brüdern uneingeschränkte Anerkennung, die „durch echte Forschungsarbeit ... die Gesetze des Fluges entdeckten, als Erfinder, Konstrukteure und Piloten ... die Menschheit fliegen lehrten und das Zeitalter der Luftfahrt einleiteten". Bei der Einweihungsfeier am 17. Dezember 1948 fehlte Orville Wright; er war elf Monate zuvor im Alter von 76 Jahren gestorben. Glenn Curtiss war, 52jährig, schon 1930 gestorben. Jahre vorher hatte er an einen Freund geschrieben: „Die Ehre, die den Wrights gebührt, und die Anerkennung, die sie verdienen, beruht nicht auf ihrem Patent, sondern auf ihrer Leistung." ➤➤

Der in Paris für einen New Yorker Restaurateur angefertigte Fächer zeigt eine modisch gekleidete Pilotin kurz vor dem Staat.

Auf dem emaillierten Deckel eines Bleistiftkastens aus Deutschland wird der Kontrast zwischen Pferdestärken auf dem Lande und der Romantik des Motorflugs deutlich.

Aus Messing gefertigt, zieren Blériot und seine Maschine eine Uhr mit Barometer, die an die Kanalüberquerung von 1909 erinnert.

Das um 1910 angefertigte französische Zigarettenetui aus Silber mit Emailleauflage zeigt einen Wright-Doppeldecker.

Die Vermarktung eines Traumes

Zu Beginn des zweiten Jahrzehnts unseres Jahrhunderts beschäftigte die Fliegerromantik die Phantasie zahlreicher Menschen rund um den Erdball. Ergriffen gab man sich der Vorstellung von edlen Luftfahrern hin, die den Elementen in ihren zerbrechlichen Flugzeugen trotzten. Während die Aussicht, einmal selbst zu fliegen, für die breite Masse unerreichbar war, konnte dank der bereitwilligen Hilfe von Handwerkern, Künstlern und Unternehmern fast jeder seinen Anteil an der allgemeinen Flugbegeisterung zu Hause ausleben. Bilder mit fliegerischem Inhalt zierten die Fächer der Damen und die Zigarettenetuis der Herren, aber auch edles Porzellan und, wohl unvermeidlich, Werbegeschenke der Händler.

Früher als für andere ging der Traum für die Kinder in Erfüllung; sie griffen nach Modellflugzeugen (die es schon 1909 auf der großen Luftfahrzeugausstellung in Paris zu besichtigen gab), Fliegerpuppen und von der Luftfahrt inspirierten Spielen, Spielsachen und Puzzles aller Art. Ihre Begeisterung steckte an, und wenn sich eine Familie abends am Klavier versammelte, so hörte man nicht selten Klänge aus „Fliegerliebe" oder „Ein Aeroplanflug durch die lustige Welt" (S. 141).

Der Krug gehört zu einem Royal-Doulton-Service, das etwa 1911 in England entstand. Er zeigt Flugmaschinen im Wettflug.

Vögel und ein Eindecker zieren den Royal-Nippon-Ingwertopf, der zu einem um 1910 in England entstandenen Service gehört.

Den Porzellanteller mit Kalender, den ein Händler aus Pennsylvania als Werbegeschenk verteilte, schmückt ein Flugzeug.

Würfelspiele, die die Luftfahrt zum Thema
hatten, begeisterten Kinder in England und
Frankreich. Einzelne Figuren rückten vor.

Bei diesem französischen Spiel kreisen zwei
Doppeldecker über der „Flugzeugfabrik",
während eine Kugel, ins Dach der Fabrik
geworfen, die Kegel umwirft.

Das deutsche Spielflugzeug war der Blériot
nachempfunden. Der Propeller war aus
Pappmaché, die Flügel waren aus Zinn.

An dem aufziehbaren Karussell aus
Deutschland drehen sich Doppeldecker und
Luftschiffe aus Blech um einen roten Mast.

Zwei Porzellanpüppchen aus Deutschland,
hier in Originalgröße abgebildet, zeigen, was
der gut angezogene Flieger von 1910 trug.

Das deutsche Puzzlespiel zeigt Kinder, die
einem Doppeldecker mit einer englischen
und einer amerikanischen Fahne zuwinken.

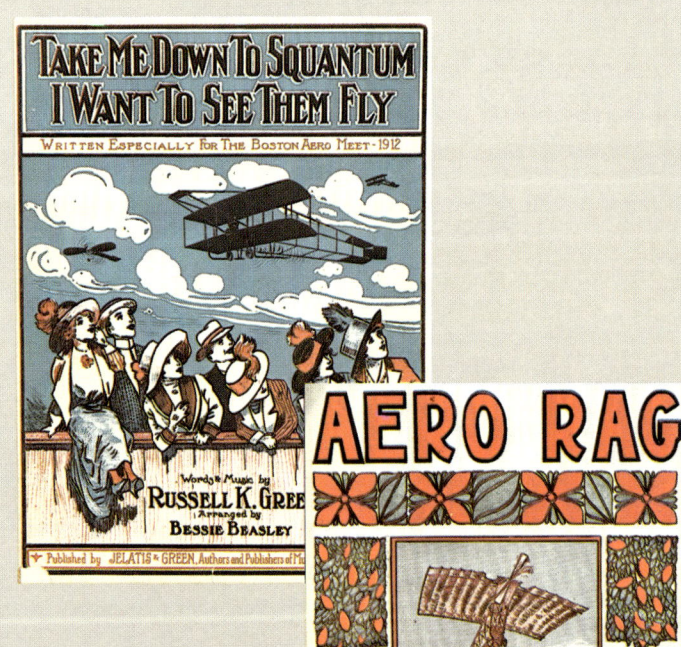

Schlagerkomponisten reagierten prompt auf die zunehmende Popularität der Luftfahrt, wie die hier aufgeführten Notenhefte aus sechs Ländern zeigen. Besungen wurden Fliegerhelden, wirkliche und erfundene. Bei manchen Liedern handelte es sich lediglich um Variationen eines alten Themas, wie in der deutschen „Fliegerliebe"; andere hatten den Spaß am Fliegen zum Thema, wie das russische „In einem Flugzeug" und das in Prag gedruckte „Ein Aeroplanflug durch die lustige Welt".

N° 4. Juillet 1913

Prix : Un Franc

LA Science ET LA Vie

5

Eine neue Waffe

Am Morgen des 21. September 1913 versammelten sich auf einem Flugplatz in der Nähe von Buc, Frankreich, mehrere hundert Journalisten und geladene Gäste. Ihr Interesse galt dem Piloten, Adolphe Pégoud, der von der Presse „der Tollkühne" genannt wurde und versprochen hatte, an diesem Tag etwas Neues zu bieten. Die Zuschauer auf dem staubigen Flugplatz hatten allen Grund anzunehmen, daß er sie nicht enttäuschen werde.

Drei Wochen war es her, daß der kleine zurückhaltende Mann mit dem schüchternen Lächeln und ausladenden Oberlippenbart in Juvisy seine Maschine im Flug absichtlich auf den Rücken gedreht hatte – was damals gewöhnlich zum Absturz führte. Aber statt herunterzufallen, war Pégoud rund 500 Meter in Rückenfluglage geflogen und hatte die Maschine dann wieder in die Normallage gebracht, so als ob es sich um etwas ganz Einfaches handelte. Am nächsten Tag führte er dasselbe Manöver noch einmal vor, um zu beweisen, daß die Leistung nicht auf Zufall beruhte.

Jeder, der mit der Luftfahrt zu tun hatte, staunte, aber Pégoud zeigte sich noch immer unzufrieden. Er verkündete, es reiche ihm nicht, nur auf dem Rücken zu fliegen. Für Buc hatte er ein weiteres Kunststück vorbereitet, auf das nun alle gespannt warteten.

Zum Aufwärmen begann Pégoud mit einem Flug, den ein Reporter als „einen wilden Tanz in der Luft" beschrieb. Er überließ sich, wie der Reporter ausführte, „allen jenen Phantasien, die nur die erfindungsreichste Vorstellungskraft entwickeln kann. Man sah ihn über das Leitwerk, dann die Fläche abrutschen, kopfüber herabstürzen, voll auf einer Seite liegend und schließlich verkehrt herum fliegen. Nach jedem dieser gewagten Manöver fing er perfekt wieder ab, und nicht einmal hatte der erstaunte Beobachter den Eindruck, daß sich der Pilot auch nur im geringsten in Gefahr befand, so vollkommen schien der Mann sich selbst und seine Maschine zu beherrschen." Auf dem Höhepunkt seiner Darbietung flog Pégoud eine Figur, die bis zu dem Zeitpunkt als unmöglich gegolten hatte, weil, wie man annahm, weder Maschine noch Pilot der Belastung gewachsen waren. In 3200 Meter Höhe drückte er die Nase seiner Blériot XI steil nach unten und holte rauschend Fahrt auf; dann „fing er in einer wundervollen Kehrtkurve ab, zog hoch und stieg, unter Ausnutzung der erreichten Geschwindigkeit, steil in den Himmel, verharrte einen Moment in Rückenfluglage und ließ sich nach unten fallen, um schließlich wieder in den Horizontalflug überzugehen", wie der Reporter beobachtete.

Es handelte sich um einen Looping, einen Kreis in der Vertikalen von rund 400 Meter Durchmesser. Mit dieser Leistung holte sich Pégoud den Titel des besten Schaufliegers seiner Zeit, des ersten, der den Namen Kunstflieger der Welt wirklich verdient hatte.

Wir wissen heute, daß Pégoud nicht als erster einen Looping geflogen ist; einen Monat früher hatte ein unbekannter russischer Fliegerleutnant namens Peter Nesterow, einem plötzlichen Einfall folgend, während eines

Der militärische Aspekt, den das französische Magazin „La Science et la Vie" (Wissenschaft und Leben) 1913 auf einem Titelblatt hervorhob, war symptomatisch für die neue Rolle, die der Luftfahrt im Zuge des kriegstreiberischen Wettrüstens in Europa zugedacht war.

Fluges, den er nur zum Vergnügen unternahm, dasselbe getan – und war wegen Gefährdung von Staatseigentum prompt unter Arrest gestellt worden. Aber das Motiv von Pégoud lag bei allem Talent für Effekte nicht darin, mit todesmutigen Glanzleistungen die Sensationsgier der Menge zu befriedigen. Mit seinen Kunststücken verfolgte er ein ernstzunehmendes Ziel – nämlich die Grenzen der Leistungsfähigkeit von Mensch und Maschine zu erkunden. Er brachte sich absichtlich in Situationen, die bis dahin als selbstmörderisch galten – um sich zur Zufriedenheit und anderen Fliegern zum Nutzen zu zeigen, daß er sich daraus befreien konnte.

„Es schien mir wichtig, meinen Kameraden zu beweisen, daß sie sich nie verloren glauben durften", schrieb Pégoud. „Ich wollte sagen: ‚Meine Freunde, ihr habt mich in Rückenfluglage gesehen; ihr wißt, daß es möglich ist. Also wenn der Tag kommt, an dem sich eure Maschine beim Sturzflug auf den Rücken dreht, laßt sie. Überlegt, bleibt ruhig, nehmt euch Zeit und dreht sie mit Hilfe der Steuerung wieder um, so als wenn ihr normal fliegt.'"

Den Anstoß zu seinen waghalsigen Flugfiguren hatte ein Ereignis aus demselben Jahr gegeben, als Pégoud bei Blériot beschäftigt war. Pégoud hatte sich dort, obwohl er erst seit ein paar Monaten flog, als Werkpilot beworben, nachdem er seinen Wehrdienst im französischen Heer geleistet hatte. Doch Blériot ignorierte seine Unerfahrenheit, als sich herausstellte, daß der junge Pilot ein Naturtalent sein mußte.

Seinen ersten Einsatz bei Blériot erhielt Pégoud bei der Erprobung eines neuen Fanghakensystems für landende Flugzeuge auf Schiffen. Als nächstes sollte er als erster Pilot mit einem Fallschirm aus seiner Maschine aussteigen. Seine Aufgabe bestand darin, den Fallschirm auszulösen, bevor er aus dem Cockpit kletterte. Der Fallschirm öffnete sich wie geplant beim ersten Zug an der Reißleine und zerrte Pégoud über den ganzen Rumpf, was ihm, wie er sich ausdrückte, „einen ordentlichen Schlag vom Leitwerk an der Schulter" versetzte, bevor er von der Maschine freikam und an seinem Fallschirm sicher dem Boden entgegenschwebte.

Mit Schürfwunden, aber sonst unverletzt, schwebte Pégoud in einen Baum. Das verlassene Flugzeug aber flog weiter. Pégoud beobachtete es von seinem Ast. „Meine alte Kiste", erinnerte er sich, „flog allein allerhand Tricks". Diese unkontrollierten Tricks – Sturzflug, vertikaler Steigflug, Abkippen über die Tragfläche, dann wieder ein Sturzflug, bei dem sich die Maschine zwischen Trudelbewegungen aufrichtete, bevor sie schließlich am Boden aufschlug – überzeugten Pégoud, daß sich mit einer robusten, ausgewogenen Maschine in den Händen eines überlegt handelnden Piloten Manöver fliegen ließen, die man immer für unmöglich gehalten hatte.

Systematisch machte er sich daran, seine Theorie zu beweisen. Zunächst bereitete er sich auf die Figuren, die er in der Luft ausführen wollte, am Boden vor: In einem Cockpit, das an Sägeböcken befestigt wurde, hing er festgeschnallt wiederholt 20 Minuten lang mit dem Kopf nach unten, um sich an die desorientierenden körperlichen Empfindungen zu gewöhnen, die diese Lage mit sich brachte. Er verstärkte die Tragflächen einer Blériot-Standardversion und vergrößerte die Leitwerksfläche, um die Steuerbarkeit zu verbessern. Schließlich stieg er mit der Maschine auf und begann, vorsichtig nach und nach die schwierigen Flugfiguren zu entwickeln, die sein Repertoire ausmachen sollten. Die Übungsflüge gaben ihm vollstes Vertrauen zu seinem Flugzeug, und so kam es im September zu der bravourösen Darbietung in Buc mit dem Looping als Höhepunkt. Die Kunde davon verbreitete sich in Windeseile um die ganze Welt.

Viele seiner fliegenden Zeitgenossen waren skeptisch, als sie von Pégouds letztem Kunststück hörten. Sie mußten sich aber überzeugen lassen, als er sich auf eine Einmann-Kunstflugtournee begab und kurz hintereinander in Großbritannien, Deutschland, Belgien, Österreich, Italien, Rumänien, den Niederlanden und in Rußland auftrat. Piloten rund um die Welt begannen, es ihm nachzutun. In den Vereinigten Staaten ärgerte sich insbesondere Lincoln Beachey, der führende Stuntpilot seines Landes, daß ihm der Looping nicht als erstem eingefallen war. Beachey hatte 1911 bei Glenn Curtiss fliegen gelernt und war mit seinem Programm waghalsiger Kunststücke, darunter ein freihändiger Sturzflug, überaus populär geworden. Er hatte als erster Amerikaner auch den Rückenflug vorgeführt, ohne abzustürzen. Als er von Pégouds Looping erfuhr, bestellte er sofort eine Spezialversion des Curtiss-Doppeldeckers und nahm die sensationelle Nummer in sein Repertoire auf.

Innerhalb von sechs Monaten beherrschten Beachey und rund 50 andere Piloten, darunter 28 Franzosen und elf Engländer, den Looping. Keiner von ihnen fand am Kunstflug jedoch soviel Gefallen wie Pégoud. In einem

In einer Zeitschrift des Jahres 1913 finden sich die drei Flugfiguren, die der französische Pilot Adolphe Pégoud erfand – Looping, gesteuerte Rolle und rückwärts eingeleiteter Sturzflug. Die Zeichnung zeigt irrtümlicherweise beim Looping den Kopf des Piloten außen und das Fahrwerk innen, was beim Außenlooping, das erstmals 1927 ausgeführt wurde, der Fall ist. Beim Looping verhält es sich genau umgekehrt.

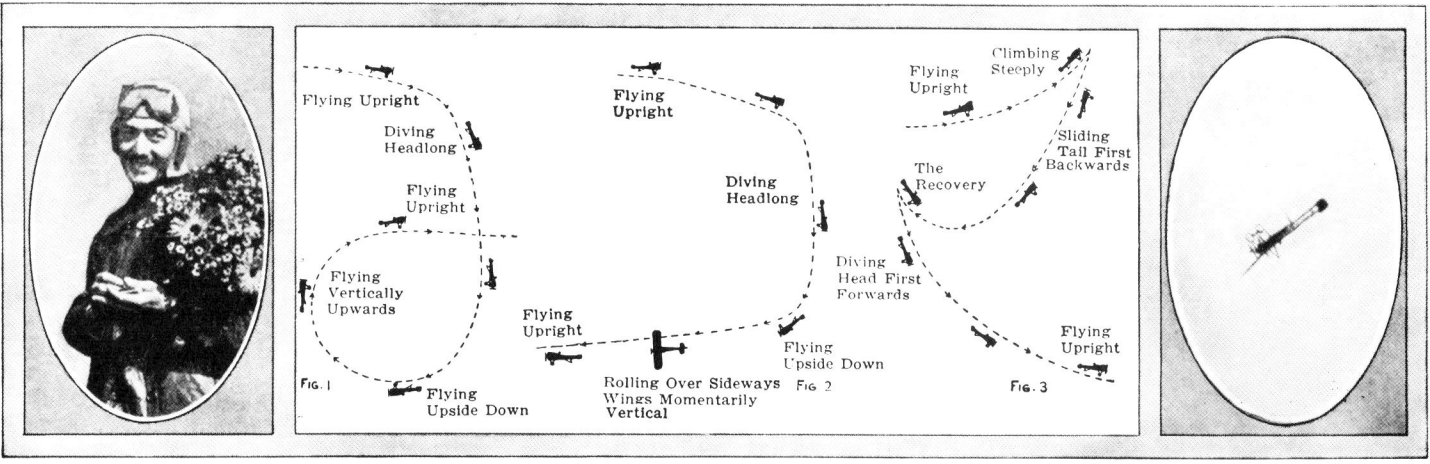

erwähnenswerten Loblied auf die Fliegerei schrieb er: „In jeder beliebigen Fluglage und für jede beliebige Dauer mit den Elementen der Luft zu spielen, meine Maschine wie einen Korken auf rauher See tanzen zu lassen, allen Tücken der Atmosphäre zu begegnen, sie meinem Willen unterzuordnen und mich selbst elegant, voller Ruhe und Vertrauen, wieder auf den Erdboden zurückzubringen, darin liegt mein ganzes Glück."

Wie Pégoud gehofft hatte, vermittelten seine Bravourstücke den Fliegern seiner Zeit ein stärkeres Gefühl der Sicherheit. Der kleine Franzose hatte es mit dem Unbekannten aufgenommen und bewiesen, daß es alles in allem doch nicht so erschreckend war. Er hatte gezeigt, daß sich die Tücken der Atmosphäre, wie er sie nannte, meistern ließen. Kein Mensch hatte die Luftfahrt derart beeinflußt, seit Wilbur Wright 1908 in Le Mans seine Maschine vorgeführt hatte. Aus den von Pégoud entwickelten Kunstflugfiguren sollten die Ausweichmanöver entstehen, die nur allzu bald zur Standardtaktik der Kampfflieger im Ersten Weltkrieg gehörten.

Eben jener Krieg bereitete Pégouds fliegerischer Laufbahn nach nicht einmal drei Jahren ein vorzeitiges, jähes Ende. Er war erst 26 Jahre alt, als er am 31. August 1915 im Luftkampf von einer deutschen Maschine über dem Elsaß abgeschossen wurde. Pégouds spätere Kameraden wußten, daß sie ihm Dank und Hochachtung schuldeten: Sie machten ihn zu einer Art Schutzpatron der Jagdflieger.

Im Gegensatz zu den heldenhaften und tragischen Begegnungen, zu denen es in den Luftkämpfen des Ersten Weltkriegs kam, war das erste

145

Auftauchen des Flugzeugs über einem Kriegsschauplatz nichts als eine Posse. Den Titel der ersten Luftbeobachter dürfen vermutlich der gewissenhafte Roland Garros, der unbotmäßige Charles Hamilton und die übrigen Mitglieder der Moisant International Aviators, einer von John und Alfred Moisant gegründeten Kunstfliegertruppe, für sich in Anspruch nehmen. Im Februar 1911 befand sich die Truppe auf Tournee in Mexiko, während dort Aufstände tobten, und die Piloten beschlossen, sich die Auseinandersetzungen einmal anzusehen. Der Leiter der Truppe arrangierte eine Flugschau für die Regierungsarmee, und Garros, Hamilton und die übrigen warfen zum Spaß mit Apfelsinen nach den Soldaten, die mit einem Platzpatronenfeuer auf die Pseudo-Bombardierung antworteten.

Charles Hamilton jedoch gelüstete es nach anderen Geschossen als Apfelsinen. „Bei dem Flug über die Truppen im Kampf von Juarez", brüstete er sich später, „hätte ich sämtliche Einheiten, die der Regierung wie die der Aufständischen, an einem einzigen Tag vernichten können, wenn mir Bomben zur Verfügung gestanden hätten."

Noch in demselben Jahr kamen Flugzeuge der italienischen Armee zum Einsatz, die in Nordafrika einen kolonialen Eroberungskrieg gegen die Türkei führte. Im Oktober machte Hauptmann Carlo Piazza, der 1911 den Italien-Rundflug gewonnen hatte, in Libyen (damals Teil des Osmanischen Reiches) einen Aufklärungsflug über den türkischen Linien. Eine Woche später führte Leutnant Giulio Gavotti mit einer Formation italienischer Flugzeuge den ersten echten Bombenangriff der Geschichte. Bei den vier

Eine Postkarte erinnert an die aus zwölf Piloten bestehende italienische Staffel, die 1911 unter dem Kommando von Hauptmann Carlo Montù (ganz links) in Libyen den ersten Kampfeinsatz der Welt flog. Zu ihren Aufgaben gehörten Aufklärungsflüge und Bombenangriffe.

Bomben handelte es sich um Granaten, die Gavotti in einer Ledertasche mitführte. Als er sein Zielgebiet, ein türkisches Lager und eine wichtige Oase, erreichte, steuerte er seinen Eindecker mit den Knien, schraubte Zünder auf die Granaten und warf die Geschosse ab. Soweit bekannt, erschreckte der Überfall den Feind mehr, als er ihm schadete.

Allzu schnell verschwanden die tragikomischen Aspekte, die dem Luftkrieg in seiner Anfangszeit eigen waren. Im Balkankrieg von 1913 gerieten griechische Piloten ins Störfeuer türkischer Bodentruppen. Im selben Jahr wurden zwei spanische Piloten über Tetuan in der Nähe von Tanger von zwei marokkanischen Scharfschützen schwer verwundet. Die britische Zeitschrift *Flight* veröffentlichte daraufhin die folgenden warnenden Worte: „Es hieß immer, das Flugzeug bilde ein fast unmögliches Ziel für Artillerie oder Infanterie, aber nun sieht es so aus, als hätten die feindlichen Mauren in diesem Fall großes Glück bei ihren Schüssen gehabt oder als sei das Flugzeug doch nicht so schwer zu treffen, wie wir angenommen hatten."

Von 1911 an unternahmen die europäischen Staaten Anstrengungen, ihre Luftstreitkräfte für den größeren Konflikt vorzubereiten, zu dem es mit wachsender Sicherheit kommen mußte. Anfang 1912 verfügte die französische Armee, die den kriegerischen Möglichkeiten der Luftfahrt von allen Ländern die größte Bedeutung beimaß, über eine Flotte von 254 Maschinen. Im Juni desselben Jahres veranstalteten französische Flugzeughersteller einen zweitägigen Wettbewerb, mit dem sie den militärischen Wert ihrer Maschinen demonstrieren wollten. Bei dem Rundflug von Anjou, so benannt, weil er über der gleichnamigen französischen Provinz stattfand, handelte es sich um einen 156 Kilometer langen Dreiecksflug zwischen Angers, Saumur und Cholet; der Kurs mußte siebenmal abgeflogen werden. Die Marathonstrecke entspach etwa dem, was man an Strapazen im Kriegsfalle zu erwarten hatte, und sollte Maschinen und Piloten auf die Probe stellen.

Verschiedene europäische Staaten schickten ihre Militärattachées nach Angers, dem Ausgangspunkt des Fluges. In den Straßen drängten sich bereits schaulustige Besucher aus allen Teilen des Kontinents, und ein paar Tage lang war das kleine Angers eine aufblühende Stadt mit überfüllten Cafés und mit Gastwirten, die rücksichtslos ihre Preise in die Höhe trieben.

In Angers waren außerdem die besten Piloten und modernsten Flugzeuge Frankreichs versammelt. Auffallend selbst in dieser Konkurrenz und allgemeiner Favorit für den mit 50 000 Franc dotierten Großen Preis war die schlanke, leistungsfähige Deperdussin, eine Entwicklung von Louis Béchereau, der später ein im Ersten Weltkrieg berühmtes Jagdflugzeug, die Spad, entwerfen sollte. Die Deperdussin war die erste in Schalenbauweise konstruierte Maschine, bei der die Rumpfkonstruktion ohne innere Verstrebungen auskam. Das Flugzeug trug den Namen des Herstellers, des reichen Industriellen Armand Deperdussin. Kaum ein Jahr später sollte Deperdussin in schwere finanzielle Schwierigkeiten geraten, die mit seiner Verurteilung wegen Betrugs endeten. In Angers aber hatte er im besten Hotel eine Etage für sein Verkaufs- und Werbepersonal gemietet. Seine Flugzeuge waren in einer riesigen Halle vor den Toren der Stadt ausgestellt.

Als aussichtsreichster Rivale der Deperdussin galt die Nieuport, eine Schöpfung des französischen Ingenieurs Édouard Nieuport. Sie war der Blériot, der sie nachgebaut war, infolge der flacheren Tragflächenprofilwölbung und der windschlüpfigen, abgerundeten Verkleidung, die den Luftwiderstand reduzierte, an Geschwindigkeit überlegen.

Der Erfolg im Rundflug von Anjou sollte jedoch nicht von irgendwelchen neuen Konstruktionsmerkmalen abhängen.

Die Vorläufer der Kampfflugzeuge

In Friedenszeiten entwickelt und dennoch die ersten, die die Aufgaben von Jägern, Bombern und Aufklärern übernahmen, standen diese revolutionären Flugzeuge Pate für die Militärmaschinen, die sich im Ersten Weltkrieg bewähren sollten. Sie sind auf diesen Seiten maßstabsgetreu abgebildet (etwa im Verhältnis 1 zu 70).

Der Wright Military Flyer war das erste Flugzeug, für dessen Kauf sich das Heer der Vereinigten Staaten entschied. Mit einer verbesserten Version wurden erstmalig Waffen erprobt (wobei sich herausstellte, daß die Stabilität durch das Abfeuern der Waffen nicht beeinträchtigt wurde). Bei dem ersten einsatzfähigen Wasserflugzeug der US-Marine handelte es sich um die Curtiss A-1.

Die ständig verbesserte englische Erprobungsmaschine B.S.1 mit ihren guten Steigleistungen bildete den Prototyp des späteren Kampfeinsitzers. Sikorskys *Russky Vityaz*, das erste flugfähige viermotorige Flugzeug, war Vorläufer der schweren Bomber. Die ersten Bomben des Krieges fielen jedoch aus einer Taube, einer außerordentlich eigenstabilen Maschine von Ignaz Etrich, bei der der Pilot getrost das Steuer loslassen konnte, um die Sprengkörper abzuwerfen.

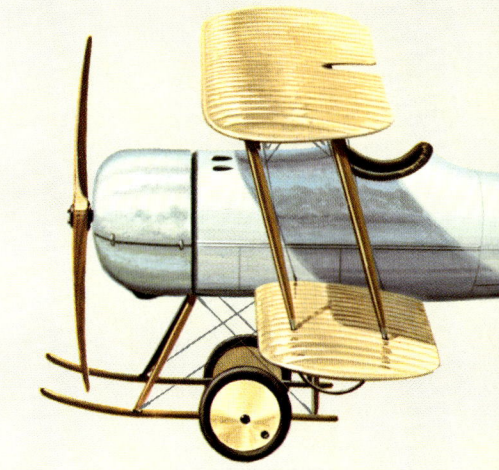

MILITARY FLYER – GEBRÜDER WRIGHT (1909)

Auf die untere Tragfläche der Signal Corps 1 (Aufklärer Typ 1) genannten Militärmaschine waren neben einem 30-PS-Motor zwei Sitze montiert, was die Mitnahme eines Beobachters oder eines Bordschützen ermöglichte.

CURTISS A-1 – GLENN CURTISS (1911)

Die A-1, eine Weiterentwicklung des 1909 von Curtiss gebauten Rheims Flyer, hatte einen zentralen Hauptschwimmer und je einen Stützschwimmer unter den Tragflächen. Später wurde sie mit einziehbarem Fahrwerk ausgerüstet.

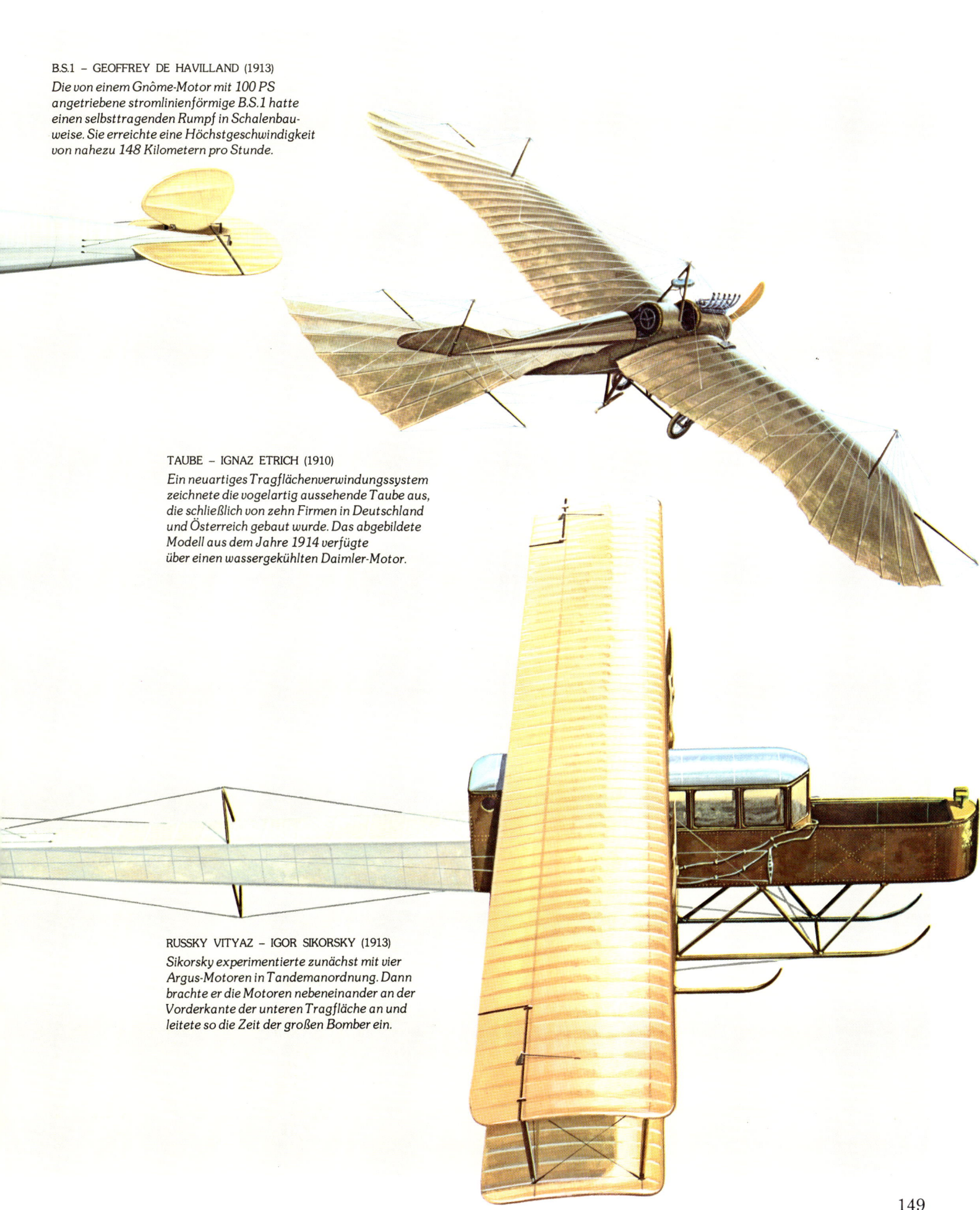

B.S.1 – GEOFFREY DE HAVILLAND (1913)

*Die von einem Gnôme-Motor mit 100 PS
angetriebene stromlinienförmige B.S.1 hatte
einen selbsttragenden Rumpf in Schalenbauweise. Sie erreichte eine Höchstgeschwindigkeit
von nahezu 148 Kilometern pro Stunde.*

TAUBE – IGNAZ ETRICH (1910)

*Ein neuartiges Tragflächenverwindungssystem
zeichnete die vogelartig aussehende Taube aus,
die schließlich von zehn Firmen in Deutschland
und Österreich gebaut wurde. Das abgebildete
Modell aus dem Jahre 1914 verfügte
über einen wassergekühlten Daimler-Motor.*

RUSSKY VITYAZ – IGOR SIKORSKY (1913)

*Sikorsky experimentierte zunächst mit vier
Argus-Motoren in Tandemanordnung. Dann
brachte er die Motoren nebeneinander an der
Vorderkante der unteren Tragfläche an und
leitete so die Zeit der großen Bomber ein.*

Einen alles verändernden Faktor hatten die Veranstalter des Wettflugs nämlich nicht einkalkuliert, das Wetter. Der 16. Juni, der erste Veranstaltungstag, begann zwar ruhig, aber schon bald kam Wind auf, der sich zu einem ausgewachsenen Sturm entwickelte. Zwischen den Spanndrähten der Maschinen, die auf dem außerhalb von Angers liegenden Flugplatz festgebunden waren, pfiff der Wind, und aus schwarzen Wolken prasselte heftiger Regen herunter. Der streitlustige Pariser Jules Védrines, der für Deperdussin startete, kletterte auf einen Treibstoffbehälter und verlangte den Boykott. Die meisten anderen Piloten stimmten ihm zu; nur einer, Roland Garros, dachte gar nicht daran, den Flug abzusagen.

Um 8.45 Uhr ließ Garros seine Maschine an den Start bringen. Heftigere Böen als je zuvor an diesem Tag rüttelten an der Blériot, und einer von Garros' Begleitern versuchte, ihn zurückzuhalten: „Meinst du nicht, es ist besser, noch etwas zu warten?" Ein anderer Freund antwortete für den Piloten: „Gar kein Gedanke. Er weiß, daß er fliegen muß."

Diese Worte, so Garros später, „erfüllten mich mit der nötigen Begeisterung. Ich hatte das Gefühl, als würde ich mich zu einem Spaziergang im Regen aufmachen." Ein Mechaniker warf den Propeller an, der Gnôme-Motor sprang stotternd an, und Garros startete in bester Laune mit seiner Maschine nach Cholet.

Auf der ganzen Strecke hatte Garros mit dem Wind zu kämpfen. Von seinem Sitz in der bockenden Blériot konnte er sehen, wie sich die Bäume unter ihm im Sturm bogen. Wie Nadelstiche trafen die Regentropfen sein Gesicht, seine Brille war beschlagen. Hände, Gelenke und Arme, von der ständigen Arbeit am Steuerknüppel erschöpft, erstarrten. Garros hatte darauf gesetzt, daß sich das Wetter bessern würde; statt dessen wurde es in der zweiten Runde noch schlechter, und er befand sich blind und durchnäßt mitten in dem anhaltenden Sturm. „Ich steuerte die Maschine mit einer Hand und hielt die andere schützend vor's Gesicht", sagte er. „Ich konnte absolut nichts sehen und navigierte allein nach dem Kompaß. Schließlich fand ich ein Loch in den Wolken, landete auf einem kleinen Feld und fragte den Bauern, wo ich mich befand. Er erklärte mir den Weg, und ich startete wieder." Dann aber türmten sich in der Ferne Berge unheimlicher schwarzer Wolken auf. „Ich kam näher", fuhr Garros fort, „flog dichter und dichter an die schwarze Wand heran und war plötzlich mittendrin – in einem Hagelschauer. Mein Ziel, der Flugplatz von Angers, lag unter dem Sturm. Mit zusammengekniffenen Augen und wild kurbelnd, steuerte ich zwischen den Dächern und Schornsteinen der Stadt hindurch. Dies war mein letzter Versuch. Plötzlich kamen die Umrisse der Hallen und Tribünen in Sicht, ich stellte die Zündung ab und landete."

Zu seiner Überraschung erfuhr Garros von seinem Team, daß nur noch ein weiterer Teilnehmer des Rundflugs von Anjou im Rennen war. Von den 34 gemeldeten Startern hatten es sechs gewagt, ihm in den Sturm zu folgen; fünf von ihnen waren als Opfer von Übelkeit, Motorversagen oder Bruchlandungen ausgeschieden. Als Garros zu seiner dritten und letzten Runde des Tages aufbrach, hatte sich der Himmel aufgeklart und der Wind gelegt; er beendete den Flug ohne Zwischenfall. Am nächsten Tag flog er bei sonnigem Wetter die restlichen vier Runden und gewann den Großen Preis.

Zwei Monate nach dem Rundflug von Anjou wurden in Larkhill auf der Salisbury Plain Großbritanniens erste Militärmaschinen erprobt. Die Briten hatten sich mit dem Aufbau einer eigenen Luftflotte Zeit gelassen. Erst auf Drängen der Falken, insbesondere Winston Churchills, bemühte sich die Regierung, das Versäumnis wettzumachen. Im April 1912 wurde das Royal Flying Corps gegründet, das sowohl für das Heer als auch die Marine flog. Für die militärischen Erprobungsflüge waren Preise im Werte von 8000

Das Plakat aus dem Jahre 1903 zeigt Samuel Cody – nicht verwandt mit Buffalo Bill Cody –, der eine Zeitlang im Wilden Westen agierte, mit einem seiner riesigen Drachen. Cody baute später in England die erste flugfähige Maschine.

Pfund ausgesetzt worden. Auf diese Weise hoffte Großbritannien sich der besten Luftfahrttechnik zu versichern, die im eigenen Land und auch jenseits der Grenzen zu der Zeit existierte.

Der Sieger von Larkhill war passenderweise ein eingebürgerter Brite, der Pilot Samuel Cody, dessen British Army Aeroplane No. 1 im Oktober 1908 als erstes Luftfahrzeug schwerer als Luft in Großbritannien vom Boden abgehoben hatte. Papa Cody, wie ihn die englische Presse liebevoll nannte, war der älteste unter den Pionieren der Luftfahrt – er war 47 Jahre alt, als er sich zum ersten Mal in die Lüfte erhob. Damals hatte er schon eine Karriere als Cowboy in seinem Heimatland Texas, als Goldsucher am Klondike und als Wildwest-Darsteller in einer englischen Theatertruppe hinter sich. Cody verzichtete grundsätzlich nicht auf sein Cowboy-Gebaren: Er trug die Haare schulterlang und staffierte sich mit Western-Stiefeln und einem breitkrempigen Hut aus; außerdem trug er einen Revolver, mit dem er von Zeit zu Zeit Schlösser an den Flugzeughallen aufschoß; ein Flugzeug, das die Nase in den Boden gebohrt hatte, stellte er einmal mit dem Lasso wieder auf, das er über den Hecksporn geworfen hatte.

Cody konnte zwar weder lesen noch schreiben, aber die Grundlagen des Flugzeugbaus erfaßte er rein intuitiv. Er begann mit dem Bau riesiger Kastendrachen, die er auch erprobte. Von deren militärischem Nutzen in der Artilleriebeobachtung überzeugt, stellte ihn das britische Kriegsministerium als Lehrer für Drachenbau in der Army Balloon Factory an. Dort arbeitete er an der Konstruktion des ersten britischen Armee-Luftschiffs *Nulli Secundus* mit, das 1907 eine triumphale Fahrt über London machte, bevor es, im Freien von einem Sturm überrascht, entleert und zurücktransportiert werden mußte. Der *Nulli Secundus* kam nie wieder in die Luft;

Samuel Codys Army Aeroplane No. 1, das 1908 an den Start gebracht wird, war das größte bis dahin gebaute Flugzeug. Es hatte eine Tragflächenspannweite von knapp 16 Metern und wurde die „Fliegende Kathedrale" genannt.

dafür gelangte sein Antoinette-Motor als Triebwerk in das Flugzeug, das Samuel Cody danach allein baute.

Das Army Aeroplane No. 1 und Codys nachfolgende Maschinen waren riesige Doppeldecker, die im Volksmund „Flying Cathedrals" (Fliegende Kathedralen) hießen – sowohl wegen ihrer Größe als auch wegen der hängenden, abgewinkelten unteren Tragflächen. Da sie relativ schwerfällig und problematisch zu fliegen waren, leisteten die Maschinen keinen besonderen Beitrag zur Entwicklung des Flugzeugs; aber Cody selbst trug, wie Ferber in Frankreich, wesentlich zum Fortschritt der Luftfahrt in Großbritannien bei. Als Cody 1912 seinen Triumph feierte, war aus der Ballonwerkstatt in Farnborough bereits die Royal Aircraft Factory geworden, die eine Reihe talentierter Konstrukteure anzog.

Im selben Jahr stellte ein britisches Privatunternehmen die ersten Doppel- und Eindecker mit geschlossener Kabine vor. Sie waren das Werk von Alliott Verdon Roe, einem ehemaligen Ingenieur der Handelsmarine. Als er begann, sich für Flugzeuge zu interessieren, beobachtete er Meeresvögel im Flug und baute Gleitflugzeugmodelle nach ihrem Vorbild. 1913 produzierte Roe dann die Avro 504, einen Doppeldecker mit

In der Halle der Albatros-Werke, des ersten deutschen Flugzeugwerks, wird nach Massenproduktionsverfahren hergestellt. Der Produktionsausstoß war an das Wachstum der deutschen Streitkräfte gebunden und stieg rasant von 12 Maschinen im Jahre 1911 auf 338 Maschinen allein im Jahr des Kriegsausbruchs 1914.

gestaffelten Tragflächen, der als militärisches Schulflugzeug außerordentlich berühmt wurde. Zu Tausenden produziert, gehörte die 504 zu den meistverkauften und langlebigsten Flugzeugen, die je gebaut wurden; noch Anfang 1930 waren einige Exemplare aus späteren Bauserien im Einsatz, was deutlich von ihrer Beliebtheit zeugt.

Um dieselbe Zeit brachten auch noch zwei andere Männer, Geoffrey de Havilland und T. O. M. Sopwith, Konstruktionen heraus, die nachhaltigen Einfluß auf den britischen Flugzeugbau haben sollten. Sopwith, ein aristokratischer junger Segelsportler, war bei Flugtagen in Europa und Amerika geflogen, bevor er sich ans Reißbrett stellte. De Havilland, Sohn eines Geistlichen, hatte als Designer zweistöckige Londoner Stadtbusse entwickelt, bevor er sich dem Flugzeugbau zuwandte. Als Mitglied des Konstruktionsteams in der staatlichen Flugzeugfabrik in Farnborough hatte de Havilland entscheidenden Anteil an der Entwicklung der B.S.1, eines schmucken und 148 Stundenkilometer schnellen kleinen Doppeldeckers, der 1912 herauskam. Er war Vorläufer des kommenden klassischen Aufklärungs- und Jagdeinsitzers. Auf der B.S.1 aufbauend, erschien 1913 die Sopwith Tabloid, ein Aufklärungsflugzeug; äußerst wendig und fähig, innerhalb von nur zehn Minuten auf 4500 Meter zu steigen, machte die Tabloid die Überlegenheit des Doppeldeckers gegenüber dem damaligen Eindecker deutlich. Als Weiterentwicklung der Tabloid wiederum brachte Sopwith dann die 185 Stundenkilometer schnelle Camel heraus, eines der erfolgreichsten Jagdflugzeuge des Ersten Weltkriegs.

Wie die Briten erkannten auch die Deutschen den potentiellen Wert des Flugzeugs in kriegerischen Auseinandersetzungen erst Jahre nach den Franzosen. Der erste Flug mit einem Luftfahrzeug schwerer als Luft, der 1908 in Deutschland dem zu Gast weilenden Dänen J. C. H. Ellehammer gelungen war, hatte kaum Aufmerksamkeit erregt. Viel mehr interessierten sich die Deutschen für die von Ferdinand Graf Zeppelin entwickelten, schwerfälligen Luftschiffe, so daß zunächst nur wenig Geld von Regierungsstellen wie auch von privater Seite in die Entwicklung von Flugzeugen investiert wurde. Als die unerfahrene deutsche Luftfahrtindustrie dann begann, das Versäumte nachzuholen, machte sie großzügige Anleihen bei den französischen Modellen. Der deutsche Aviatik-Doppeldecker war der französischen Farman nachgebaut, die Euler der Voisin und die Albatros gleich zwei französischen Vorbildern: der Farman und der Sommer. Außerdem kaufte Deutschland die Herstellungsrechte für die auffallende Taube, einem von dem Österreicher Ignaz Etrich entwickelten Eindecker mit den Vogelschwingen nachgebildeten Tragflächen, der von den Italienern in Libyen gegen die Türken eingesetzt worden war.

In der Person des draufgängerischen und noch sehr jungen Niederländers Anthony Fokker vergewisserten sich die Deutschen darüber hinaus der Mitarbeit eines der organisationsfähigsten Genies der Luftfahrt. Fokker, Sohn eines reichen Kaffeeplantagenbesitzers in Ostindien, war zum Ingenieurstudium nach Deutschland gekommen; 20jährig baute er mit einem Mitarbeiter im Jahre 1910 nach bekannten Vorbildern einen Eindecker mit Tragflächenverwindung, der einen Luftsprung von 30 Meter Länge hinter sich brachte. Zwei Jahre später betrieb Fokker seine eigene Pilotenschule und bemühte sich um Verträge mit der deutschen Armee für Flugzeuge, die er selbst herstellen wollte.

Fokker war ein geborenes Schautalent und ein glänzender Vorführungsflieger; als Konstrukteur griff er Ideen auf, wo er sie fand. 1913 war er dabei, als auf dem Berliner Flugplatz Johannisthal ein leichter französischer Eindecker vom Typ Morane-Saulnier landete. Er besah sich sämtliche

Das Wunderkind der deutschen Luftfahrt, der in den Niederlanden geborene Anthony Fokker, baute und flog 1910 im Alter von 20 Jahren sein erstes Flugzeug. „Es war ein erregendes Gefühl", meinte er nach dem Flug. „Ich kam mir vor wie Balboa, als er den Pazifik erblickte."

Konstruktionsmerkmale und kaufte ein Spielzeugmodell desselben Flugzeugs, um es noch genauer untersuchen zu können. Dann ersetzte er die Stahlrohrkonstruktion des Rumpfes durch Holz, verbesserte die Tragflächen, setzte die Räder des Fahrwerks weiter nach außen – um der Tendenz der Originalmaschine zu gefährlichen unkontrollierten Drehungen beim Rollen auf der Start- oder Landebahn entgegenzuwirken – und machte aus der Morane-Saulnier die Fokker M.5., mit der er seine Produktion begann. Die M.5. war Vorläufer der berühmten Eindecker, der Fokker-Kampfeinsitzer, die zwei Jahre später den Luftraum über der Westfront beherrschten.

Im Osten Europas hatte Igor Sikorsky, Absolvent der Marineakademie von St. Petersburg, 1908 mit Versuchen begonnen, einen Hubschrauber in die Luft zu bringen. Enttäuscht, daß sein 25-PS-Anzani-Motor in Verbindung mit den Rotorblättern nicht genügend Auftriebsleistung gab, machte sich Sikorsky an die Konstruktion großer Starrflügelflugzeuge – der ersten flugfähigen viermotorigen Maschinen der Welt. 1913 stellte er das bemerkenswerte Ergebnis seiner Bemühungen vor: die Ilya Mourometz, einen phantastischen viermotorigen Doppeldecker mit einer Spannweite von 34 Metern, einer geschlossenen Fluggastkabine, komplett mit Küche, Toilette und Heizung, sowie einem offenen Promenadendeck. Zar Nikolaus II., der die Ilya Mourometz bei einer Militärparade 1914 sah, bestellte zehn der imposant aussehenden Riesen für die russischen Luftstreitkräfte, darunter einige mit Schwimmern für die Marine; nach Kriegsausbruch wurde die zaristische Luftflotte um 70 Maschinen dieses Typs verstärkt.

Im Gegensatz zu den europäischen Ländern widmeten die Vereinigten Staaten dem militärischen Aspekt der Fliegerei in den Jahren vor dem Krieg nur geringe Aufmerksamkeit und finanzielle Mittel. Durch den breiten Atlantik von den politischen Beben getrennt, die die Alte Welt erschütterten, sahen die Amerikaner keine zwingende Notwendigkeit, eigene Luftstreitkräfte aufzubauen; noch 1913 gab die amerikanische Regierung weniger Geld für Kriegsflugzeuge aus als Bulgarien. Allerdings standen Mittel für Versuchszwecke bereit, und die Militärs nutzten sie. Im Jahre 1911 führte das amerikanische Heer die ersten Bombenabwurftests mit einem Wright-Doppeldecker durch. Im selben Jahr entwickelte ein Heeresleutnant, Riley Scott, das erste Bombenzielgerät. Und es war die amerikanische Marine, die – mit Hilfe Glenn Curtiss' – im Winter 1910/11 mit den ersten erfolgreichen Starts und Landungen auf Schiffen die Marinefliegerei ins Leben riefen.

Am 14. November 1910 ratterte in Hampton Roads, Virginia, der Curtiss-Kunstflieger Eugene Ely mit seiner Maschine eine geneigte, 25 Meter lange Holzstartbahn auf dem Vorderdeck des amerikanischen Kreuzers *Birmingham* entlang. Weg vom Bug sackte das Flugzeug gefährlich dicht auf die Wasseroberfläche durch, so daß Ruder und Propellerblattspitzen in die Wellenkämme tauchten und Ely durchnäßten. Doch der Pilot steuerte die Maschine durch den dichten Nebel und setzte sie auf dem vier Kilometer entfernten Ufer sicher wieder auf. Zwei Monate später, am 18. Januar 1911, machte er den ersten Flug in umgekehrter Richtung: Er startete von dem oberhalb von San Francisco Bay gelegenen Presidio und landete auf einer 9 mal 34 Meter großen Landebahn, die provisorisch auf dem Achterdeck des Kreuzers *Pennsylvania* errichtet worden war. Nach einem Mittagessen mit dem Kapitän, das zu Ehren von Elys beachtlicher Leistung üppig ausfiel, flog er zurück nach San Francisco.

Seine wenn auch bescheidenen Flüge hätten eine Zeit ahnen lassen können, in der riesige Flugzeugträger die Ozeane der Welt durchpflügen,

Igor Sikorskys grandiose Ilya Mourometz, so genannt nach einem russischen Helden, landet 1914 mit zwei Passagieren auf dem Beobachterdeck.

Alle nationalen Kampagnen, mit denen in Europa zu Spenden aufgerufen wurde, um die Mittel für den Unterhalt der ersten Luftstreitkräfte zu erhalten, unterstrichen den patriotischen Aspekt, so die deutsche Postkarte links, der italienische Appell „Verleiht Italien Flügel" oben und das französische Konzertplakat (auf der gegenüberliegenden Seite).

von denen aus Kampfflugzeuge ihre Ziele an Land und auf dem Wasser ansteuern. Aber die wenigsten konnten sich solche modernen Träger vorstellen. Curtiss selbst glaubte, daß die Zukunft in der Marinefliegerei den Maschinen gehörte, die vom Wasser starteten, auf dem Wasser landeten und an Bord gehievt wurden, wenn keine Einsätze erforderlich waren. Die meisten altgedienten Marineoffiziere stimmten ihm zu, und Curtiss, mit seinem gewohnten Sinn fürs Geschäftliche, eilte, ihren Vorstellungen nachzukommen. Acht Tage nach Elys Landung auf der *Pennsylvania* im Jahre 1911 stellte Curtiss das erste funktionstüchtige Wasserflugzeug vor. Für die Schwimmer hatte er Anleihen bei einem Entenschnabel-Wasserflugzeug gemacht, das im Jahr zuvor in einem Mittelmeerhafen nahe Marseille von dem französischen Erfinder Henri Fabre erprobt worden war. Mit dem unverkleideten Rumpf zwischen den in Tandemanordnung angebrachten Tragflächen oben und den Schwimmern unten glich Fabres Maschine eher einem fliegenden Zaun. Noch dazu untermotorisiert, flog sie in der Tat nie weiter als gerade sechs Kilometer.

Curtiss' robustes Flugzeug, ein Doppeldecker mit einem einzigen Schwimmer anstelle des Fahrwerks, „schien in die Luft zu springen wie eine erschreckte Möwe", wie Curtiss nach seinem ersten Flug triumphierend berichtete. Fast unmittelbar nach dem Wasserflugzeug konstruierte er ein Wasser-Land-Flugzeug, das zusätzlich zu den Schwimmern ein manuell einziehbares Fahrwerk hatte und den Einsatz zu Wasser und zu Lande zuließ. Curtiss' Neuerfindung stieß überall auf großes Interesse; 1913 wurden seine Wasser- und Amphibienflugzeuge von der russischen, deutschen, japanischen und natürlich der amerikanischen Marine geflogen.

Curtiss entwickelte noch eine weitere Variante derselben Kategorie, ein Flugboot, dessen wasserdichter Rumpf einem Bootsrumpf ähnelte. Genau wie seine Wasserflugzeuge mit Schwimmern erwies sich das Curtiss-Flugboot auf der Stelle als ein Erfolg und wurde vielfach nachgebaut. Vor allem reiche Sportflieger begeisterten sich für die „fliegende Yacht". Der Sohn des Herstellers landwirtschaftlicher Geräte und Erbe des International-Harvester-Vermögens, Harold McCormick, gehörte zu den ersten, die sich eine solche Maschine leisteten, in diesem Fall eine zweisitzige; er benutzte sie, um zwischen seinem Anwesen in Lake Forest, Illinois, und seinem Büro in Chicago hin und her zu pendeln. Ende 1913 hatte Curtiss

mehr als 40 Flugboote verkauft, und andere Hersteller bemühten sich, so schnell wie möglich mit eigenen Modellen auf den Markt zu kommen, um dieses einträgliche Geschäft nicht zu versäumen.

Die Wright Company sah sich ebenfalls gezwungen, Curtiss' Beispiel zu folgen und Wasserflugzeuge zu bauen, auch wenn es Orville Wright nicht paßte. Mitte 1912 brachte das Unternehmen einen Doppeldecker vom Typ Modell C mit Schwimmer auf den Markt, um sich seinen Anteil zu sichern. Später konstruierte Grover Loening, Ingenieur der Wright Company, unter Orvilles Aufsicht ein Flugboot mit kurzem Rumpf. „Er hätte dem Flugboot nie seinen Segen gegeben", kommentierte Loening, „wenn es sich äußerlich nicht so vollkommen von den Flugbooten unterschieden hätte, mit denen Curtiss den Markt überschwemmte."

Die Entwicklung des Wasserflugzeugs war ein Beispiel für den rasanten Fortschritt, der sich in den Jahren unmittelbar vor dem Ersten Weltkrieg in der Luftfahrt vollzog. Von Monat zu Monat wurden die immer besser durchkonstruierten Maschinen leistungsfähiger, größer und zuverlässiger – Eigenschaften, die es unternehmungslustigen Fliegern ermöglichten, sich an erstaunlichen Strecken zu versuchen. Im Jahre 1913 flog der 20jährige Franzose Marcel Brindejonc des Moulinais von Frankreich nach Polen; mit seiner Morane-Saulnier schaffte er die 1400 Kilometer lange Strecke an einem einzigen Tag. Sein Tempo – Frühstück in Paris, Mittagessen in Berlin, Abendessen in Warschau – ließ bereits die Möglichkeiten ahnen, die heute durch den modernen Flugreisebetrieb gegeben sind. Im selben Jahr flogen Jules Védrines und ein Fluggast – mit einigen Zwischenstops – die rund 4000 Kilometer lange Strecke von Nancy in Ostfrankreich nach Kairo.

Die Zuverlässigkeit von Flugzeug und Motor wurde 1913 noch einmal auf die Probe gestellt, als Roland Garros, der Held von Anjou, den beispiellosen Versuch unternahm, das Mittelmeer ohne Zwischenlandung zu überfliegen. Garros plante, von der französischen Riviera über Korsika und Sardinien hinweg zur nordafrikanischen Küste zu fliegen – eine 824 Kilometer lange Strecke, die vorwiegend über die offene See führte.

Garros war sich der Risiken seines Unternehmens durchaus bewußt. Die Tanks seiner Morane-Saulnier faßten Brennstoff für nur acht Stunden. Wenn er Rückenwind hatte, worauf er sich keinesfalls verlassen konnte, betrug die Flugzeit etwa sechseinhalb Stunden, wie er schätzte. Bei Cagliari an der Südspitze Sardiniens stand ihm also eine schwere Entscheidung bevor: auf die offene See hinausfliegen und im Vertrauen auf den Brennstoffvorrat Afrika ansteuern oder zwischenlanden und auftanken – was den Mißerfolg bedeutete.

Das Angebot der französischen Marine, eine Eskorte zu stellen, lehnte Garros ab; eine derartige Unterstützung hätte seine Entscheidungsfreiheit hinsichtlich des Abflugtermins eingeschränkt, wie er meinte. (Trotzdem fuhren französische Torpedoboote auf der Strecke Patrouille.)

In der Nähe des Küstenorts Saint-Raphaël legte sich Garros am frühen Morgen des 23. September 1913 einen Rettungsring um und befestigte ein rotes Tuch an einer als Notsignal gedachten Angel, bevor er um 5.47 Uhr startete und Kurs auf Tunis nahm. Eineinhalb Stunden später hörte Garros, von der Kälte in 1500 Meter Höhe leicht benommen, einen beunruhigenden metallischen Klang. „Plötzlich begann die ganze Maschine zu zittern, und oben in der Motorhaube erschien ein Loch", erinnerte er sich. „Öltropfen drangen hervor, die der Wind mir ins Gesicht trieb. Offenbar war irgendein Teil des Motors herausgeflogen. Warum blieb er nicht stehen?"

Der Gnôme-Umlaufmotor lief weiter, und Garros widerstand der Versuchung, auf Korsika niederzugehen, das links von ihm in Sichtweite lag.

Statt dessen flog er weiter nach Sardinien, wobei er „fieberhaft" im Kopf nachrechnete, ob er wohl genügend Brennstoff hatte, um die afrikanische Küste zu erreichen. Während die Benzinanzeige langsam sank, versuchte er, seine Fluggeschwindigkeit zu schätzen, ohne Erfolg. „Kam ich voran, oder hatte ich starken Gegenwind, der meine Geschwindigkeit herabsetzte oder mich vom Kurs abbrachte? Ich hatte nicht die geringste Ahnung." Er versuchte, sich Mut zu machen: „Gegenwind? Warum nicht Rückenwind? Daran denkst du wohl überhaupt nicht!"

Mit der Zeit gewöhnte sich Garros an die Vibrationen, die nach wie vor die Maschine erzittern ließen. Über Sardinien geriet er in Gegenwind, der seine Geschwindigkeit verringerte. Tiefhängende Wolken zwangen ihn, dicht über der Wasseroberfläche zu fliegen. Schließlich sichtete er Cagliari, die letzte Landemöglichkeit vor dem weiten Meer, hinter dem Afrika lag.

„Ein quälendes Dilemma: Sollte ich landen oder weiterfliegen?" fragte sich Garros. „Ich war fast eine Stunde hinter meinem Zeitplan zurück; mein Brennstoffvorrat ging zur Neige, und, was schlimmer war, ich hatte einen Motor, der zwar lief, dem aber seit fünf Stunden ein Teil fehlte."

„Ich hatte mich noch nicht entschieden", fuhr er fort. „Zu landen bedeutete, die Überquerung aufzugeben und einen Traum zu begraben. Ich werde diesen Augenblick der Unschlüssigkeit nie vergessen. Eine geheimnisvolle Kraft trieb mich dann aufs Meer hinaus."

Es gelang Garros, Afrika zu erreichen, wenn auch nicht Tunis, sein eigentliches Ziel. Mit immer noch klopfendem Motor landete er um 13.40 Uhr in Biserta, 60 Kilometer von Tunis entfernt an der Küste. Es war ein knapper Sieg – sechseinhalb Flugstunden lagen hinter ihm, davon die Hälfte mit einem Motor, dem, wie sich bei einer gründlichen Durchsicht herausstellte, eine Ventilfeder fehlte. Bei der Landung befanden sich nur noch fünf Liter Benzin im Tank, die zwar für weitere zehn bis zwölf Flugminuten ausgereicht hätten, aber für keine Sekunde länger.

Die Langstreckenflüge des Jahres 1913 durchbrachen die Grenzen der fliegerischen Leistung, die man bis dahin für erreichbar gehalten hatte, und rückten immer kühnere Unternehmungen in den Bereich des Möglichen. Selbst der Gedanke an einen Flug über den Ozean war nicht mehr unvorstellbar, und Lord Northcliffe, Eigentümer der Londoner *Daily Mail,* machte ein interessantes Angebot: Er setzte einen Preis von 10 000 Pfund für die erste Atlantiküberquerung mit dem Flugzeug aus.

Kaum gestellt, entfachte Lord Northcliffes Herausforderung heftige Diskussionen. Es gab keinen Motor, der für eine solche Aufgabe als zuverlässig genug galt, keine Flugmaschine, die mit so viel Brennstoff flugfähig war, wie für die Atlantiküberquerung gebraucht wurde, selbst wenn man von der kürzesten Strecke von Neufundland nach Irland ausging – immer noch rund 3000 Kilometer.

Den Wettbewerbsbestimmungen zufolge mußte der Flug in 72 Stunden oder weniger beendet sein. Zwischenlandungen zum Auftanken, außer auf dem Wasser, waren untersagt. Diese Regelung schloß Landflugzeuge praktisch aus, und die erfahrensten Piloten – darunter Roland Garros – bestritten, daß sich irgendeins der vorhandenen Wasserflugzeuge dafür eignete. Zusätzlich zu dem enormen Brennstoffgewicht mußten diese Maschinen ihre schweren Schwimmer tragen, und die Gefahr, daß diese bei einem Landemanöver auf der niemals glatten Oberfläche des Atlantiks abbrachen, konnte auch nicht ausgeschlossen werden. Das größte Problem jedoch war die Navigation, wie Garros erläuterte. Bei seinem Flug über das Mittelmeer hatte er sich an Inseln als Wegweisern orientieren können. „Nach 800 Kilometern", bemerkte er trocken, „konnte man die afrikanische

Obwohl er wiederholt nur den zweiten Platz belegte, wird Roland Garros auf der Titelseite einer Zeitschrift als ein Sieger des Jahres 1911 gefeiert. Zwei Jahre später verdiente er sich diesen Titel mit dem ersten – wahrhaft riskanten – Nonstopflug über das Mittelmeer.

Küste einfach nicht verfehlen." Aber im Atlantik gab es keine Landmarken – nur die endlose, immer gleich aussehende Meeresoberfläche. Ein kleines Unwetter oder ständiger Seitenwind reichten, um ein Flugzeug vom Kurs abzubringen und ihm ein möglicherweise fatales Ende zu bereiten.

Allen Gefahren zum Trotz verkündeten zahlreiche Bewerber ihre Absicht, die Atlantiküberquerung zu wagen. Zu ihnen gehörten Frankreichs führender Kunstflieger Adolphe Pégoud; der italienische Wasserflugzeug-Konstrukteur Enea Bossi; der bekannte deutsche Albatros-Pilot Hellmuth Hirth, Sieger des 523 Kilometer langen Wettflugs von Berlin nach Wien im Jahre 1912. In England begann ein unternehmerischer junger Konstrukteur namens Frederick Handley Page – ermutigt durch 1000 Pfund, die ihm eine selbst auf den Flug versessene, impulsive deutsche Fürstin zahlte – mit dem Entwurf eines Doppeldeckers mit gepfeilten Tragflächen und geschlossener Kabine, den er für die Atlantiküberquerung vorsah.

Schautalent, gepaart mit Geschäftstüchtigkeit

Mit 22 Jahren fing der erfolgreiche Automobilhändler Glenn Luther Martin im Jahre 1908 an, nachts in einer leerstehenden Kirche in Santa Ana, Kalifornien, zu arbeiten, und zwar mit der Hilfe seiner Mutter, die nicht selten geduldig eine Öllampe für ihn hielt. Ein Jahr später brachte er das handgearbeitete Ergebnis seiner Nachtarbeit ans Tageslicht, einen Doppeldecker mit Druckpropeller in der Bauweise von Curtiss. Mit diesem Gerät brachte er einige Luftsprünge zustande.

„Stoppt ihn, bevor er sich den Hals bricht", bat ein Freund der Familie inständig, aber Martin hatte sein Element gefunden. Kurze Zeit später präsentierte er sich in flotter Fliegerkleidung aus schwarzem Leder, nahm Filmstars auf Rundflüge mit und jagte Kojoten und entlaufene Sträflinge aus der Luft.

Seinem Talent, sich wirkungsvoll ins Bild zu setzen, das ihn zu einem der meistbeachteten Piloten Amerikas machte, standen seine Fähigkeiten als Konstrukteur und Unternehmer in nichts nach. Als das Heer der Vereinigten Staaten 1914 auf Grund mehrerer tödlicher Unfälle sämtlichen Wright- und Curtiss-Doppeldeckern Startverbot erteilte, bot Martin eine eigene Maschine und ein Werk in Los Angeles an, um die Lücke zu schließen. Sein Doppeldecker-Modell TT mit Zugpropeller und Doppelsteuer wurde zum Standardschulflugzeug des US-Heeres.

Lachend läßt sich der „Fliegende Geck" Glenn Martin neben einem Kojoten photographieren, den er von seinem Doppeldecker aus erlegt hat.

160

Zwei weitere britische Bewerber trafen ihre Vorbereitungen für den Flug, den sie nie erleben sollten. Der populäre Kunstflieger Gustav Hamel hatte vorschnell behauptet, er könne den Atlantik in 16 Stunden überfliegen, und bei Martin & Handasyde einen riesigen, 215 PS starken Eindecker mit Flächenverbindung, wasserdichtem Rumpf und abwerfbarem Fahrwerk bestellt. Doch die Maschine wurde nie zu Ende gebaut. Am 23. Mai 1914 kehrte Hamel von einem Flug über den Ärmelkanal nicht mehr zurück; von dem Morane-Saulnier-Eindecker, den er geflogen war, wurde keine Spur gefunden. Der andere Bewerber, Samuel Cody, hatte einem französischen Unternehmen 3000 Dollar angezahlt und es mit dem Bau eines zwölfzylindrigen Motors mit 400 PS beauftragt, den er in ein geplantes Wasserflugzeug einbauen wollte. Der Eindecker, ein wahres Monstrum nach Cody-Tradition, sollte eine Spannweite von 36 Metern, eine Höchstgeschwindigkeit von 145 Kilometern pro Stunde, eine Brennstoffkapazität von eineinhalb Tonnen und drei Sitzplätze für die Besatzung bekommen. Aber auch Cody kam ums Leben – bei der Erprobung eines kleineren Wasserflugzeugs, das er für einen anderen von Lord Northcliffe als Vorlauf für den Transatlantikflug ausgeschriebenen Wettbewerb, an dem er teilnehmen wollte, gebaut hatte.

Im Februar 1914 drang aus dem Lager von Glenn Curtiss in Hammondsport die Nachricht, daß auch er sich der Herausforderung von Lord Northcliffe zu stellen gedachte. Hinter verschlossenen Türen hatte Curtiss an einem Flugboot gearbeitet, das eigentlich zur Feier des hundertjährigen Friedens zwischen Großbritannien und Amerika, der dem Ende des 1812 begonnenen Krieges folgte, von einer anglo-amerikanischen Besatzung über den Atlantik hätte geflogen werden sollen.

Rodman Wanamaker, Sproß des Kaufhauskönigs von Philadelphia, der das Curtiss-Projekt finanzierte, erklärte, „es wäre ein angemessener Höhepunkt der Feier, wenn die beiden Länder durch diesen internationalen Flug eine Brücke schlagen und so der Welt beweisen könnten, daß die Zeit für die Abrüstung der Staaten gekommen ist, und sei es auch nur aus dem Grunde, daß die Luftfahrt einen Stand erreicht hat, bei dem selbst die größten Schlachtschiffe nutzlos werden könnten." Zwar irrte sich Wanamaker in bezug auf die Abrüstung, und mit seiner Einschätzung der Luftmacht eilte er seiner Zeit voraus, aber sein Geld ermöglichte den Bau nicht nur eines, sondern zweier phantastischer Maschinen.

Das von Curtiss entwickelte Flugboot, das auf den Namen America getauft wurde, war das größte bis dahin in den Vereinigten Staaten gebaute Flugzeug. Es handelte sich um einen Doppeldecker mit Druckpropellern, angetrieben von zwei 100-PS-Motoren; die obere Tragflächenspannweite betrug 22 Meter, und der Bootsrumpf, dessen Spanten mit Zedernholz beplankt waren, hatte eine Länge von neun Metern. Im vorderen Teil des Rumpfes befand sich ein geräumiges, geschlossenes Cockpit mit Kunststofffenstern und genügend Platz für einen Kartentisch und eine Matratze, die gleichzeitig als Rettungsinsel vorgesehen war. Für den Fall, daß irgend etwas schiefging, wurde eine zweite America gebaut.

Curtiss und Wanamaker durchkämmten die amerikanische Marine nach einem geeigneten amerikanischen Kopiloten, der den bereits bestimmten Kommandanten der America, den ehemaligen Leutnant der britischen Marine John Cyril Porte, begleiten sollte. Portes fliegerische Karriere hatte 1910 auf einer Demoiselle begonnen; später war er auf Deperdussin-Flugzeuge umgestiegen. Nachdem er wegen einer Tuberkuloseerkrankung aus der Marine ausscheiden mußte, hatte er die Londoner Vertretung für die Deperdussins übernommen; die britische Fachpresse nannte ihn einen Flieger „der Superlative".

Ende Februar 1914 kam Porte in New York an, zu einem Zeitpunkt, an dem sich der erneut aufgeflammte Streit zwischen den alten Kontrahenten Orville Wright und Glenn Curtiss einem weiteren Höhepunkt näherte. Die Wright Company hatte gerade ihren Patentprozeß gegen Curtiss gewonnen, und Orville drohte, den Atlantikflug zu verhindern, wenn Curtiss sich weigerte, Lizenzgebühren zu bezahlen – wobei Orville dem Curtiss-Flugboot die Tauglichkeit ohnehin absprach. „Ich weiß, daß die Maschine den Atlantik nicht überfliegen kann und wird", höhnte er. Porte hatte keineswegs die Absicht, sich in die Streitigkeiten verwickeln zu lassen. Während Curtiss und Wright sich weiter gegenseitig beschuldigten, nahm er den Zug nach Hammondsport. Reporter hörten ihn murmeln: „Mein Gott, kann mir das nicht erspart bleiben; das wird eine unangenehme Sache."

Am Keuka Lake in Hammondsport erwarteten ihn Schwierigkeiten anderer Art. Die Erprobungsflüge der *America* verliefen anfangs ohne nennenswerte Zwischenfälle. Am 27. Juni legte die Maschine auf einem der Flüge mit sieben Männern an Bord drei Kilometer zurück. Zwei Tage später lud Porte acht Reporter zu einem Flug ein, bei dem das Flugzeug einen Luftsprung von 30 Metern machte. „Stabil wie ein verdammter Felsen", meinte er zuversichtlich. Doch in den folgenden Tests zeigten sich Gewichtsprobleme. Mit knapp einer Tonne Ballast, dem Brennstoffgewicht, mit dem die Maschine voraussichtlich starten mußte, ließ sich die *America* nicht vom Wasser „loseisen".

Dessen ungeachtet gingen die Vorbereitungen für den bevorstehenden Atlantikflug weiter. Die Schiffsplätze für die Überfahrt nach Neufundland, dem geplanten Startort, wurden gebucht. Auf den Azoren, wo Porte aufzutanken gedachte, wurde Brennstoff gelagert. Schiffskapitäne erhielten zweisprachige Mitteilungen in Englisch und Portugiesisch mit der Bitte, nach der *America* Ausschau zu halten, die als „eine Flugmaschine mit anmontiertem Boot, rot gestrichen" anschaulich beschrieben wurde – für den Fall, daß einige der alten Seebären mit dem neuen Luftfahrzeug noch nicht vertraut sein sollten.

In Hammondsport bastelten die Curtiss-Ingenieure mittlerweile an dem Rumpf des Flugboots herum. Die Tragflächen stützende Schwimmer wurden an- und wieder abmontiert, eine neue Rumpfkonstruktion wurde erprobt und wieder aufgegeben; schließlich einigte man sich auf den Einbau eines dritten Motors oberhalb des Cockpits, der beim Start zusätzliche Leistung und im Notfall Sicherheit geben sollte. Die *America* hob nun mit einer Beladung von 1180 Kilogramm vom Wasser ab, und Curtiss zeigte sich begeistert vor dem Ergebnis seiner Versuche: „Ich brauche mehr Ballast", triumphierte er. „Ich kann sie nicht unten halten."

Doch der dritte Propeller, ein Zugpropeller zwischen zwei Druckpropellern, neigte bei abgestelltem Motor dazu, vom Luftstrom angetrieben mitzudrehen, und erzeugte zusätzlichen Widerstand. Das Problem war beinahe gelöst, da wurde es auch schon nebensächlich: Im August 1914 begann in Europa der Krieg, und für die nächsten vier Jahre wurden alle Pläne für einen Transatlantikflug auf Eis gelegt. Erst 1919 flog die erste Maschine über den Atlantik – ein Curtiss-Flugboot.

Es entbehrt nicht einer gewissen Ironie, daß die *America* und ihr Zwilling, mit dem Gedanken an Frieden und Abrüstung gebaut, bald darauf im Weltkrieg eine Rolle spielten. Trotz der Proteste des deutschen Botschafters in Washington wurden die beiden Flugboote an Großbritannien verkauft und im September 1914 verschifft. Die Briten setzten die *America* zur Unterseebootbekämpfung ein und bestellten auf Drängen von Leutnant Porte 50 weitere Maschinen des Typs bei Glenn Curtiss, der nun fast Mühe hatte, mit der Lieferung nachzukommen.

Bei der Taufe des von Curtiss gebauten Flug-
boots „America" bekommt der englische Pilot
John C. Porte (Vordergrund rechts) einige
Spritzer Champagner ab. Porte hatte die Auf-
gabe übernommen, die Maschine über den
Atlantik zu fliegen. Doch der Ausbruch des
Krieges verhinderte seinen Versuch.

Das erste und vielleicht interessanteste Jahrzehnt der Luftfahrt war vorüber. Seit den Anfängen in Kitty Hawk hatte es die Menschen nur einen Augenblick im Weltgetriebe gekostet, sich in dem neuen Element zurechtzufinden. 1914 gab es Flugzeuge, die auf etwa 6000 Meter Höhe stiegen, die eine Geschwindigkeit von über 200 Kilometern pro Stunde erreichten und die mehr als 1000 Kilometer zurücklegten, ohne landen zu müssen – die vielleicht sogar den Atlantik überqueren würden. Ausgehend von nur zwei Menschen – Wilbur und Orville Wright –, hatte eine Gruppe von mehr als 2000 Männern und Frauen fliegen gelernt, die sich dann mit Recht Piloten nennen durften.

Doch der Fortschritt hatte seinen Preis gekostet. Über 2000 Menschen hatten bei Unfällen ihr Leben verloren, was Anthony Fokker noch vor Kriegsausbruch zu der Bemerkung veranlaßte, daß „jedes Flugfeld, das ich kenne, mit dem Blut meiner Freunde und Brüder in der Fliegerei getränkt ist". Dennoch verlor die Fliegerei für die Gruppe der Piloten nichts von ihrer Anziehungskraft und Faszination.

Während seines kurzen Lebens beschrieb der Kunstflieger Ralph Johnstone, was er den Rausch des Fliegens nannte: „Wenn man einmal abgehoben hat", erklärte er, „die Leichtigkeit der Bewegung, das Gefühl der Freiheit, die Gewandtheit eines Vogels im Flug – diese Erfahrungen erzeugen eine Ruhe, die fast hypnotisch ist." Es handelte sich um eine Empfindung, der keine irdische Erfahrung standhalten konnte. ➤➤

Exotische Besucher
an berühmten Stätten

In den allerersten Jahren der Luftfahrt glich ein Flug gewissermaßen einem Glücksspiel: Man wußte nie, was kam. Wegen der hohen Wahrscheinlichkeit einer Bruchlandung vermieden die meisten Piloten sicherheitshalber den Luftraum über dichtbevölkerten Gebieten. Doch mit wachsendem Selbstvertrauen der Flieger und zunehmender Zuverlässigkeit der Maschinen gaben sie ihre Zurückhaltung auf. Zum erstenmal konnten sich Städter am Anblick eines Luftfahrzeugs erfreuen, das gelegentlich über ihren Köpfen kreiste, ohne daß sie das Gefühl haben mußten, besser in Deckung gehen zu sollen.

Obwohl die Flugzeuge als solche schon die Aufmerksamkeit auf sich zogen, setzten die Piloten ihren fliegerischen Darbietungen weitere Glanzlichter auf, indem sie berühmte Werke der Baukunst zum Hintergrund wählten. Wahrzeichen der verschiedensten Großstädte der Welt, vom Eiffelturm in Paris bis zum Weißen Haus in Washington, wurden zu Wendemarken und Zielen ihrer Streckenflüge. Kaum ein zeitgenössischer Augenzeuge oder Photograph konnte sich der Faszination dieser Mischung aus Vertrautem und Exotischem entziehen. Diese und die folgenden Seiten zeigen Aufnahmen der ersten Flüge, die sich über, um oder zwischen solchen Wahrzeichen abspielten.

Graf de Lambert umfliegt 1909 den Eiffelturm. Mit seinem Wright-Doppeldecker stieg er rund hundert Meter über die Spitze des Bauwerks empor.

Der Flug des Italieners Mario Cobianchi um den Schiefen Turm von Pisa verwirklicht 1911 die Idee eines Romans.

Der erste Flug über Venedig führt Umberto Cagno 1911 in die Nähe der Markuskirche. Er landete auf dem Lido.

Frank McClean flog 1912 zwischen den Türmen der Tower Bridge hindurch; er überlebte, als seine Maschine darauf in die Themse stürzte.

Harry Atwood krönt seinen Flug über die Rekordstrecke von 742 Kilometern mit einem Tiefflug über das Weiße Haus, bevor er auf dem Rasen landet.

Danksagungen

Das Register dieses Buches wurde von Gale Linck Partoyan erstellt. Die Herausgeber danken den Künstlern John Amendola (S. 108–113, 148–149) und Paul Lengellé (Einband und Vorsatzblatt). Für ihre wertvolle Hilfe bei der Vorbereitung dieses Bandes danken die Herausgeber: **In der Bundesrepublik Deutschland:** Deisenhofen – Josef Pöllitsch; München – Herbert Studtrucker, Deutsches Museum; West-Berlin – Roland Klemig, Heidi Klein, Bildarchiv Preußischer Kulturbesitz. **In Frankreich:** Châlons sur Marne – Georges Dumas, Directeur des Archives de la Marne; Le Mans – Henri Delgove; Paris – Gérard Baschet, Éditions de l'Illustration: Jacques Borgé; Pierre Breguet; Pierre Devambez; Isabelle Jammes; Jacques Lartigue; André Bénard, Odile Benoist, Elisabeth Caquot, Lucette Charpentier, Alain Degardin, Georges Delaleau, Gilbert Deloizy, Général Paul Dompnier, Stellvertretender Direktor, Yvan Kayser, Général Piere Lissarague, Direktor, Stephane Nicolaou, Hauptmann Jean-Baptiste Reveilhac, Kurator, Musée de l'Air; Edmond Petit, Kurator, Musée Air-France; Poissy – Jeanne Damamme, Kurator, Musée du Jouet; Saint Romain-de-Colbosc – Claude-François Labarre. **In Italien:** Mailand – Maurizio Pagliano, „Ali Italiane" Rizzoli; Sandro Taragni; Rom – Hauptmann Gennaro Adamo, Stato Maggiore Aeronautica; Gräfin Maria Fede Caproni, Museo Aeronautico Caproni di Taliedo. **In Japan:** Tokio – Tadashi Nozawa. **In der Schweiz:** Luzern – Verkehrsmuseum. **In der Sowjetunion:** Moskau – Museum für Luft- und Raumfahrt. **In den Vereinigten Staaten:** Connecticut – William Lee; Bea LaFlamme, Harvey Lippincott, United Technologies Archives; Washington, D. C. – William Leary, National Archives; Catherine D. Scott, Philip Edwards, Mary Pavlovich, Mimi Scharf, Karl P. Suthard, Robert van der Linden, National Air and Space Museum; Illinois – Archie Motley, Chicago Historical Society; Maryland – Lillian und William Gottschalk; Massachusetts – Mary Leen, Bibliothekarin, Thomas Parker, Direktor, The Bostonian Society; Winifred Collins, Massachusetts Historical Society; Larry Lewis; Martha Mahard, Harvard Theatre Collection; Mildred O'Connell, Museum of Transportation; Helen Slotkin, Massachusetts Institute of Technology; Michigan – Douglas Bakken, Joan Gartland, Cynthia Read, Henry Ford Museum; New Jersey – David Winans; New York – Owen Billman; Russell Crimi, New York Public Library; Davis Erhardt, Long Island Division, Queens Borough Public Library; Carl Hennicke; Eugene Husting; William Kaiser, Kurator, Cradle of Aviation Museum; H. Schoenenberg, Grumman History Center; Richard Sherer; Merrill Stickler, Kurator, Glenn H. Curtiss Museum; Ray Tillman; Ohio – Sid Bradd; Royal Frey, Kurator, Charles Worman, Chief of Research, U.S. Air Force Museum; H. Eugene Kniess, National Cash Register Co.; Harold und Ivonette Wright Miller, Patrick Nolan, Wright State University Archives; George Page; Pennsylvania – David K. Bausch; Virginia – Dana Bell, U.S. Air Force Photo Depository; Washington – Peter Bowers. Der Dank der Herausgeber gilt darüber hinaus Helen Cullinan, Cleveland; Rose-Mary Cason, Dallas; Diane Asselin, Los Angeles; Alison Raphael, Rio de Janeiro. Besonders nützliche Quellen für Informationen und Zitate waren: *The Rebirth of European Aviation 1902–1908: A Study of the Wright Brothers' Influence* von Charles H. Gibbs-Smith, Her Majesty's Stationery Office, London, 1974; *The First to Fly* von Sherwood Harris, Simon and Schuster, 1970; *Takeoff into Greatness: How American Aviation Grew so Big so Fast* von Grover Loening, G. P. Putnam's Sons, 1968; und *Miracle at Kitty Hawk: The Letters of Wilbur and Orville Wright* hrsg. von Fred C. Kelly, Farrar, Straus and Young, 1951.

Bibliographie

Ajalbert, Jean: *La Passion de Roland Garros.* Les Éditions de France, Paris

American Heritage: *History of Flight.* Simon & Schuster, 1962

Angelucci, Enzo, und Matricardi, Paolo: *World Aircraft: Origins – World War I.* Rand McNally, 1975

Apostolo, Giorgio: *Color Profiles of World War I Combat Planes.* Crescent Books, 1973

Beaumont, André: *My Three Big Flights.* Eveleigh Nash, London 1912

Blériot, Louis, und Ramond, Édouard: *La Gloire Des Ailes: L'Aviation de Clement Ader A Costes.* Les Éditions de France, Paris

Cahisa, Raymond: *L'Aviation D'Ader et des temps héroiques.* Éditions Albin Michel, Paris 1950

Collin, Ferdinand: *Parmi Les Précurseurs de Ciel.* Pevronnet & Cie.

Curtiss, Glenn H., und Post, Augustus: *The Curtiss Aviation Book.* Frederick A. Stokes, 1912

DeHavilland, Sir Geoffrey: *Sky Fever.* Airlife Publications, Shrewsbury 1979

De La Vaulx, Henry: *Le Triomphe de la Navigation Aérienne.* Librairie Illustrée, Paris 1911

Ferber, Andrée und Robert: *Les Débuts véritables de l'Aviation Française.* Fayard, 1970

Fontaine, Charles: *Comment Blériot a Traversé la Manche.* Librairie Aéronautique, Paris 1909

Garros, Roland: *Mémoires.* Librairie Hachette, Paris 1966

Gastambide, Robert: *L'Envol.* Librairie Gallimard

Gibbs-Smith, Charles H.: *Aviation: An Historical Survey from its Origins to the End of World War II.* Her Majesty's Stationery Office, London 1970

Clément Ader: His Flight-Claims and his Place in History. Her Majesty's Stationery Office, London 1968

A Directory and Nomenclature of the First Aeroplanes: 1809 to 1909. Her Majesty's Stationery Office, London 1966

The Invention of the Aeroplane (1799–1909). Taplinger Publishing Co., 1965

The Rebirth of European Aviation 1902–1908: A Study of the Wright Brother's Influence. Her Majesty's Stationery Office, London 1974

Grahame-White, Claude: *The Story of the Aeroplane.* Small, Maynard and Company, 1911

Harper, Harry: *Twenty-five Years of Flying: Impressions, Recollections, and Descriptions.* Hutchinson & Co., London

Harris, Sherwood: *The First of Fly: Aviation's Pioneer Days.* Simon and Schuster, 1970

Hatfield, D. D.: *Dominguez Air Meet.* Northrop University Press, 1976

Jane's Historical Aircraft 1902–1916. Doubleday, 1972

Kelly, Fred C.: *The Wright Brothers.* Ballantine Books, 1943

Kelly, Fred C. (Hrsg.): *Miracle at Kitty Hawk: The Letters of Wilbur and Orville Wright.* Farrar, Straus and Young, 1951

Laignier, G. H.: *Livre D'Or de la Grande Semaine d'Aviation de la Champagne.*

Lecerf, Pierre und Castillon de Saint-Victor, A. de: *Deux Héros de l'Air: Chavez et Bielovucic.* Nouvelles Éditions Latines, Paris

Lee, Arthur Gould: *The Flying Cathedral.* Methuen & Co., London 1965

Lefevre, Georges: *Louis Blériot.* Librairie de „L'Auto", Paris 1909

Lhospice, Michel: *Match Pour La Manche.* Denoël, 1964

Lieberg, Owen S.: *The First Air Race: The International Competition at Reims, 1909.* Doubleday, 1974

Loening, Grover: *Our Wings Grow Faster.* Doubleday, Doran, 1935

Takeoff into Greatness: How American Aviation Grew so Big so Fast. G. P. Putnam's Sons, 1968

McFarland, Marvin W. (Hrsg.): *The Papers of Wilbur and Orville Wright:*
Volume One: 1899–1905. Arno, 1972
Volume Two: 1906–1948. Arno, 1972

McMahon, John R.: *The Wright Brothers: Fathers of Flight.* Little, Brown, 1930

Macmillan, Norman: *Great Airmen.* G. Bell and Sons, London 1955

Maitland, Lester J.: *Knights of the Air.* Doubleday, Doran, 1929

Morris, Lloyd, und Smith, Kendall: *Ceiling Unlimited: The Story of American Aviation from Kitty Hawk to Supersonics.* Macmillan, 1953

Morrow, John Howard, jr.: *Building German Airpower, 1909–1914.* University of Tennessee Press, 1976

Mortane, Jacques: *Les Ailes Glorieuses.* Éditions Baudiniere, Paris 1936

Les Héros de L'Air. Librairie Delagrave, Paris 1930

Munson, Kenneth: *Pionierzeit.* ‚Orell Füssli', Zürich

Nowarra, Heinz J., und Duval, G. R.: *Russian Civil and Military Aircraft 1884–1969.* Fountain Press, London 1971

Parkin, J. H.: *Bell and Baldwin: Their Development of Aerodromes and Hydrodromes at Baddeck, Nova Scotia.* University of Toronto Press, 1964

Penrose, Harald: *British Aviation: The Pioneer Years 1903–1914.* Putnam, London 1967

Renstrom, Arthur G.: *Wilbur & Orville Wright: A Chronology Commemorating the Hundredth Anniversary of the Birth of Orville Wright.* Library of Congress, 1975

Roseberry, C. R.: *Glenn Curtis: Pioneer of Flight.* Doubleday, 1972

Sahel, Jacques: *Henry Farman et L'Aviation.* Grasset, 1936

Sauvage, Roger: *Les Conquérants de Ciel.* Le Livre Artistique, Paris 1960

Scharff, Robert, und Taylor, Walter S.: *Over Land and Sea: A Biography of Glenn Hammond Curtiss.* David McKay Company, 1968

Studer, Clara: *Sky Storming Yankee: The Life of Glenn Curtiss.* Stackpole Sons, 1937
Sunderman, James F. (Hrsg.): *Early Air Pioneers 1862–1935.* Franklin Watts, 1961
Turner, C. C.: *The Old Flying Days.* Arno, 1972
Villard, Henry Serrano: *Contact! The Story of the Early Birds.* Bonanza Books 1968
Voison, Gabriel: *Men, Women and 10 000 Kites.*
Putnam, London 1963
Walker, Percy B.: *Early Aviation at Farnborough: The History of the Royal Aircraft Establishment: Volume one: Balloons, Kites and Airships.* Macdonald, London 1971
Volume Two: The First Aeroplanes. Macdonald, London 1974
Wallace, Graham:
Claude Grahame-White: A Biography. Putnam, London 1960
Flying Witness: Harry Harper and the Golden Age of Aviation. Putnam, London 1958
Wykeham, Peter: *Santos-Dumont: A Study in Obsession.* Putnam, London 1962
Zeitschriften
Dollfus, Charles: *Icare.* No. 64, 1973

Quellennachweis der Abbildungen

Die Nachweise sind bei Abbildungen von links nach rechts durch Semikolon, von oben nach unten durch Gedankenstriche getrennt.

Einband und Vorsatzblatt: Paul Lengellé, Paris. 6–11: Photo J.-H. Lartigue, Association des Amis de J.-H. Lartigue, Paris. 12, 13: J.-H. Lartigue von Rapho/Photo Researchers. 14, 15: Photo J.-H. Lartigue, Association des Amis de J.-H. Lartigue. 16: Derek Bayes, m. frdl. Gen. Science Museum, London (4), außer Mitte links, Dmitri Kessel, m. frdl. Gen. Musée de l'Air, unten links, Library of Congress. 18–21: Musée de l'Air, Paris. 23: Henry Groskinsky, m. frdl. Gen. Howard S. Baron Collection, Harrison, N.Y. 24, 25: Musée de l'Air, Paris. 27: Smithsonian Institution Photo Nr. A-3342A. 28: Fausto Ivan M. Passos, m. frdl. Gen. Museu de Aeronáutica, Fundação Santos-Dumont, São Paulo – Musée de l'Air, Paris. 31: Musée de l'Air, Paris – Dmitri Kessel, m. frdl. Gen. Musée de l'Air, Paris. 32, 33: Musée de l'Air, Paris. 34, 35: Dmitri Kessel, m. frdl. Gen. Musée de l'Air, Paris. 36: Aldo Durazzi, m. frdl. Gen. Museo Aeronautico Caproni di Taliedo, Rom. 38, 39: S. H. A. A., Vincennes – Musée de l'Air, Paris. 40: The Dodo Shop, London. 42, 43: Musée de l'Air, Paris. 44: Wide World – Smithsonian Institution Photo Nr. 75-11635. 45: Éditions de l'Illustration, Paris. 46, 47: *The Daily Mirror*, London. 48: Dmitri Kessel, m. frdl. Gen. Aéro-Club de France, Paris. 50: BBC Hulton Picture Library, London. 51: Musée de l'Air, Paris. 52: U.S. Naval Historical Center. 54: Library of Congress. 55: U.S. Air Force. 56, 57: Smithsonian Institution Photo Nr. 80-2385, einkopiertes Photo, Henry Groskinsky, m. frdl. Gen. National Air and Space Museum, Smithsonian Institution. 58, 59: Smithsonian Institution Photo Nr. A-42667-E. 60: Wright Brothers Collection, Archives and Special Collections, Wright State University Library. 62: Dmitri Kessel, m. frdl. Gen. Musée de l'Air, Paris. 64, 65: Smithsonian Institution Photo Nr. 80-2386, 78-11939. 69: General Research and Humanities Division, The New York Public Library, Astor, Lenox and Tilden Foundations. 70, 71: Musée de Photo Chevojon, Paris. 74: Smithsonian Institution Photo Nr. 80-2405 – Musée de l'Air, Paris. 75: m. frdl. Gen. Musée de l'Air, Paris – Smithsonian Institution Photo Nr. 80-2403. 76, 77: Ullstein Bilderdienst, West-Berlin. 78: Dmitri Kessel, m. frdl. Gen. Musée de l'Air, Paris; Bildarchiv Preußischer Kulturbesitz, West-Berlin. 79: Derek Bayes, m. frdl. Gen. Science Museum, London; Los Angeles County Museum of Natural History. 80: Dmitri Kessel, m. frdl. Gen. Musée de l'Air, Paris; Science Museum, London. 81: Dmitri Kessel, m. frdl. Gen. Musée de l'Air, Paris. 82: Dmitri Kessel, m. frdl. Gen. Musée de l'Air, Paris, außer unten, Ellis Herwig, m. frdl. Gen. The Bostonian Society. 83: Dmitri Kessel, m. frdl. Gen. Musée de l'Air, Paris. 84: General Research and Humanities Division, The New York Public Library, Astor, Lenox and Tilden Foundations. 86: Chicago Historical Society. 88: U.S. Air Force Photo Depository. 89: Photoworld. 90, 91: *Flight International*. 94, 95: BBC Hulton Picture Library, London. 96, 97: Gemälde von Achille Beltrame aus *Domenica del Corriere,* m. frdl. Gen. Biblioteca Nazionale Centrale, Rom. 98–100: m. frdl. Gen. The Bostonian Society. 102: White Studio Collection, Theatre Collection, New York Public Library im Lincoln Center – Theatre Collection, Princeton University Library. 104, 105: Paulus Leeser, m. frdl. Gen. The Newspaper Collection, Annex, The New York Public Library, Astor, Lenox and Tilden Foundations. 106: Charles Phillips, m. frdl. Gen. National Air and Space Museum, Smithsonian Institution. 108–113: Zeichnungen vom John Amendola Studio. 114: UPI. 116: Presse-Sports, Paris – Musée de l'Air, Paris. 118, 119: Dmitri Kessel, m. frdl. Gen. Musée de l'Air, Paris. 120, 121: Smithsonian Institution Photo Nr. 80–4128. 122: BBC Hulton Picture Library, London. 124, 125: Charles Phillips, m. frdl. Gen. National Air and Space Museum, Smithsonian Institution. 129: BBC Hulton Picture Library, London – Charles Phillips, m. frdl. Gen. Library of Congress. 130, 131: National Air and Space l'Air, Paris. 72: Photo Bibliothèque Nationale, Paris. 73: Museum, Smithsonian Institution – Musée de l'Air, Paris – Photoworld; m. frdl. Gen. Éditions Delpire aus *Les Avions.* 132, 135: Smithsonian Institution Photo Nr. 80-4126, 80–4127, 71–2669. 136, 137: Henry Groskinsky, m. frdl. Gen. David K. Bausch, Allentown, Pa., außer unten Mitte links, Dmitri Kessel, m. frdl. Gen. Musée de l'Air, Paris; unten rechts, Henry Beville, m. frdl. Gen. Mr. und Mrs. William H. Gottschalk. 138, 139: Brian Love, London – Henry Groskinsky, m. frdl. Gen. Howard S. Baron Collection, Harrison, N. Y. – Henry Beville, m. frdl. Gen. Mr. und Mrs. William H. Gottschalk; Dmitri Kessel, m. frdl. Gen. Jacques Borgé, Paris; Henry Beville, m. frdl. Gen. Mr. und Mrs. William H. Gottschalk (2), außer unten rechts, Henry Groskinsky, m. frdl. Gen. David K. Bausch, Allentown, Pa. 140: Charles Phillips, m. frdl. Gen. Bella Landauer Sheet Music Collection, National Air and Space Museum, Smithsonian Institution, außer unten rechts, Paulus Leeser, m. frdl. Gen. The Old Print Shop, New York. 141: Charles Phillips, m. frdl. Gen. Bella Landauer Sheet Music Collection, National Air and Space Museum, Smithsonian Institution. 142: Dmitri Kessel, m. frdl. Gen. Musée de l'Air, Paris. 145: Library of Congress. 146: Collezione Ivo Fossati, Mailand. 148, 149: Zeichnungen vom John Amendola Studio. 150: Derek Bayes, m. frdl. Gen. Royal Aircraft Establishment, Farnborough. 151: Smithsonian Institution Photo Nr. 80–5370. 152: Ullstein Bilderdienst, West-Berlin. 153: m. frdl. Gen. A. E. Ferko. 154, 155: United Technologies Archives. 156: m. frdl. Gen. Willi Bernhard, Hamburg: Giancarlo Costa, m. frdl. Gen. Civica Raccolta Bertarelli, Mailand. 157, 159: Dmitri Kessel, m. frdl. Gen. Musée de l'Air, Paris. 160, 163: Smithsonian Institution Photo Nr. A–5163–D, A–53051. 164, 165: BBC Hulton Picture Library, London. 166, 167: Museo Aeronautico Caproni di Taliedo, Rom. 168, 169: BBC Hulton Picture Library, London. 170, 171: The Bettmann Archive.

Register

Reprosatz: Alfred Utesch GmbH, Hamburg Druck und Einband: Artes Gráficas Toledo, S.A. Spanien